ARKTISCHER
OZEAN

FINNLAND
WEDEN

AUEN

Vilnius • • Moskau

RUSSLAND

Baikalsee

Beringsee

elin

ukarest

RUMÄNIEN

Schwarzes
Meer

KASACHSTAN

Kasp. Meer

MONGOLEI

Istanbul • Ankara • Diyarbakir
Izmir •

TÜRKEI SYRIEN AFGHANISTAN
Beirut • • Damaskus Kabul •

elmeer

EN

IRAN

Kairo
ÄGYPTEN • Riad

PAKISTAN • Neu-Delhi
Panjab

Peking
•

CHINA

JAPAN

• Tokyo

Shanghai • Ost-
chinesisches
Meer

SAUDI-
ARABIEN OMAN

Rotes Meer

INDIEN
Kalkutta

TAIWAN

Hong Kong •

PAZIFISCHER
OZEAN

SUDAN

JEMEN

Mumbai •

Golf von
Bengalen

Süd-
chinesisches
Meer

Addis Abeba •

SOMALIA

ÄTHIOPIEN

PHILIPPINEN

SRI
LANKA

Nairobi • KENIA
• Malindi
Watamu
Mombasa

TANSANIA

MALAYSIA
Singapur •

INDISCHER
OZEAN

INDONESIEN

PAPUA
NEUGUINEA

OLA

MOSAMBIK

MADAGASKAR

Darwin •

Port Hedland •

AUSTRALIEN

• Brisbane

A

Perth •

Sydney
•
Canberra

SÜDAFRIKA

Melbourne •

NEUSEELAND

Lea Ackermann
Mary Kreutzer ▪ Alicia Allgäuer
In Freiheit leben, das war lange nur ein Traum

Lea Ackermann
Mary Kreutzer ▪ Alicia Allgäuer

In Freiheit leben, das war lange nur ein Traum

Mutige Frauen erzählen
von ihrer Flucht aus Gewalt
und moderner Sklaverei

Mit einem Vorwort von Seyran Ateş

Kösel

2. Auflage 2013
Copyright © 2010 Kösel-Verlag, München,
in der Verlagsgruppe Random House GmbH
Umschlag: Monika Neuser, München
Umschlagmotiv: mauritius images
Fotos: © Mary Kreutzer
Landkarten: Astrid Fischer-Leitl, München
Druck und Bindung: GGP Media GmbH, Pößneck
Printed in Germany
ISBN 978-3-466-30878-1

Weitere Informationen zu diesem Buch und unserem gesamten lieferbaren
Programm finden Sie unter
www.koesel.de

Inhalt

ZEHN FRAUEN AUF DEM WEG IN DIE FREIHEIT

BÄRENSTARKE FRAUEN

Das Recht auf die eigene Geschichte

Von Alicia Allgäuer und Mary Kreutzer

»In Freiheit leben …« handelt von Frauen und Mädchen aus verschiedenen Ländern, die sich aus unterschiedlichen Gründen auf eine Reise begaben. Sie erreichten Deutschland auf dem Landweg durch die Sahara, mit dem Bus quer durch Osteuropa, im Flugzeug aus Lateinamerika oder Asien.

Manche kamen voller Hoffnung und Träume. Ein neues abenteuerliches Leben sollte beginnen, selbstbestimmt und voller Überraschungen. Andere kamen mit Schmerz und Trauer im Gepäck. Sie hatten ihre Liebsten verloren und konnten selbst gerade noch ihr Leben in Sicherheit bringen vor den Häschern des Regimes. Andere wiederum wurden an Menschenhändler verkauft wie ein Stück Ware oder als Kinder mit alten Männern verheiratet, die sie zu sich nach Deutschland holen ließen.

Diese Frauen haben strukturelle Gewalt in Form von Arbeitslosigkeit und Armut, persönliche Zwangsverhältnisse durch Zuhälter, Freier oder Ehemänner und politische Unterdrückung durch repressive Regime erlebt. So unterschiedlich all die Geschichten im Buch und die Formen der erlebten Gewalt auch sein mögen, so ist den Frauen doch eines gemeinsam: Frauen und Mädchen, die sich aus solchen Gewaltverhältnissen befreien, sind stark, bärenstark. Sie haben überlebt, sie konnten sich befreien, sie kämpfen immer noch für das Leben, das ihnen zusteht. Sie haben Mut, haben gegen die

Staatsmacht opponiert, sich gegen ihre eigenen Familien gewendet, gegen Vergewaltiger und MenschenhändlerInnen in langwierigen und schmerzhaften Prozessen ausgesagt. Sie mühen sich – meist jahrelang – für ihr Aufenthaltsrecht in Deutschland ab.

Und sie haben noch etwas gemeinsam – deshalb entstand auch dieses Buch: Sie alle erhielten zu einem gewissen Zeitpunkt in ihrem Leben Unterstützung von einem Verein, den es nunmehr seit 25 Jahren gibt und der mit diesem Buch Geburtstag feiert: Solwodi.

Als uns Lea Ackermann, die Gründerin des Vereins, anrief und vorschlug, gemeinsam ein Buch über Frauen und Mädchen zu schreiben, die von Solwodi unterstützt werden, waren wir sofort begeistert. Wir hatten schon von dieser eindrucksvollen Arbeit gehört und die Gelegenheit, spannende Frauen kennenzulernen und deren einzigartige Lebensgeschichten aufzeichnen zu dürfen, wollten wir uns nicht entgehen lassen. Also begleiteten wir Sr. Lea zunächst dorthin, wo die Arbeit von Solwodi vor 25 Jahren begonnen hat: nach Kenia. Das Engagement der Mitarbeiterinnen vor Ort hat uns sehr beeindruckt. Die Bilder, die auf der Reise entstanden sind, von all den Frauen und Mädchen, die dort von Solwodi unterstützt werden und die Solwodi unterstützen, fanden ebenfalls – mit dem Einverständnis der Frauen – Eingang in das vorliegende Buch. Diese Eindrücke, die Entstehungsgeschichte sowie der Rahmen für die Arbeit von Solwodi bilden den ersten Teil.

Später reisten wir nach Deutschland und besuchten einige der 14 Beratungsstellen von Solwodi. Wir durften in den – allesamt sehr liebevoll eingerichteten und geleiteten – Schutzwohnungen übernachten und konnten Gespräche mit Dutzenden von Klientinnen führen. Leider fand aus Platzgründen nur ein Bruchteil der Interviews Eingang in dieses Buch.

Zahlreiche Frauen und Mädchen in Kenia sowie zehn Frauen in Deutschland erzählen hier ihre Geschichte. In Kenia führten wir die Interviews zum Großteil auf Englisch. In Deutschland haben wir fast alle Interviews in der gemeinsamen Sprache Deutsch geführt. Doch auch die Erstsprachen der Frauen sollten einen gebührenden Platz im Buch finden. Deshalb wird jede der zehn Geschichten im Hauptteil mit dem Satz »Und das ist meine Geschichte ...« in der Muttersprache der jeweiligen Frau eingeleitet. Bei Khushboo ist dies Panjabi, welches im indischen sowie pakistanischen Panjab gesprochen wird, bei Joy ist es Bini, die Sprache der Edo aus Südnigeria. Cristina ist mit Rumänisch aufgewachsen und Ayla vorwiegend mit Arabisch. Virginias Muttersprache ist Spanisch, Marias Familie spricht untereinander Russisch, Litauisch ist ihre Zweitsprache. Auch Zehras Familie spricht eine Minderheitensprache, das Kurdische, aber Zehra wuchs mit dem Türkischen auf und wurde auch in dieser Sprache alphabetisiert. Emels Muttersprache ist Kurmanci, jene Form des Kurdischen, die in der Türkei am weitesten verbreitet ist. Derartu spricht zwar auch perfekt Amharisch, die Amtssprache Äthiopiens, aber ihre Muttersprache ist Afan Oromo. Kiran sprach mit ihrer Familie Dari, eine Form des Persischen, welche neben Paschtu die zweite Amtssprache in Afghanistan darstellt.

Wir konnten uns davon überzeugen, wie wichtig es für viele Betroffene ist, die Erzählhoheit über das eigene Leben zu besitzen und zu nutzen. Wenn der Rahmen passte, die Chemie stimmte, ein Grundvertrauen hergestellt war, dann konnten einige unserer Interviewpartnerinnen gar nicht mehr gestoppt werden. Sie ermächtigten sich ihrer Geschichten, sie bestimmten die Worte, um ihr Leben zu beschreiben. Sie wählten die Namen, unter denen sie im Buch in Erscheinung treten würden. Trotz vieler Tränen, Unterbrechungen und schmerzvoller Erinnerungen wollten unsere Interviewpartnerinnen reden. Wie zum Beispiel Jelena aus Russland: Die 37-Jährige war an verschiedene Zuhälter in Deutschland verkauft und ihrer Freiheit beraubt worden, bis sie bei einer Razzia befreit wurde und zu Solwodi kam. Auch wenn das Erinnern und Erzählen nicht immer leicht fällt, wirkt Jelena danach erleichtert. »Ich bin froh, euch getroffen zu haben. Es tut gut, mal von zu Hause rauszukommen und über das Geschehene zu reden!«

So entstand ein Buch, dessen Herzstück zehn in Ich-Form erzählte Lebensgeschichten bilden. Auf jede Geschichte folgen zum besseren Verständnis die wichtigsten Informationen von Politik, Geschichte und Gesellschaft – insbesondere der Geschlechterverhältnisse – des Herkunftslandes. Gewalt gegen Frauen findet in keinem gesellschafts- und geschichtsfreien Raum statt, sie wurzelt in patriarchalen Macht- und ungerechten ökonomischen Verhältnissen und kann nur bekämpft werden, indem zunächst die Strukturen erkannt und benannt werden. Migrantinnen, die vor Krieg, Unterdrückung, Armut oder Naturkatastrophen nach Europa flüchten, sind oft mit neuen Formen der Gewalt konfrontiert, etwa durch drohende Abschiebung auf Grundlage des Fremdenrechtes in der »Festung Europa« oder durch mangelhafte Opferschutzgesetze. Solwodi versucht hier einzugreifen und Frauen und Mädchen zunächst physischen Schutz zu gewährleisten, indem Sicherheit, Ruhe und Versorgung in zahlreichen Schutzwohnungen geboten werden. Es folgt juristische Unterstützung im Falle von Strafprozessen gegen die TäterInnen und bei diversen Behördengängen, psychische Unterstützung für traumatisierte Gewaltopfer, und – nicht minder wichtig – eine professionelle und liebevolle Umgebung mit einem Team von Expertinnen. Es hat uns immer wieder beeindruckt, wenn wir Frauen trafen, die bereits vor etlichen Jahren aus einer betreuten Wohnung ausgezogen waren, die bereits selbstständig ihr Leben meisterten und immer noch in einem freundschaftlichen Austausch mit den Solwodi-Mitarbeiterinnen standen.

Sie treffen sich zum Kochen, sie schauen ab und zu im Büro auf Kaffee und Kuchen vorbei, sie wissen – und das wurde uns von den Frauen wiederholt versichert –, dass sie bei Solwodi immer willkommen sind. Und dass sie bei ihrer Aus- und Weiterbildung und auch beim Aufbau von Selbstvertrauen immer unterstützt werden.

Besser drückt das eine junge Kosovo-Albanerin aus, die nach der Flucht vor ihrem gewalttätigen Mann und seiner Familie jahrelang in einer der vielen Solwodi-Schutzwohnungen gelebt hat: »*Ich möchte jetzt eine richtige Ausbildung machen. Heute habe ich nämlich das Vertrauen in mich, dass ich das schaffen kann. Solwodi hat mir dieses Vertrauen gegeben.*« (Soela – 23 – Kosovo)

25 Jahre
Solidarität mit
Frauen in Not

WEIL ICH DAS LEBEN LIEBE

Ein Vorwort von Seyran Ateş

»Ich habe sie getötet, um sie zu schützen«, sagte Mehmet Ö. bei seiner Verhandlung in Schweinfurt. Mit 68 Messerstichen erstach er im Juni letzten Jahres seine 15-jährige Tochter Büsra. Sie habe sich seinem Willen widersetzt, sei stur gewesen – und hatte einen Freund. Büsra ist eine von vielen Frauen, die weltweit von der eigenen Familie getötet werden, weil sie selbst über ihr Leben bestimmen wollen. Ihr Name steht in einer Reihe mit Sermin U., Hazal S., Gülsum S., Figen C. und vielen weiteren, deren Namen in keiner Zeitung standen, deren Schicksal von niemandem wahrgenommen wurde.

Ich weiß aus eigener Erfahrung, dass es lebensgefährlich sein kann, sich mit Themen wie Zwangsheirat, Ehrenmord und Frauenunterdrückung zu beschäftigen. Ich habe bereits ein Attentat überlebt. Daran werde ich täglich erinnert, weil ich nach wie vor Schmerzen habe. Für Freiheit zu kämpfen, aber nicht frei zu sein, das ist schon paradox. Dennoch kämpfe ich, weil ich das Leben liebe. Nur wenn wir aktiv werden, kann sich etwas ändern. Deswegen setzen ich und viele Gleichgesinnte uns dafür ein, dass alle Frauen – ungeachtet ihrer Herkunft, Religion oder ethnischen Zugehörigkeit – selbstbestimmt, würdevoll und in Freiheit leben können.

Frauen sind auf viele Arten unfrei. Meine Eltern ließen mich als Kind nicht gerne vor die Tür gehen, weil sie Angst davor hatten, was die Umgebung sagen würde. Die Leute fragten etwa: »Warum geht Seyran in die Volkshochschule?« In Sätzen wie diesen schwingen unvermeidlich Andeutungen über die Gefährdung der Keuschheit mit. Denn sobald ein türkisches Mädchen wissbegierig ist und zu einem Schreib-maschinenkurs geht, gilt das als offenes, westliches Leben. Wer weiß schon, was dort alles passieren kann.

Viele Migrantinnen hierzulande werden von ihren Familien entmündigt, es wird ihnen das Recht abgesprochen, selbst über ihr Leben zu bestimmen. Sie sind der sozialen Kontrolle durch die eigene Familie und die Umgebung ausgesetzt, welche dazu beiträgt, dass die Mädchen sich fügen. Auch Gewalt wird häufig eingesetzt, um die Frauen gefügig zu machen. Man nimmt es zu wichtig, was die anderen über einen denken. In diesem Klima kann das Vertuschen von häuslicher Gewalt ungehindert gedeihen. Gewalt gegen Frauen, Gewalt in der Familie – das kommt in allen Gesellschaften, sozialen Schichten und Kulturen vor. Doch wenn wir die Lebenssituation von allen Frauen in Deutschland oder Österreich über einen Kamm scheren, werden wir die besondere Problematik vieler Migrantinnen nicht verstehen. Für sie ist Gewalt oftmals eine selbstverständliche, alltägliche Erfahrung. Viele meiner türkischen und kurdischen Mandantinnen beschrieben mir ihr Leben als fortgesetzte Folter, als eine einzige Hölle. Das heißt nicht, dass deutsche Frauen weniger schlimme Erfahrungen machen. Aber es gilt, endlich das Tabu zu brechen, dass über häusliche Gewalt im Migrantenmilieu nicht gesprochen werden darf. Die spezifischen Probleme von Migrantinnen müssen öffentlich thematisiert werden, um Lösungen finden zu können.

Ein Beispiel für die Unterschiede zwischen meinen deutschstämmigen und türkischstämmigen Mandantinnen ist die Rolle der Familie: Bei Migrantinnen hatte ich es selten nur mit meiner Mandantin und ihrem Ehemann oder Lebensgefährten zu tun. Meist gab es auf beiden Seiten eine Großfamilie, oft sogar Nachbarn, die sich das Recht nahmen, sich einzumischen, weil ihnen das die Tradition erlaubte.

Meist wussten fast alle Familienangehörigen von der Gewalt, wollten sie aber nicht öffentlich machen. Sie wollten das Problem in der Familie lösen. Dadurch wurde die Gewaltsituation oft noch angeheizt oder sehr lange aufrechterhalten. Ein türkischer oder kurdischer Ehemann, dem die Frau weggelaufen ist, hat in vielen Fällen gegenüber der Sippe sein Gesicht verloren. Familie und Nachbarn reden auf ihn ein, sich das Verhalten der Frau nicht gefallen zu lassen. Im schlimmsten Fall steht am Ende einer solchen Geschichte ein Ehrenmord. Ich schreibe bewusst nicht, ein »sogenannter« Ehrenmord, denn diese Morde geschehen tatsächlich im Namen der Ehre. Alle Einschränkungen würden den Begriff verharmlosen und wären zynisch den Opfern gegenüber. Es ist aber auch wichtig, die Praxis nicht zu einem islamischen Problem zu stempeln. Sie geht viel weiter zurück, auf die Stammesgesellschaften des Nahen und Mittleren Ostens, wo sie als Verschmelzung von vorislamischen Ehrvorstellungen und religiösen Werten bis heute Verbreitung findet.

In der Regel sind es männliche Familienangehörige, welche den Mord verüben. Die Familie spielt im Leben der Frauen also eine wichtige, oft sehr ambivalente Rolle – auf dieses schwierige Verhältnis zur eigenen Familie werden Sie im Laufe der Lektüre dieses Buches noch öfter stoßen.

Solche spezifischen Problemlagen wollen viele Menschen hierzulande nicht wahrhaben. Die Multikulti-TräumerInnen schauen einfach weg, wenn es um Frauenrechte geht. Sie behaupten, dass Frauen- und Menschenrechte nur »westliche Werte« seien, die nicht auf andere Kulturkreise übertragbar seien. Deshalb sprechen sie auch nicht gerne von der Universalität der Menschenrechte. Denn sie haben Angst, als rassistisch zu gelten. Schauen diese Menschen niemals über ihren eigenen Tellerrand? Nach oben, die Häuser hoch? Dort könnten sie nämlich die Frauen sehen, die auf keinen Fall teilhaben dürfen an dieser angeblich so bunten multikulturellen Gesellschaft. Sie stehen hinter den Fenstern, sie spähen durch die Gardinen, sie sehnen sich nach dem Leben. Es sind Frauen und Mädchen, die oft nicht einmal wissen, wo sie sind – sie sind eingesperrt, isoliert, entrechtet.

So wird auch weiterhin nicht über das tatsächliche Problem gesprochen und die Frauen treten selten an die Öffentlichkeit. Weil sie nie gelernt haben, eigene Entscheidungen zu treffen, oder sehr oft auch aus Angst vor der eigenen Familie. Sie wissen genau, dass sie ihr Leben gefährden, wenn sie sich nicht an das halten, was ihre Familie ihnen als Pflicht aufgibt: nicht auf die Straße zu gehen, dem Manne zu gehorchen, ihm eine gute Ehefrau zu sein und die Kinder großzuziehen. Die meisten Betroffenen fühlen sich als schlechte Tochter oder schlechter Sohn, wenn sie sich dagegen wehren. Sie glauben, dass ihre Eltern doch eigentlich nur ihr Bestes wollen. Sehr viele empfinden ihre Situation als ausweglos und sind deshalb selbstmordgefährdet. Viele »Importbräute« trauen sich aber auch nicht, zur Polizei zu gehen, wenn der Ehemann sie misshandelt, aus Angst vor einer Abschiebung. Denn werden Frauen über Familienzusammenführung nach Deutschland geholt, hängt ihr Aufenthaltstitel während der ersten zwei Jahre an dem des Mannes. Nun gibt es zumindest die Möglichkeit, über die sogenannte Härtefallklausel schon vor Ablauf dieser zwei Jahre ein eigenständiges Aufenthaltsrecht zu erlangen, wenn die Frau die Gewalttätigkeit des Mannes nachweisen kann. Darüber sind aber leider die wenigsten Frauen informiert.

Frauen, die ausbrechen wollen, die gibt es natürlich. Frauen wie Hatun Sürücü. Die ihre Familien verlassen müssen, um ihr Leben selbstbestimmt zu leben. Hatun hat das ihr Leben gekostet: hingerichtet von mindestens einem ihrer Brüder – ob andere beteiligt waren, konnte bis jetzt nicht aufgeklärt werden –, weil sie sich dem Zwang ihrer türkischen Familie verweigerte. Der Vorwurf an sie – und an viele andere junge Frauen – war, dass sie gelebt hat »wie eine Deutsche«. In dieser Redewendung zeigt sich auch, für wie lächerlich die Idee von Multikulti in der türkischen Community gehalten wird. Dort nimmt man die deutschen zivilgesellschaftlichen Standards vielfach nicht ernst.

Genau hier hat die Integrationspolitik bisher versagt: Das Fehlen einer klaren und eindeutigen Integrationspolitik ist mitverantwortlich für sämtliche Ehrenmorde, die auf deutschem Boden geschehen. Die Probleme müssen deutlich ausgesprochen werden, es braucht allgemein anerkannte Standards für das Zusammenleben und ein Recht, das für alle gleichermaßen gilt. Zwangsverheiratung und Ehrenmorde dürfen nicht als Einzelfälle abgetan, sondern müssen als gesellschaftliches Problem analysiert und bekämpft werden. Andererseits müssen MigrantInnen auch die Möglichkeit zur vollen Teilhabe erhalten. Die wachsende Brutalität, mit der die »Ehre« verteidigt wird, ist auch eine Folge der Ablehnung, die viele MigrantInnen vonseiten der Mehrheitsgesellschaft erfahren. Es kann jedoch nicht sein, dass Minderheiten mit einem kulturrelativistischen Samthandschuh angefasst werden, aus der allgegenwärtigen Angst heraus, ihnen zu nahe zu treten. Das ist ebenso rassistisch wie das entgegengesetzte Verhalten, nämlich Minderheiten als barbarisch wahrzunehmen und so zu tun, als existierten all die Hässlichkeiten zwischenmenschlichen Handelns nur bei ihnen. Denn egal, ob Missstände verharmlost oder auf die »anderen« Kulturen projiziert werden – beides verhindert eine gleichberechtigte Behandlung. Für diese Gleichberechtigung ist es auch notwendig, die Besonderheiten jeder Community zu kennen, um effektiven Opferschutz leisten zu können. Es hilft also nichts, die Augen zu verschließen, sondern ein aktives aufeinander

Zugehen und Handeln sind gefragt: ein Handeln im Sinne der Aufklärung und der universellen Menschenrechte, das die Würde jedes einzelnen Individuums respektiert und verteidigt.

Engagement und Öffentlichkeit lohnen sich. Es lohnt sich, wie die Frauen in diesem Buch, aufzustehen, die eigene Geschichte zu erzählen, Recht und Gerechtigkeit einzufordern. Die Frauen in diesem Buch haben den Mut aufgebracht und sind ausgebrochen. Sie haben ein Leben in Unfreiheit hinter sich gelassen, sie haben sich aus verschiedensten Gewaltverhältnissen befreit: ausgeübt von diktatorischen Regimen, brutalen ZuhälterInnen und von Freiern, von Vätern und Ehemännern im Namen der »Ehre«, von Müttern, die ihre Töchter verkaufen, von korrupten Beamten, die vom Menschenhandel und der Rechtlosigkeit von Flüchtlingen profitieren.

Joy, Zehra, Khushboo und all jene Frauen, die uns im vorliegenden Buch ihre Geschichten anvertrauen: Ihr Traum vom Leben in Freiheit ging in Erfüllung. Gemeinsam wollen wir für eine Gesellschaft kämpfen, in der Freiheit – für alle – eine Selbstverständlichkeit ist und kein Traum, der nur zu selten in Erfüllung geht.

DREI STIMMEN ZU SOLWODI

»Wenn ich dich nicht bekomme, bekommt dich auch kein anderer!«

Gewalt gegen Frauen betrifft uns alle

Von Maria von Welser

In Deutschland? In den eigenen vier Wänden? Gewalt durch Väter, Brüder, Ehemänner oder Söhne? Nein, das schieben wir Frauen hier ganz weit von uns. Gewalt kommt im Ausland vor. Oder spielt uns das Erinnerungsvermögen einen Streich? Verdrängen wir, was wir nicht wahrhaben wollen? Tatsache ist: Jede vierte Frau in Deutschland wird mindestens einmal in ihrem Leben Opfer körperlicher oder sexueller Misshandlungen durch ihren Partner. Sicher: Migrantinnen und Frauen und Mädchen, die aus verschiedenen Ländern zu uns flüchteten, sind noch stärker betroffen. Eine Dunkelfeldstudie, in der 100.000 Frauen befragt wurden, widerlegt auch die gängige Vorstellung, dass Beziehungsdramen, Gewalt und Vergewaltigung nur bei arbeitslosen Alkoholikern oder in der sogenannten Unterschicht vorkommen. Nein – Gewalt ist vorwiegend männlich und kommt in allen Familien und sozialen Schichten vor; weder Bildung noch Status bieten Schutz.

Ich werde jenen einen Moment in meinem Leben nie vergessen. Ich war damals eine junge Frau und empfand zum ersten Mal Ohnmacht. Und ich hatte Angst. Ein verflossener Freund drückte mir den Hals zu mit den Worten:»Wenn ich dich nicht bekomme, bekommt dich auch kein anderer ...« Gott sei Dank fuhr in diesem Moment ein Auto in den Hof.

Ich trug dann im Sommer sechs Wochen einen Rollkragenpullover, um die blauen Flecken zu verstecken. Deutschlands Frauenhäuser sind überfüllt, keineswegs nur mit Ausländerinnen. 45.000 Frauen fliehen Jahr für Jahr mit ihren Kindern in diese Einrichtungen. Die Polizei ist sensibilisiert, die Gesetzgeber haben – endlich – gehandelt: Seit 2002 gibt es das Gewaltschutzgesetz. Fast alle Bundesländer änderten daraufhin ihre Polizeigesetze und halten sich an den neu eingeführten polizeilichen Wohnungsverweis. Demnach können Polizisten jetzt Gewalttäter vorläufig aus der Wohnung verweisen und ein Kontaktverbot verhängen – unabhängig vom Willen des Opfers. Das ist wichtig, da sich viele Frauen auch in einer solchen Situation von ihrem Partner oder Mann einschüchtern lassen oder den Besserungsgelübden glauben.

Seit 1997 ist Vergewaltigung in der Ehe strafbar. Das war ein langer Kampf, an den ich mich noch sehr gut erinnere. Tausende Frauen mussten auf die Straße gehen, damit »Vergewaltigung in der Ehe« als Straftatbestand aufgenommen wurde.

Doch immer noch kommt es zu abstrusen Urteilen – wie vor Kurzem in Italien, wo der Oberste Gerichtshof ein Urteil gegen einen Vergewaltiger aufhob, weil dessen 14-jähriges Opfer vor der Tat schon mit anderen Männern geschlafen hatte. Freiwillig, wie sie vor Gericht betonte. Dies sei als strafmildernd zu werten. Die Italienerinnen waren fassungslos und gingen zu Tausenden auf die Straße. Oder in Spanien, wo die Klage einer Ehefrau gegen ihren Mann wegen Misshandlung scheiterte. Der Grund: Die Lehrerin sei zu gut ausgebildet. Man könne sich nicht vorstellen, dass eine solche Frau tatsächlich 16 Jahre in ihrer Ehe misshandelt worden sei. Der Richter fand es sonderbar, dass die Frau erst jetzt Klage erhob – am Ende ihrer Ehe. Diese Richter haben wohl wenig Ahnung, wie es Frauen in einer gewalttätigen Beziehung tatsächlich ergeht.

Gerade Frauen aus der Mittelschicht, mit erfolgreichen Berufskarrieren, wagen nicht den Gang zur Polizei, um Anklage gegen den schlagenden Ehemann oder Partner zu erheben. Sie fürchten sich vor solchen Richtern wie in Italien und Spanien, sie ahnen den sozialen Abstieg, die Ächtung der Gesellschaft, den finanziellen Absturz. Hier ist noch viel an Aufklärung und Hilfe zu leisten. An Unterstützung und offener Diskussion. Das Thema öffentlich zu machen, die Leiden der Frauen zu lindern – das gelingt Solwodi in vorbildlicher Weise. Ich kann mich noch sehr lebhaft an eine der ersten Mona Lisa-Sendungen erinnern: Damals kam Schwester Lea Ackermann zu uns als Studiogast. Wir hatten, begleitend zum Studiogespräch, schon vorher Filme gedreht: über gewalttätige Männer, die sich junge Asiatinnen für drei Jahre ins Haus holten, um sie dann wieder abschieben zu lassen. Über Osteuropäerinnen, die von Menschenhändlern in Deutschland zur Prostitution gezwungen wurden und bei Solwodi Hilfe finden.

Schwester Lea Ackermann fiel mir sofort auf. Mit ihrer klaren, vehementen Sprache und ihrem Engagement für die Sache der betroffenen Frauen nimmt sie alle mit, die ihr zuhören bei ihrem Kampf gegen Unrecht und Missbrauch. In den vergangenen 25 Jahren haben wir noch oft im Radio und im Fernsehen diese Themen angepackt und nach Lösungen und Hilfe gesucht. Das Schwierigste ist aber immer, die Betroffenen tatsächlich vor die Kamera zu bringen. Denn diese Frauen und Mädchen haben Angst – Angst um ihr Leben, ihre Lieben daheim und oft auch um ihre Kinder.

Jede vierte Frau in Deutschland erlebt einmal in ihrem Leben einen gewalttätigen Mann, durch Schläge oder durch eine Vergewaltigung.

Weltweit trifft es jede dritte Frau. In Afghanistan beispielsweise, auch nach dem Taliban-Regime, darf heute die Hälfte aller Mädchen die Schule nicht besuchen. Und Frauen können nur in der Burka auf die Straße gehen. Mädchen werden verkauft und zwangsverheiratet, Frauen gesteinigt, wenn nur ein Mann behauptet, sie habe ihren Ehemann betrogen. Täglich wird weltweit Gewalt an 8.000 kleinen Mädchen verübt. Diese Mädchen werden sexuell verstümmelt. Manche leiden ein Leben lang daran, andere sterben qualvoll bei der ersten Geburt ihres Kindes. Auch in Deutschland laufen Mädchen Gefahr, Opfer der Genitalverstümmelung zu werden. Die ist zwar in Deutschland verboten, aber kaum ein Fall kommt je zur Anzeige. Es gibt viel zu tun, auch hierzulande, vor der eigenen Haustüre: Gewalt muss geächtet, verhindert, bestraft werden. Jegliche Gewalt. Deshalb ist es so wichtig, dass es Frauen wie Lea Ackermann gibt und Organisationen wie Solwodi. Wir können Schwester Lea und ihre Frauen nur mit all unserer Kraft unterstützen.

MARIA VON WELSER ist TV-Journalistin und stellvertretende Vorsitzende von UNICEF Deutschland.

Fatale Falle Frauenhandel
Von Inge Bell

Es hat sich sehr viel getan im Feld des Frauenhandels und seiner Bekämpfung. Eines hat sich über die Jahre nicht geändert: die Spekulation mit den Zahlen. Es gibt kaum gesicherte Angaben, wie viele Männer, Frauen und Kinder weltweit, in Europa, in Deutschland Opfer von Menschenhandel werden – nur Schätzungen und Hochrechnungen.

Die UNO schätzte 2008, dass weltweit vier Millionen Menschen pro Jahr in ausbeuterische Arbeitsverhältnisse gehandelt werden. Zwei Millionen Frauen und Mädchen landen in der Sexindustrie – weltweit, jedes Jahr. Die Internationale Organisation für Migration wiederum geht davon aus, dass 500.000 osteuropäische Frauen und Kinder jährlich in Westeuropa in der Zwangsprostitution landen. Eine andere Quelle beziffert die Zahl der Menschenhandelsopfer auf 700.000. Menschenhandel hat also keine genauen Zahlen. Es ist ein Verbrechen in der Grauzone.

In Deutschland gibt das Bundeskriminalamt jährlich seinen sogenannten »Lagebericht Menschenhandel« heraus. Auch dieser Bericht erhellt die Grauzone nur zu einem gewissen Grad. Die BKA-Statistik hat im vergangenen Jahrzehnt zwischen 800 und 1.200 Menschenhandelsfälle jährlich verzeichnet. Doch der Bericht betont stets, dass das nur das sogenannte »Hellfeld« sei – jene Fälle, die von der Polizei bei Kontrollen aufgedeckt werden. Die tatsächliche Dunkelziffer liege sicher weitaus höher, so das BKA.

Aufklärung der Freier

Werfen wir einen genaueren Blick auf das Geschäftsfeld Menschenhandel. Nicht nur die Zuhälter und die Menschenhändler machen viel Geld mit dem »Import« von osteuropäischen, lateinamerikanischen oder afrikanischen Zwangsprostituierten. Auch Freier, die Zwangsprostituierte kaufen – wissentlich oder nicht – machen sich schuldig: Indem sie sich die Dienste von jungen Frauen oder minderjährigen Mädchen kaufen, die Opfer von Menschenhandel sind, fördern sie kriminelle Strukturen. Ich plädiere dafür, die Freier aufzuklären: damit sie sich nicht schuldig machen, sondern wachsam sind, wenn sie denn schon zu Prostituierten gehen. Die meisten Freier sind nämlich durchaus offen für Information und schalten – entgegen der landläufigen Meinung – ihr Hirn nicht ab, wenn sie zu Prostituierten gehen. Die anderen, die wenigen Ewig-Gestrigen, kann tatsächlich nur die Strafverfolgung eines Besseren belehren.

Freiwillig ins Bordell?

In den letzten Jahren hat sich nicht viel geändert am brutalen Mechanismus des Frauenhandels: Immer noch werden junge Frauen und Mädchen Opfer von skrupellosen Menschenhändlern, die sie mit Versprechungen von tollen Jobs, Geld und einer rosigen Zukunft in den Westen locken, um sie dann als Ware Frau auszubeuten. Früher war es noch so, dass den jungen Frauen und Mädchen versprochen wurde: »Du wirst als Kellnerin oder Zimmermädchen arbeiten können.« Doch sie landeten in der Zwangsprostitution – wie etwa die Rumänin Cristina, die ihre Geschichte im vorliegenden Buch erzählt. Heute kommen zunehmend Frauen in deutsche Bordelle, die sich sagen: Prostitution ist okay, aber zu meinen Bedingungen. Doch oft verlieren sie die Kontrolle über ihr Schicksal – so war es bei Maria aus Litauen, deren Geschichte ebenfalls nachzulesen ist.

Effektive Hilfe

Mittlerweile gibt es in vielen Herkunftsländern der Welt Aufklärung über Menschenhandel. Auch in Osteuropa. Plakate, Info-Broschüren, Telefonnummern. Doch die Frauen denken oft: »Mir kann das doch nicht passieren.« Das Vertrauen ins nahe Umfeld ist größer als das Vertrauen in ein Plakat des Innenministeriums. Organisationen, die effektiv helfen können, sei es in der Prävention oder in der Opferhilfe, sind noch immer rar in Osteuropa. Umso wichtiger, dass es seit 2010 auch in Rumänien eine Solwodi-Beratungsstelle gibt: Damit Frauen wie Cristina unterstützt werden können – im Idealfall *bevor* sie in die Hände der Kriminellen geraten.

INGE BELL, geb. 1967, unterstützt Solwodi seit vielen Jahren. Sie ist TV- und Radio-Journalistin. Ihre Themenschwerpunkte sind organisierte Kriminalität und Menschenrechte in Ost- und Südosteuropa. 2007 erhielt Inge Bell den Preis »Frau Europas« für ihr ehrenamtliches Engagement.

Vom Mut, steinige Wege zu begehen

Von Pater Fritz Köster

Ich dürfte kein Theologe sein, wenn mir nicht – im Rückblick auf 25 Jahre Solwodi – eine wunderbare Geschichte einfallen würde, wie sie im Neuen Testament zu finden ist. Bei Matthäus (25.14-30) ist von drei Männern die Rede, denen von ihrem Herrn verschiedene Talente anvertraut werden. Die ersten Beiden, die fünf oder drei Talente empfangen, machen Geschäfte und verdoppeln ihr Vermögen. Der Dritte mit nur einem Talent vergräbt es in die Erde. Weil er Angst vor seinem Herrn hat, versteckt er es. Während die beiden Ersten bei der Rückkehr ihres Herrn großes Lob erhalten, wird der Dritte empfindlich bestraft.

Dabei hat er nichts Böses getan. Offensichtlich wollte er sein Talent seinem Dienstherrn unbeschadet zurückgeben. Er wollte kein Risiko eingehen. Er fürchtete das mögliche Scheitern. So verzichtete er auf seine eigenen Fähigkeiten und seine Geschicklichkeit. Er blieb auf der kindlichen Stufe des Bewahren-Wollens. Der Mangel an Risikobereitschaft hatte zur Folge, dass er sich nichts zutraute; dass er nichts aus dem zu machen verstand, was ihm anvertraut war.

An Risikobereitschaft mangelte es bei mir auch, als ich vor gut 25 Jahren, damals in München, einen Anruf aus Kenia bekam, der mir mitteilte, dass Solwodi dabei sei, gegründet zu werden. Wie sollte das möglich werden? In einer Situation ohne Geld, ohne Schreibmaschine, ohne Büro, ohne Infrastruktur, ohne tüchtige und engagierte Mitarbeiter, ohne Förderer und Wohltäter, ohne Kenntnis der Öffentlichkeit über Menschenhandel und ausbeuterische Verbrechen mitten in unserer zivilisierten Welt …

Doch Schwester Lea Ackermann hat ein hohes Maß an Risikobereitschaft bewiesen und gezeigt, dass dies möglich ist.

Mit Wagnis und Mut ist in diesen 25 Jahren viel geschehen. Ein einflussreiches internationales Werk ist entstanden. Niemand kann heute mehr die Augen verschließen, wenn es um Menschenhandel, Zwangsprostitution und Kindesmissbrauch geht. Wahr ist geworden, was Anna Suchocka fordert:»In schwierigen Lagen soll man keine Sündenböcke suchen, sondern Auswege.«

Solwodi ist dabei, für viele Betroffene in ausweglosen und verzweifelten Situationen einen Ausweg zu suchen; verzichtet aber auch nicht darauf, die Verantwortlichen ausfindig zu machen. Denn sie verdienen eher den Namen»Ausbeuter« und»Verbrecher« an der Menschheit – trotz der Tatsache, dass sie in unserer angeblich zivilisierten Welt weitgehend ungehindert ihr Unwesen treiben.

25 Jahre Solwodi. Manch steinige Wege mussten gegangen werden. Viele Steine wurden aus dem Weg geräumt. Dieses lesenswerte Buch zeigt es. In der Vergangenheit hat sich bewahrheitet, was Goethe schreibt:»Auch aus Steinen, die einem in den Weg gelegt wurden, kann man Schönes bauen.« Die Steine werden auch in Zukunft nicht fehlen. Möge immer wieder Schönes aus ihnen gemacht werden!

PATER FRITZ KÖSTER, geb. 1934, ist Ordenspriester der Pallottiner. Er unterhält Lehraufträge an verschiedenen Universitäten. Solwodi unterstützt er seit dessen Anfängen, seit 2002 auch im Beirat der Solwodi-Stiftung.

SOLWODI –
EIN VIERTELJAHRHUNDERT
ENGAGEMENT FÜR FRAUENRECHTE

Von Sr. Lea Ackermann

Als meine Gemeinschaft, die Missionsschwestern Unserer Lieben Frau von Afrika, mich 1985 zum zweiten Mal nach Afrika entsandte, ging die Reise nach Mombasa in Kenia. Damit ich vorher die Sprache Kisuaheli erlernen konnte, war für mich ein Zwischenstopp in Nairobi vorgesehen. Ich war sehr froh über diesen Aufenthalt, da mir hiermit die Möglichkeit gegeben wurde, die dritte Weltfrauenkonferenz in der kenianischen Hauptstadt mitzuerleben. Die Konferenz stand unter dem Motto »Empowerment«. Damit war die Ermächtigung der Frauen gemeint.

Es ging darum, die Frauen in der Gesellschaft und auch in der Religion, vor allem was die Kirche betraf, zu stärken. Sie sollten ihren Platz in der Welt einnehmen und selbst über ihr Leben bestimmen können. Daraus ergaben sich drei zentrale Forderungen. Die erste lautete: »Die Hälfte des Himmels den Frauen«. Dies wurde uns leicht zugestanden. Mit der zweiten Forderung »Die Hälfte der Erde den Frauen« wurde es schon schwieriger, denn in Kenia und auch anderen Ländern dieser Erde konnten Mädchen kein Land erben. Die Umsetzung der dritten Forderung war jedoch die, die schier unmöglich erschien. Sie lautete: »Die Hälfte der Macht den Frauen«.

Diese faszinierende Konferenz beschäftigte sich vor allem mit den verschiedenen Arten von Zwang und Gewalt, die Frauen weltweit angetan werden. Gewalt in engen sozialen

Beziehungen, Gewalt in Ehe und Familie, Gewalt durch patriarchale Strukturen. Oder auch Gewalt, die in der Tradition verankert ist, wie zum Beispiel der Schleierzwang oder die Genitalverstümmelung. Dadurch, dass Frauen keinen oder nur einen beschränkten Zugang zu Bildungsmöglichkeiten und zum Berufsleben hatten, war die Gefahr groß, in die Prostitution zu geraten oder zu Opfern von Menschenhandel zu werden. Bereits einige Jahre zuvor, 1978, war mir bewusst geworden, wie Frauen durch den Sextourismus in sogenannten Ferienparadiesen ausgebeutet werden. Als wir auf einer pastoralen Reise auf die Philippinen einen Zwischenstopp in Thailand einlegen mussten, bot der Taxifahrer in Bangkok den mitreisenden Männern seine Schwester an – mit den Worten:»ganz jung, ganz schön, ganz billig, die ganze Nacht«. Meine Mitreisenden blickten verlegen zu Boden, der Taxifahrer lachte verschämt, aber ich war entsetzt. Dieser offensichtliche Handel mit Frauen fiel mir auch später in Manila und an anderen Stationen unserer Reise auf.

Mit dem Sextourismus kam das neue Elend
Frauen und Kinder werden zur Handelsware gemacht und dies nicht nur, weil sie in der Gesellschaft wie Menschen zweiter Klasse leben, sondern auch, weil der Reichtum auf dieser Welt sehr ungerecht verteilt ist. Einige Menschen verfügen über genug Geld, um sich problemlos eine Weltreise leisten zu können. Sie sehen die Not und das Elend in sogenannten Ferienparadiesen wie Thailand, den Philippinen und Kenia und profitieren von diesem Elend, indem sie sich Frauen und Kinder billig zu ihrem Vergnügen kaufen. Das neue Elend, das dadurch entsteht, wird dabei nicht bedacht. In einigen kleineren Dörfern in Thailand gab es irgendwann keine jungen Frauen und Mädchen mehr. Die Kinder, die sie zurückgelassen hatten, mussten von den älteren DorfbewohnerInnen

aufgezogen werden. Das führt zu einer Brutalisierung der Gesellschaft.

Die gehandelten Frauen und Mädchen haben nicht die Möglichkeit, sich eine Zukunft aufzubauen. Sie gehen nicht zur Schule, erhalten keine Ausbildung, stecken sich mit Krankheiten an. Und obwohl sie das Überleben ganzer Familien sichern, indem sie diese finanziell unterstützen, werden sie von der Gesellschaft verachtet. Das ganze Unrecht, ja, die schreiende Ungerechtigkeit dieser Welt, in der die einen verhungern, während die anderen sich alles leisten können, zeigt sich in diesen Sextourismus-Hochburgen am krassesten. In Deutschland hatte ich zu dieser Zeit bereits darauf aufmerksam gemacht. Als ich aber im kenianischen Mombasa lebte, wollte ich konkret mit den betroffenen Frauen und Mädchen sprechen und ihnen beim Ausstieg helfen, wenn sie ihr Dasein als unerträglich erlebten. Ich ging auf die Straße, in Bars und Kontakt-Cafés und unterhielt mich mit ihnen. Wenn sie mir sagten, dass sie aussteigen wollten, überlegte ich mit ihnen gemeinsam, wie ich ihnen helfen konnte. Ob sie vielleicht die Schule besuchen und einen Abschluss machen könnten? Ob ich mit ihnen eine Arbeitsstelle suchen könnte? Welchen Berufsweg sie sich vorstellen könnten? Wäre eine Ausbildung zur Köchin, Friseurin oder Händlerin für sie denkbar? Konnten sie sich vorstellen, Eis, Halsketten oder Schürzen selbst herzustellen und zu verkaufen oder ihren Lebensunterhalt mit dem Verkauf von Kohle zu verdienen?

Am Anfang: ein leeres Lagerhaus

Als ich im Oktober 1985 mit meiner Arbeit begann, hatte ich nichts. Kein Geld, keine Schreibmaschine, kein Auto. Aber ich war von meiner Idee überzeugt. Ich wollte gemeinsam mit diesen Menschenkindern Gottes etwas auf den Weg bringen und ihnen ganz konkret aus ihrer Not helfen. Ich machte mich auf die Suche nach Räumen, in denen ich mich mit den Frauen treffen und gemeinsam überlegen konnte. Mombasa ist eine bunte und lebendige, aber leider auch ausgebuchte Stadt. Es schien aussichtslos, günstige Mieträume zu finden, die wir uns ohne viel Geld hätten leisten können. In Mombasa leben Menschen verschiedenster Herkunft und Religion. Ich machte mich auf den Weg zum katholischen Bischof Kirima und erklärte ihm meine Idee. Er war sehr davon angetan und ging mit mir zusammen auf die Suche nach geeigneten Räumen. In der Pfarrei Makupa gab es ein Lagerhaus, das zu dieser Zeit leer stand. Es bestand aus zwei Räumen ohne Türen und Fenster, dafür aber mit unzähligen Löchern im Dach. Trotzdem fand ich es auf Anhieb ideal und konnte mir gleich vorstellen, wie es nach einer gründlichen Renovierung aussehen würde. Gemeinsam mit den Frauen, denen ich auf diese Weise ihren ersten Arbeitsplatz verschaffte, räumte ich zunächst eigenhändig den Schutt weg. Anschließend setzten wir mit der Hilfe von Fachleuten Fenster ein, besserten Mauern aus, brachten Türen an, setzten ein neues Wellblechdach auf und zogen eine Decke ein. All das war nur möglich, weil mich ein kleiner FreundInnen-Kreis unterstützte. Dazu gehörten meine Mutter, mein langjähriger Freund Pater Prof. Dr. Fritz Köster und einige andere liebe Menschen. Ich bat alle, die in meinem Adressbuch standen, um Unterstützung, schrieb unter anderem 100 Briefe von Hand an Bekannte und Freunde in Deutschland. Neben der finanziellen Hilfe war es vor allem die menschliche Unterstützung, über die ich mich sehr freute. Eine Mitarbeiterin der evangelischen Kirche, eine italienische Touristin und vier meiner ehemaligen Studentinnen von der Uni Eichstätt, die mich in ihren Ferien besuchten, arbeiteten während der ersten drei Jahre zeitweise unentgeltlich mit. Meine frühere Studentin Sylvia gab den Frauen und teils auch deren Kindern Nachhilfe. Ihre Kommilitonin

Ingrid arbeitete sehr schnell und hatte ein gutes Auge dafür, wie sie mich bei vielen Arbeiten entlasten konnte. Lillo gab Koch- und Backunterricht und Annette fertigte Schürzen mit den angehenden Näherinnen. Die italienische Touristin hatte von uns gehört und besuchte uns in unseren Räumen. Sie war Künstlerin und brachte den Frauen bei, wie sie Perlen aus Lehm töpfern und damit anschließend kunstvolle Ketten zum Verkauf an TouristInnen herstellen konnten. Meine Mitschwestern halfen mir dabei, einen Namen für das neue Werk zu finden. So entstand während eines Brainstormings der Name »SOLWODI«, die Abkürzung für SOLidarity with WOmen in DIstress – Solidarität mit Frauen in Not.

Frauen bei Solwodi: Wir können es schaffen!

Meine erste Mitarbeiterin in Mombasa war Rosbella. Sie hatte ihren Schulbesuch selbst bezahlt. Niemand durfte wissen, wie. Als sie zu mir kam, hatte sie gerade ihren Abschluss geschafft und wollte mir helfen, weil sie wusste, wie schwer das Leben für Frauen war und weil sie deren Not verstand. Zur Eröffnung von Solwodi hatte sie ein wunderschönes Gedicht mit dem Titel »Wir können es schaffen!« verfasst.

Nur eine Frau! So nennst du mich, weil du glaubst, ich wäre ein minderwertiger Mensch.

Aber, mein Lieber, dass ich eine Frau bin, macht mir nicht meine Rechte streitig und die Freiheit, mich zu Wort zu melden.

Noch erlaubst Du es dir, mich zu beleidigen, mich zu misshandeln, auf mich herabzusehen. Denn ich bin ja nur eine Frau. Und der »Boss« hat immer Recht.

Ihr Frauen! Sexismus liegt in der Luft. Wir wollen uns vereinigen und das tun, von dem viele denken, wir könnten es nicht schaffen.

Ich sage euch: Wir können es schaffen!

Eine der ersten Frauen, die Solwodi betreute, wurde von den St. Josef-Schwestern zu uns gebracht. Wambui war abgemagert und sah abwesend und verzweifelt aus. Sie kam gerade aus dem Gefängnis, wo sie eine sechsmonatige Haftstrafe wegen des Straftatbestandes »Bummeln zum Zweck der Prostitution« verbüßt hatte. Da sie die geforderten 600 kenianischen Schilling, damals ungefähr 200 DM (100 Euro), nicht zahlen konnte, sperrte man sie ins Gefängnis. Ihr Baby hatte Wambui einer Nachbarin anvertrauen müssen. Diese brachte auch die vier älteren Kinder im Alter zwischen sechs und zwölf Jahren zum Zug. Sie sollten zu ihrer Tante ins 500 Kilometer entfernte Nairobi fahren, um dort versorgt zu werden. Als Wambui schließlich aus dem Gefängnis freikam, hatte sie nur Schulden. Mietschulden für ihr Ein-Zimmer-Appartement, Schulden bei der Nachbarin für die Verpflegung des Babys und Schulden wegen der Fahrtkosten nach Nairobi für ihre anderen Kinder. Wambuis Verzweiflung war so groß, dass sie nur darüber nachdachte, wie sie ihre übrigen Kinder zurück nach Mombasa holen könnte, um sie und sich selbst zu vergiften. Diesen Plan gestand sie mir erst viel später.

Als Kind wollte Wambui unbedingt zur Schule gehen. Ordensschwestern nahmen sie bei sich auf und unterrichteten sie in ihrer Schule. Als Gegenleistung jätete Wambui das Unkraut. Als sie dann die höhere Schule besuchen wollte, musste sie in eine andere Stadt umziehen. Dort lernte sie einen Journalisten kennen, der ihr versprach, die Schule für sie zu bezahlen. Wambui wurde von ihm schwanger, doch kurz vor der Geburt des Kindes hatte er einen tödlichen Unfall. In ihrer Verzweiflung versuchte Wambui, sich aus der Klinik zu stehlen und ihr Kind dort zurückzulassen. Sie muss elend ausgesehen haben, denn sie fiel einem Mann an einem Stand vor dem Krankenhaus auf. Er kaufte ihr eine Cola und hörte sich ihre Geschichte an. Anschließend gab er ihr etwas Geld. Daraufhin ging Wambui zurück in die Klinik und holte ihr Kind. Ihren Lebensunterhalt verdiente sie von da an mit Männern in der Hoffnung, einer dieser »Freunde« würde sie heiraten. So bekam Wambui noch vier weitere Kinder. Als sie schließlich zu Solwodi kam, war sie vor Verzweiflung kaum ansprechbar. Wir konnten ihr helfen, einen kleinen Gemüsehandel zu eröffnen und ihre Kinder zur Schule zu schicken. Später hat eine rührige katholische Gemeinde ihr auch geholfen, ein Lehmhaus zu bauen. Wambui starb, als ihre erstgeborene Tochter Emily 20 Jahre alt war.

Unterstützung für die Kinder von Prostituierten: SOLGIDI

Emily ist eine wunderbare Frau. Unter dem Leben, das ihre Mutter in ihrer frühen Kindheit führte, hatte sie sehr gelitten. »Was glaubst du denn, wie das ist, wenn deine Mutter sich ganz komisch anzieht und geht, sobald es abends dunkel wird? Wir Kinder hatten Angst davor, abends und in der Nacht allein zu sein. Das war für uns sehr gefährlich. Ich hatte oft eine furchtbare Wut auf meine Mutter.« Das vertraute sie mir viele Jahre später an. Ich hätte es mir eigentlich denken können, aber mir fiel nie auf, dass zwischen den Kindern und ihrer Mutter ein schlechtes Verhältnis herrschte, das geprägt war von Unverständnis – auf beiden Seiten. Die Kinder ärgerten sich über ihre Mütter, auch weil sie von den anderen Kindern oft als »Hurentöchter« beschimpft wurden. Die Mütter hingegen empfanden ihre Kinder, für die sie ein solches Leben auf sich nahmen, als frech und undankbar.

Als mir diese Problematik klar wurde, gründete ich 2002 das Projekt SOLGIDI (SOLidarity with GIrls in DIstress – Solidarität mit Mädchen in Not). Dort werden Töchter von

Prostituierten aufgenommen. Ihnen wird der Schulbesuch ermöglicht, indem die Kosten für Schulgebühren, Bücher, Verpflegung und Schuluniformen übernommen werden. Außerdem werden regelmäßig Gespräche mit den LehrerInnen geführt und Treffen für Mütter und Töchter organisiert, in denen es um das gegenseitige Verständnis geht. Nach dem Tod ihrer Mutter musste Emily sich neben ihren zwei eigenen Kindern noch um ihre vier Geschwister kümmern. Sie gönnte sich nie eine Pause, schonte sich nie. Früh morgens ging sie aufs Feld. Dort und im Garten ihres Hauses pflanzte sie Obst und Gemüse an. Später ging sie zurück nach Hause, kochte und verkaufte das Essen. Am Nachmittag ging sie zum Markt und verkaufte dort Second-Hand-Kleider. Solgidi half ihr dabei, den Schulbesuch der Kinder zu finanzieren und unterstützte ihren Handel.

Von jeder Lebensgeschichte, die mir die Frauen im Laufe der Zeit anvertrauten, war ich aufs Neue entsetzt. Da war Katharina, gerade einmal 17 Jahre alt, mit ihrem dreijährigen Sohn Maina. Katharinas Vater hatte sich von ihrer Mutter getrennt und die neun gemeinsamen Kinder zurückgelassen. Katharina musste für sich selbst sorgen, wurde schwanger und hatte von da an mit noch mehr Schwierigkeiten zu kämpfen. Diese junge Frau hätte allein keine Chance gehabt. Gemeinsam überlegten wir, wie wir ihr helfen konnten. Schließlich fanden wir eine Schule für sie – doch was war mit Maina? Für ihn und die Kinder der anderen Frauen, die von Solwodi betreut wurden, musste ein Day-Care-Center geschaffen werden. Ich merkte schnell, dass es nicht einfach ist, den Armen und Ausgegrenzten zu helfen. Ist ein Problem erst gelöst, stehen die nächsten bereits vor der Tür.

Katharina zum Beispiel hatte keinen Schulabschluss. Während sie zur Schule ging, musste ihr Sohn Maina versorgt werden. Sie hatte keine Wohnung. Wenn sie Geld hatte, mietete sie für sich und ihren Sohn ein Zimmer, doch kaum, dass sie die Miete nicht zahlen konnte, wurde sie von den VermieterInnen vor die Tür gesetzt. Selbst in den Slums muss Miete gezahlt werden. Teilweise musste Katharina mit ihrem Sohn auf der Straße schlafen. Sie hatte ein kleines Mädchen von zehn Jahren zur Aufsicht von Maina angeheuert. Dafür, dass das Mädchen auf Maina aufpasste, gab Katharina ihm Essen. Dadurch konnte das Mädchen aber auch nicht zur Schule gehen und außerdem war sie mit zehn Jahren ohnehin noch viel zu jung, um sich um Maina zu kümmern. Einmal fiel er in eine tiefe Grube. Er war verletzt und wäre fast erstickt. Einige Männer retteten ihn mit einer Leiter, doch er musste ins Krankenhaus und auch dafür brauchten wir Geld. Und Katharina war nur eine von inzwischen 50 Frauen.

Wenn für eine sehr junge Frau ein Ausbildungsplatz gefunden war, stellte sich die Frage, ob sie Kinder hatte und wie diese versorgt wurden. Außerdem galt es, einen Weg zu finden, wie sie ohne Einnahmen ihren Lebensunterhalt und die Miete würde zahlen können. Also war für jede Ausbildung eine Art Stipendium nötig. Wenn die jungen Frauen regelmäßig zur Schule oder zu ihrem Ausbildungsplatz gingen, bekamen sie ein Stipendium, welches dem Verdienst einer Hausangestellten entsprach. Zu dieser Zeit waren dies 80 DM, also 40 Euro im Monat.

Ich sah mir die Ausbildungsplätze an, um festzustellen, ob die Frauen dort wirklich etwas lernten, und um herauszufinden, ob sie regelmäßig kamen. Für diese jungen Frauen, die an keine Regelmäßigkeit gewöhnt waren, die nachts Geld verdienten und am Tag schliefen, war es sehr schwer, ihren Tagesrhythmus neu zu gestalten. Hinzu kamen weitere Aspekte wie Krankheiten. Was war, wenn die Frauen krank waren, wenn ihre Kinder krank wurden? Wie konnte Solwodi die

Frauen in dieser Situation unterstützen? Darüber sprachen wir, die betroffenen Frauen und ich, in einem unserer gemeinsamen Meetings, die immer samstags stattfanden. Wir schufen unsere eigene Krankenkasse. Doch auch der Umgang mit Geld musste geübt werden und so erklärten wir den Samstag zum Zahltag. Der Wochenlohn wurde ausgezahlt, Fehlstunden wurden abgezogen. Nach Absprache habe ich von jeder Frau 70 Eurocent pro Woche für die Krankenkasse zurückbehalten und aus der Solwodi-Kasse ebenfalls für jede Frau 70 Eurocent dazugezahlt. Wenn eine Frau krank wurde, bekam sie Geld für die Behandlung und Medikamente aus dieser Kasse. Das Kassenbuch führten die Frauen selbst und dies trug dazu bei, dass sie viel verantwortungsbewusster mit dem Geld umgingen.

Erfolgreiche Geschäftsideen und talentierte Frauen
Ein großes Problem waren auch die älteren Frauen. Da war zum Beispiel Queeny. Sie war Analphabetin und wir fragten uns lange Zeit, was sie tun konnte. Schließlich lernte sie von der italienischen Touristin, wie man Perlen aus Lehm knetete. Diese fand auch Töpfer vor Ort, die sich bereit erklärten, die Perlen für uns zu brennen, und zeigte den Frauen, wie sie diese mit wertvollen traditionellen Perlen ergänzen konnten. Auf diese Weise gestalteten die Frauen wunderschöne Halsketten, die im Anschluss in Geschäften an Touristen verkauft werden konnten. Queeny wurde mit der Zeit so gut, dass wir sie in die Keramikwerkstatt einer englischen Künstlerin in Nairobi vermitteln konnten, wo sie Schmuck herstellten.

Nyambaru, Mutter von drei Kindern, hatte die Idee der Eisherstellung. Zunächst meinte sie, dass wir mit Wasser, Zucker und Farbe Eis herstellen könnten, wenn wir einen Gefrierschrank hätten. Wir wollten den Kindern natürlich kein gesundheitsschädliches Wassereis verkaufen, fanden die Idee des Eisverkaufs aber so gut, dass wir uns eine Alternative überlegten. Wir pressten Fruchtsäfte, füllten sie in Plastikröhrchen und froren diese ein. Die vitaminreichen Fruchtsäfte waren eine wertvolle Nahrungsergänzung. Nyambaru wurde unsere Eisverkäuferin. Sie hatte so viel Verkaufstalent, dass die Kinder der nahegelegenen Schule in den Pausen bereits auf sie warteten und sie »Mama Barafu« (»Eismama«) nannten. Diese Anerkennung machte Nyambaru sehr stolz und genau das war es, was uns wichtig war. Die Frauen und Mädchen, die kein Ansehen in der Gesellschaft hatten, sollten stolz auf das sein können, was sie geschafft hatten, und dafür die Anerkennung ihrer Mitmenschen bekommen.

Eine weitere Geschäftsidee war Vollkornbrot. In den Supermärkten und Hotels in Mombasa wurde nur Weißbrot nach englischer Art angeboten. Das Vollkornbrot, welches wir produzierten, stieß bei den Touristen und ernährungsbewussten Einheimischen auf große Begeisterung und so war es meine Aufgabe, die Hotels und Supermärkte zu beliefern. Dafür nahm ich den Wagen von Michael Schrode. Er war selbst noch im Priesterseminar gewesen, als ich dort gemeinsam mit Pater Köster für Missio Fortbildungskurse gegeben hatte. Nach seiner Priesterweihe meldete er sich zum Auslandseinsatz nach Kenia. Michael Schrode und ich kamen zeitgleich in Nairobi an und besuchten gemeinsam den Kisuaheli-Kurs. Sein Einsatzort war 1.000 km von Mombasa entfernt. Als er mich einmal besuchte, sah er meine Not und stellte mir sein Auto zur Verfügung. Er sagte, er käme auch ohne das Auto in seiner Pfarrei zurecht. Welch ein Glück.

1988, nach drei Jahren in Kenia, war es leider so weit. Solwodi-Kenia musste ohne mich weiterarbeiten, denn ich musste wieder nach Deutschland. Als ich zurückkam, habe ich von hier aus versucht, ein Netz der Solidarität mit den Frauen in Mombasa zu knüpfen. Dank der Hilfe meiner Mitschwestern und einiger FreundInnen in Mombasa konnte dort die Arbeit weitergehen. In Deutschland stand ich nun wieder vor dem Nichts.

Aufklärungsarbeit in Deutschland

Das, was ich in Kenia gesehen und erlebt hatte, ließ mich nicht los. Ich wollte die deutsche Öffentlichkeit darauf aufmerksam machen, wie die Sextouristen das Elend der kenianischen Bevölkerung zu ihrem Vergnügen ausnutzen. Die Gedankenlosigkeit, mit der diese Verbrechen an Frauen und Kindern heruntergespielt wurde, machte mich sehr wütend. Ich hielt unzählige Vorträge, Predigten, Veranstaltungen und Tagungen zum Thema Sextourismus. Dabei wurde ich mit dem Menschenhandel in Europa und speziell in Deutschland konfrontiert. Da wurde mir bewusst, dass die Frauen bereits hier angekommen waren. Es war nicht mehr »nur« der Sextourismus, der sie bedrohte, mittlerweile wurden sie auch wie Ware in reiche Industrienationen verschifft. Über sogenannte Heiratsagenturen wurden sie den reiseunwilligen Kunden praktisch frei Haus geliefert. Oft waren Inserate zu lesen, in denen Frauen zum Ausprobieren angeboten wurden. Bei Nichtgefallen wurde dem Kunden ein Rückgaberecht eingeräumt.

Ich brauchte dringend eine Kontaktadresse, ein Büro und ein neues Zuhause, wo ich die angefangene Arbeit weiterführen konnte. Meine Gemeinschaft hatte keine Möglichkeit, hierbei zu helfen, Geld für die Gründung einer Niederlassung hatte ich auch nicht. Da kam mir Pater Köster wieder einmal zu Hilfe. Er bot mir in seinem Pfarrzentrum in Baldham bei München tagsüber einen Raum für meine Arbeit an. Am Abend fanden Versammlungen statt, da musste ich aufgeräumt haben – das war die Abmachung. Die Pfarrsekretärin nahm meine Telefonate entgegen und vereinbarte Termine. Nach einer Predigt von Pater Köster, in der er meine Situation angesprochen hatte, kam auch eine ehrenamtliche Mitarbeiterin dazu. Das war eine große Hilfe für den Anfang in Deutschland, aber doch nur eine Notlösung. Das zeigte sich, als die ersten Frauen vor der Tür standen.

Wenn Heiratsagenturen Frauen zum »Testen« vermitteln

Eine aufmerksame Reisende hatte auf dem Kölner Hauptbahnhof eine junge Frau gesehen, die ihr verloren und verwirrt vorkam. Da sie von Solwodi gehört hatte, rief sie bei mir an und ich fuhr sofort nach Köln, um mich mit der jungen Philippinin zu treffen, um die es sich handelte. Sie war verzweifelt. Auf den Philippinen war ihr das Bild eines deutschen Mannes gezeigt worden, den sie heiraten konnte. Da er sympathisch aussah, erklärte sie sich bereit, ihn kennenzulernen. Sie schrieben sich gegenseitig Briefe über die Agentur und da der Mann auf die junge Frau sehr nett wirkte, willigte sie schließlich ein, ihn in Deutschland zu besuchen. Die Reise wurde bezahlt und ein Mitarbeiter der Agentur holte die junge Frau am Bahnhof in Deutschland ab. Doch dann kam alles anders.

Es stellte sich heraus, dass es sich bei dem Kandidaten um jemand ganz anderen handelte. Da der ursprüngliche Kandidat sich in der Zwischenzeit für eine andere Frau entschieden hatte, musste sie mit diesem mitgehen. In ihrer Verzweiflung ging sie mit dem Mann mit, doch sie konnten sich nicht richtig verständigen. Eigentlich war er auch nur am »Ausprobieren« interessiert. Vor ihr hatte er bereits drei Frauen vermittelt bekommen, die er alle wieder weitergeschickt hatte. Die Reisekosten und die Vermittlungsgebühr wurden erst im Falle einer Heirat fällig. Vorher hatten die Kunden die Möglichkeit, die Frauen vier Wochen lang gebührenfrei zu »testen«. Mary war offensichtlich schwer vermittelbar, denn sie war bereits viermal zurückgeschickt worden und sollte nun die bisherigen Kosten durch Prostitution zurückzahlen. Es gelang ihr zu fliehen, doch sie wusste nicht wohin. Außerdem hielt sie sich nun illegal in Deutschland auf. Niemand hinterfragte die Machenschaften der Heiratsagenturen. Auch sogenannte Künstleragenturen beteiligten sich an dem Geschäft, indem sie Tänzerinnen anwarben. Diese Frauen kamen gar nicht erst dazu, ihre Folkloretänze darzubieten, sondern verschwanden stattdessen in den Bordellen.

Die Ungeheuerlichkeiten dieses modernen Sklavenmarktes waren also nicht auf einen fernen Kontinent beschränkt. Der Handel blühte direkt vor unserer Haustür, in der nächsten Stadt, im nächsten Dorf – meist verdeckt, doch manchmal sogar für jeden und jede sichtbar. Ich konnte nicht glauben, dass so etwas in einem Rechtsstaat wie Deutschland möglich war.

Erstes Schutzhaus in Koblenz

Kurze Zeit später bekam ich einen Anruf aus Düsseldorf. Eine junge Kenianerin, 17 Jahre alt, hatte versucht, sich in einem Park das Leben zu nehmen. Gerade noch rechtzeitig wurde sie von einem Spaziergänger entdeckt, dessen Hund das bewusstlose Mädchen im Gebüsch gefunden hatte. Theresa war noch ein Kind, erst 13 Jahre alt, als man sie als Fotomodell anwarb und nach Deutschland brachte. Mit ihr gemeinsam kamen noch weitere junge Mädchen nach Europa. Sie wurden für die Prostitution in vornehme Hotels in der Schweiz, Italien oder Deutschland gebracht. Schließlich hielt sie ihr Leben nicht mehr aus und versuchte, sich in diesem Park in Düsseldorf umzubringen.

Ich als Einzelperson konnte diesen Frauen leider nicht die nötige Hilfe bieten. Dafür brauchte ich eine richtige Beratungsstelle und wenn möglich auch eine Schutzwohnung.

Wieder einmal kamen mir das Glück und Pater Köster zur Hilfe. Er wurde von seiner Gemeinschaft an die Theologische Hochschule Vallendar bei Koblenz berufen. Er bekam ein großes Pfarrhaus in der Nähe und die Diözese stellte mir darin Räume zur Verfügung. Das Arbeitsamt vermittelte mir meine erste Sekretärin.

Als die 17-jährige Theresa in mein Leben trat, wurde es noch wichtiger, eine Schutzwohnung zu finden, als es ohnehin schon war. Im Pfarrhaus hatten wir inzwischen vier Kinder aufgenommen. Die Mütter dieser Kinder machten alle eine Aus- oder Weiterbildung und hatten nicht die Möglichkeit, sich gleichzeitig um die Kinder zu kümmern. Doch langsam wurde alles zu eng. Das Schicksal wollte es, dass eine Frau aus Mönchengladbach eine Erbschaft erhielt und diese an uns überschrieb. Mit diesem Geld war es uns möglich, das erste Schutzhaus in Koblenz zu kaufen und zu renovieren.

26 Beratungsstellen in vier Ländern
Im Jahr 2009 haben wir das 15-jährige Bestehen des Solwodi-Schutzhauses in Koblenz gefeiert. In der Zwischenzeit haben 160 Frauen und Kinder hier für kürzere oder auch längere Zeit Aufnahme und die Chance auf eine Berufsausbildung oder einen Arbeitsplatz gefunden – oder einfach die Möglichkeit, sich von einer Krankheit zu erholen. Unsere Bekanntheit wuchs und wir bekamen Hilfe durch kirchliche und staatliche Zuschüsse. Gemeinsam mit der Diplompsychologin Eva Schaab gründeten wir eine Beratungsstelle in Mainz. Einige Ordensschwestern boten an, ein Jahr lang ehrenamtlich zu arbeiten und danach die Arbeit weiterzuführen.

Mit Sr. Leoni Beving von den Missionsschwestern vom Heiligsten Herzen Jesu in Hiltrup entstand so in Duisburg ein neuer Verein – Solwodi NRW – und außerdem eine neue Beratungsstelle mit Schutzhaus. Mit Sr. Anna Mayrhofer von den Franziskanerinnen Missionarinnen Mariens gründeten wir eine Beratungsstelle mit Schutzhaus in Osnabrück. Die Gründung der Beratungsstelle mit Schutzhaus in Braunschweig wurde durch Sr. Paula Fiebag von den Barmherzigen Schwestern vom Heiligen Vinzenz von Paul in Hildesheim möglich. Mit den Missionshelferinnen Renate Hofmann und Karin Kerb gründeten wir eine Beratungsstelle mit Schutzhaus in Bad Kissingen. Sr. Mechthild von den Maria Ward Schwestern und Maria Höllrigl gründeten mit uns Solwodi Passau mit einer Beratungsstelle und einem Schutzhaus. Mit Soni Unterreithmeier entstand die Beratungsstelle in Augsburg und mithilfe von Dr. Katja Leonhardt kehrten wir schließlich auch mit einer Beratungsstelle nach München zurück, wo der Verein Solwodi 1987 gegründet worden war. Eva Schaab wechselte schließlich von Mainz nach Ludwigshafen, wo wir ebenfalls eine Beratungsstelle eröffneten; seit 2007 gibt es auch eine Beratungsstelle von Solwodi mit Kurzaufnahme in Berlin. Diese Stelle konnten wir mit der Hilfe der Marienschwestern gründen; sie wird von den Comboni-Missionarinnen Sr. Margit Forster und Sr. Marbel Mariotti geleitet.

Das alles passierte in den vergangenen 25 Jahren und zu den Gründerinnen kommen heute natürlich noch viele Mitarbeiterinnen, die hier nicht namentlich aufgeführt werden. Im Jahr 2009 konnten wir mit unseren 48 Mitarbeiterinnen in all diesen Stellen 1.464 Frauen und Kindern helfen. Einige davon konnten wir aufnehmen, einige konnten wir weitervermitteln und vielen konnten wir mit Rat und Tat zur Seite stehen. Inzwischen haben wir 14 Beratungsstellen in Deutschland, zehn in Kenia, eine in Rwanda und eine weitere, seit 2010, in Rumänien.

Frei und selbstbestimmt leben

Was es bedeutet, zum Sex mit fremden Männern oder zur Heirat mit einem völlig Unbekannten gezwungen zu werden oder täglich Todesängste ausstehen zu müssen, weil man sich entschlossen hat, frei und selbstbestimmt zu leben, das wissen nur die wenigsten. Gott sei Dank. Leider machen sich jedoch auch nur die wenigsten Gedanken darüber, wie die Opfer sich dabei fühlen. Es ist einfacher, sich damit nicht zu belasten. Doch nur das Entsetzen darüber zu äußern, dass wieder eine junge Frau von ihrem Bruder ermordet wurde, weil sie sich »zu westlich« kleidete, oder darüber, dass ein 14-jähriges Mädchen aus einem Bordell befreit wurde, ist nicht genug. Sich mit diesen Tatsachen zu konfrontieren, ist nicht leicht, doch wenn man nichts dagegen unternimmt, werden sie irgendwann als normal angesehen.

Die Vorarbeit zu diesem Buch war für alle Beteiligten belastend. Selbstverständlich war es für die betroffenen Frauen nicht leicht, neben ihren Erfolgen auch über die Vergangenheit – die Schattenseiten ihres Lebens – zu sprechen. Auch für uns, die wir die Gespräche führten, war es eine sehr emotionale Erfahrung. Zu der ansteckenden Freude über die Erfolge und das neue Leben dieser Frauen in Freiheit mischten sich Unverständnis und Wut über diejenigen, die ihnen das angetan haben. Diese Frauen sind durch die Hölle gegangen, wurden missbraucht, gedemütigt, geschlagen und eingesperrt – doch sie haben es geschafft: Mit der Unterstützung von Solwodi, viel Mut und dem unbändigen Willen zu leben: frei, unabhängig und selbstbestimmt. Diesen Frauen wurde früher gesagt, dass sie nur zum Sex, zum Kinderkriegen und für die Küchenarbeit zu gebrauchen seien. Heute haben sie höhere Schulabschlüsse als die Männer, die ihnen das gesagt haben. Sie verdienen ihr eigenes Geld – auf ehrliche Weise, nicht so, wie diese Männer. Heute können sie nein sagen. Diese Frauen sind wertvoll und haben viele Talente. Wir hoffen, dass auch die Öffentlichkeit das erkennt und dafür sorgt, dass überkommene Traditionen abgeschafft und kriminelle Netzwerke zerschlagen werden. Wenn man die Geschichten dieser Frauen hört und sie dann heute sieht – starke Frauen, die mit Freude in eine Zukunft blicken, die sie selbst bestimmen können, dann ist man tief beeindruckt von ihrem Mut.

»GEHEIMTIPP KENIA«

Europäischer Sextourismus und der schwierige Ausstieg aus der Prostitution

Von Alicia Allgäuer und Mary Kreutzer

Als »abwechslungsreichstes Land, das Afrika zu bieten hat«, wird das »magische Kenia« in deutschen Urlaubsforen gepriesen. Safari, Sonne und Sandstände sind die Schlagwörter, die TouristInnen aufhorchen lassen. Von einer »faszinierenden Tierwelt« vor der Kulisse des Kilimandscharo und »fröhlichen Menschen«, die den TouristInnen jeden Wunsch erfullen, ist da die Rede. Auch das »ehemalige Kriegervolk« der Massai sei »heutigen Besuchern ganz freundlich gesonnen«. Die Massai sind eine der 42 Bevölkerungsgruppen in Kenia, die in der Nähe der Safari-Regionen leben und daher zu einer gewissen oberflächlich-folkloristischen Bekanntheit in Europa gelangt sind.

Genauso oberflächlich bleibt das Wissen über das Land für die meisten der über eine Million TouristInnen, die jedes Jahr ihren Urlaub in Kenia verbringen – die überwiegende Mehrheit davon aus Deutschland. Mehrmals täglich fliegen Maschinen von Frankfurt, Düsseldorf und Berlin nach Mombasa. Aber auch in anderen europäischen Ländern hat sich der »Geheimtipp Kenia« herumgesprochen: In Malindi etwa, der zweitgrößten Küstenstadt des Landes, gehören die meisten Hotels und Restaurants italienischen Geschäftsleuten, die der großen Zahl an italienischen TouristInnen einen auf ihre Bedürfnisse abgestimmten Urlaub anbieten.

Was in den offiziellen Infobroschüren keine Erwähnung findet:
Viele Männer und auch immer mehr Frauen kommen nach Kenia, um sich für wenig Geld Sex zu kaufen.

Portiere, Beachboys und Schweizer Pianisten

Wir landen an einem schwülen Dezembermorgen auf dem Flughafen von Mombasa. Es sind überwiegend alleinstehende Männer und einige wenige Frauen, jung und alt, die mit uns bei der Gepäckausgabe am Band stehen und ungeduldig auf ihre Koffer warten. Angekommen im Hotel, einer weitläufigen Anlage direkt am Indischen Ozean und etwas außerhalb von Mombasa gelegen, bringt uns ein Portier auf das Zimmer. »Warum so alleine?«, fragt er ohne Umschweife. »So große Betten nur für euch, das zahlt sich doch gar nicht aus!« Wir sind zu erschöpft vom langen Flug und von der schwülen Hitze, um ihn in ein Gespräch über Sextourismus zu verwickeln und komplementieren den jungen Mann aus dem Zimmer.

Bevor wir Schwester Lea – sie ist einen Tag vor uns gelandet – in das Solwodi-Büro im Zentrum Mombasas folgen, um dort unsere ersten Interviews mit den Mitarbeiterinnen und Klientinnen zu führen, wollen wir noch rasch einen Sprung ins Meer machen. Der Hotelstrand entpuppt sich jedoch als Hürdenlauf für uns, die wir nicht auf der Suche nach bezahltem Sex angereist sind. Sogenannte Beachboys umzingeln uns und überbieten einander gegenseitig, teilweise sogar auf Deutsch, mit Komplimenten und unmissverständlichen Angeboten. Nachdem sie auch im Wasser nicht von uns ablassen, entscheiden wir uns entnervt für die Rückkehr ins Hotel und erfrischen uns im hauseigenen Pool. Dorthin dürfen uns die Beachboys nicht folgen, die Hotelbediensteten bewachen streng die Grenze zwischen Strand und Hotelbereich. An der Bar wollen wir noch in Ruhe einen Kaffee trinken, als wir er-

»Geheimtipp Kenia«

neut belästigt werden. Ein älterer Herr – er stellt sich als berühmter Schweizer Pianist vor – setzt sich ungebeten zu uns. »Und was führt die jungen hübschen Damen in dieses Paradies?«, will er wissen. »Wir schreiben ein Buch über Sextouristen und Gewalt gegen Frauen«, antworten wir, worauf er sich verabschiedet, nicht ohne uns vorher zu belehren, dass jede Medaille zwei Seiten habe. Wir verabschieden uns dennoch höflich: Den Mann wollen wir noch interviewen, später, nur nicht heute.

Ninjas, Massai und Geschäftsleute

Kurz darauf werden wir abgeholt. In der Lobby erwartet uns eine junge, äußerst kecke Kenianerin, rot gefärbte Zöpfchen zu einem Schopf zusammengebunden, die Autoschlüssel lässig um den Zeigefinger schwingend. »Welcome to Mombasa!« Elisabeth begann als Fahrerin bei Solwodi in Mombasa und arbeitet heute auch als Sozialarbeiterin. Sie wird uns bei der Recherche begleiten, bei einigen der Interviews dolmetschen und unermüdlich all unsere Fragen zu Kenia, zur Situation der Frauen und Arbeit von Solwodi sowie zur politischen Situation nach den letzten Wahlen beantworten und auch über ihr eigenes Leben berichten. Sie wird uns in die Disko begleiten, wo europäische Sextouristen auf Frauenschau die Bars belagern. Durch Elisabeth bekommen wir erste flüchtige Einblicke in ein Land voller Widersprüche.

Bei der Autofahrt die Küste entlang und durch Mombasa Richtung Solwodi-Büro sehen wir prachtvolle Hotelanlagen, großzügig angelegte Diskotheken für Touristen und weißgetünchte Villen für reiche Kenianer, daneben Armutsviertel und mit Müll übersäte Felder. Wir sehen vollverschleierte Muslima in schwarze, sogenannte Ninja-Tücher gehüllt, die wir eher in Saudi-Arabien verorten würden, neben Massai, die mit ihren roten Kleidern und dem Hirtenstab äußerlich jenen Klischees ähneln, die wir vor unserer Ankunft vom »magischen Kenia« hatten. Neben ihnen hasten in Businesslook gekleidete Frauen und Männer, mit Aktenkoffer und Handys bewaffnet, die Straßen entlang. Dazwischen schlendern Jugendliche in Miniröcken und Rapperhosen, sie lachen unbekümmert und genießen die Schulferien.

Entlang der Straßen sehen wir auch unzählige kleine Bars, an deren Tischen spärlich gekleidete Frauen und Mädchen auf Kundschaft warten. Gelangweilt sitzen sie vor einer Flasche Coca Cola, verjagen lästige Fliegen. Elisabeth erklärt uns, dass in Kenia vor allem Frauen unter der hohen Arbeitslosigkeit leiden. Der Anteil der Lohnempfängerinnen im formellen Sektor ist sehr gering. Die fehlenden Chancen auf Bildung und Ausbildung für Frauen führen dazu, dass junge Mädchen sehr früh ins Erwerbsleben einsteigen müssen. Dabei bleibt meist nur der informelle Sektor: als Hausangestellte, über den Verkauf von selbstgemachten Produkten – oder in der Prostitution. Insbesondere ledige junge Mütter beginnen aus ökonomischer Not und um den engen Strukturen auf dem Land zu entfliehen, in den Städten als Prostituierte zu arbeiten.

Was den rechtlichen Status und die Verfolgung der Prostitution betrifft, gibt es sehr widersprüchliche Regelungen und eine sehr offene Auslegung in der Praxis. Die Verfassung verbietet Prostitution. Es fehlen jedoch genaue Definitionen davon, was unter Prostitution zu verstehen ist. Daraus ergeben sich zahlreiche Schlupflöcher für SexarbeiterInnen und -konsumentInnen. Wenn junge Frauen von der Straße weg inhaftiert werden, werden sie wegen »Herumlungern zum Zwecke der Prostitution« verhaftet. Die Kunden und Bordellbesitzer werden jedoch aus dem Spiel gelassen. Diese genießen weitgehende Straffreiheit und sind keiner sozialen Stigmatisierung ausgesetzt.

Die »Nachtschicht« von Emilys Mutter

Wir erreichen das Hauptquartier von Solwodi, das in einem zentralen, aber angenehm ruhigen Viertel von Mombasa liegt. In dem zweistöckigen Steinhaus herrscht reges Kommen und Gehen und eine fröhliche Stimmung. Emily, die Schwester Lea seit vielen Jahren kennt, (siehe Kapitel »Ein Vierteljahrhundert Engagement für Frauenrechte«), lädt uns ein, zu ihr nach Hause zu kommen, um ein längeres Gespräch zu führen. Wir setzen uns also gleich wieder in den Wagen, und Elisabeth bringt uns in ein Viertel Mombasas, das eher wie ein Dorf aussieht. Kühe grasen am Rand der holprigen Staubstraße, Hühner laufen umher. Vor einem der Lehmhäuser mit ihren penibel gepflegten Gärten bleiben wir stehen. »Das ist mein neues Zuhause«, sagt die 33-jährige Emily stolz und führt uns durch die beiden Räume jenes Hauses, das sie mithilfe von Solwodi bauen konnte. Die Wände des kleinen Wohnzimmers sind üppig geschmückt, mit knallbunten Postkarten und Jesusbildern. Sie erzählt uns, wie ihre Mutter, die jahrelang als Prostituierte für Sextouristen arbeitete und vor einigen Jahren an Aids starb, Hilfe bei Solwodi gefunden hatte. Und wie sie selbst, Emily, später maßgeblich bei der Gründung von Solgidi beteiligt war, der Organisation, die Kinder von Sexarbeiterinnen unterstützt. Emily und ihre Geschwister wuchsen auf dem Land auf, während ihre Mutter in Mombasa versuchte, das Geld zu erwirtschaften, um ihre Kinder zu ernähren.

»In meiner Kindheitsfantasie war Mombasa eine Stadt, in der das Geld auf der Straße lag. Ich glaubte, dass meine Mutter dort in einem Palast wohnte. Immer wenn sie uns im Dorf besuchte, kam sie mit einer Tüte voller Leckereien und schönen Sachen, die sie verteilte. Doch die Realität in Mombasa sah anders aus. Das erfuhr ich erst, als Mutter uns hierher holte. Sie brachte uns direkt in den Slum, dort war ihre ärmliche und kleine Baracke. Wir waren schockiert. Da hörte ich zum ersten Mal

von Solwodi. Meine Mutter erzählte mir davon. Sie sei ange-
sprochen worden, als sie in der Stadt »arbeitete«. Diese Organi-
sation helfe »unverheirateten Frauen« und werde ihr vielleicht
einen Job bei ihnen beschaffen. Tatsächlich begann Mama dort
zu arbeiten, und sie nahm mich manchmal mit. Die Frauen
produzierten Eis, aber auch Backwaren, und verkauften sie an
Hotels. Doch das Geld reichte nicht. Am Abend zog sich Mutter
immer diese für uns Kinder seltsamen Kleider an – »funny fun-
ny« nannten wir das –, als sie die Wohnung verließ. Sie sagte
nur, sie müsse »eine Nachtschicht« übernehmen. Natürlich ahn-
ten wir, was das bedeutete. Wenn sie in der Früh betrunken
nach Hause kam, schlug sie uns manchmal. Trotzdem liebte ich
sie, denn ich wusste, dass sie kämpfte, um ihre Familie durchzu-
bringen.«

Die bekanntesten Ziele für SextouristInnen waren bisher
in Asien, wo der Sextourismus einen großen Wirtschafts-
zweig darstellt und zwischen neun und 14 Prozent des Brut-
toinlandsproduktes erwirtschaftet. In Thailand beispielsweise
senden SexarbeiterInnen jährlich 300 Millionen US-Dollar
an ihre Familien auf dem Land. Und auch in Afrika ist in den
vergangenen Jahrzehnten der Sextourismus zunehmend zu
einem Milliardengeschäft geworden.

»Kings in the Kenyan bedrooms«

Einer der Gründe für den Geschäftsboom in Kenia sind die
dortigen Preise, die weit unter jenen in Südostasien liegen
und noch dazu meist verhandelbar sind. Die ausländischen
Freier seien »Kings in the Kenyan bedrooms«, beschreibt ein
deutscher Sextourist seine Stellung in Kenia: »Harter Wettbe-
werb zwischen diesen Mädels senkt auch die Preise. Das
kommt uns zugute, die wir wie Könige behandelt werden.«[1]

Genaue Zahlen zum Thema Sextourismus sind schwer zu
erhalten. In Kenia liegen kaum seriöse Studien vor, da das The-

ma Sex lange Zeit tabuisiert wurde. Der kenianische Forscher Wanjohi Kibicho schätzt die Zahl der SexarbeiterInnen in der Küstenregion Kenias auf 20.000 bis 25.000. Insbesondere die Zahl der Kinder in diesem boomenden Business steigt stetig. In der Küstenregion gibt es geschätzte 3.000 Kinderprostituierte, 90 Prozent davon Mädchen. Eine Studie von UNICEF[2] spricht weiters von einer Zahl von geschätzten 10.000 bis 15.000 Kindern, die in der Küstenregion gelegentlich in der Prostitution arbeiten. Einer der Gründe für die steigende Nachfrage ist der Glaube, dass Kinder bzw. Jungfrauen nicht HIV-positiv sein können. Es scheint in vielen Fällen das Hotelpersonal der renommierten Ressorts zu sein, welches den Sextouristen Kinder vermittelt und sich dabei einen Prozentsatz des Gewinnes einbehält. Die Sextouristen selbst rechtfertigen ihr Handeln häufig damit, dass sie eine unabkömmliche ökonomische Hilfe für »die armen Kinder« seien.

Ein Ehemann – die Lösung?

Nach dem Gespräch mit Emily bringt uns Elisabeth in einen Friseursalon im historischen Zentrum der Stadt. Eine gepflegte Einkaufsstraße mit vielen Cafés und kleinen Häusern im Kolonialstil führt direkt zum Beauty Salon, in dem wir Maggie treffen. Die 28-Jährige, die von Solwodi unterstützt wird, hat sich hier selbstständig gemacht. Sie bietet ihren Kundinnen Maniküre, Pediküre und Haar-Styling an. Der Salon gehört nicht ihr; sie zahlt einen Teil ihres erwirtschafteten Einkommens an die Besitzerin und behält sich den Rest. Auf Solwodi war sie gestoßen, als sie noch als Prostituierte arbeitete. »Yes, I was a commercial sex worker«, erzählt uns Maggie in selbstsicherem und ruhigem Ton, während sie die Fußnägel einer Klientin lackiert.

Als Kind musste sie erfahren, dass die Prostitution oft der einzige Ausweg für Frauen ist. Als Maggies Vater und später auch ihr Bruder starben, übernahm sie – selbst noch ein Kind – die Verantwortung für ihre Geschwister, ihre psychisch kranke Mutter und zwei verwaiste Neffen. *»Ich habe sie alle zu mir genommen, obwohl ich mir das gar nicht leisten kann, die Miete, das Essen, die Medizin«*, erzählt uns Maggie. *»Zunächst schlug ich mich damit durch, Aluminium zu sammeln und es weiterzuverkaufen. Später versuchte ich mein Glück als Hausmädchen. Aber damit kann man in Kenia keine Familie ernähren. Vor fünf Jahren begann ich dann als kommerzielle Sexarbeiterin zu arbeiten, aber das war mein Geheimnis. Meine Mutter sollte es nicht erfahren. Ich konnte nicht anders, ich brauchte das Geld, um alle zu versorgen. Viele Menschen sagen: »Du brauchst einen Ehemann, dann lösen sich all deine Probleme!« Das soll die Lösung sein? Natürlich nicht, das sagt mir doch mein Hausverstand.«*

Straßenstrich und Stammgäste

Der Hauptgrund für die Arbeit in der Prostitution ist der vergleichsweise gute Verdienst. Dennoch reicht das Einkommen aus der Sexarbeit meist nur zur Deckung der grundlegendsten Bedürfnisse. Kibicho teilt den »Handel mit Sex« in Kenia in drei Kategorien, je nach den Geldsummen, die dabei erwirtschaftet werden: Die allermeisten Frauen arbeiten in der »Armutsprostitution«, welche vor allem lokale Kunden bedient und gerade einmal zum Überleben reicht. Die zweite Kategorie ist jene des Sextourismus, bei dem insbesondere internationale KundInnen bedient werden. Bei beiden Kategorien sind die Frauen (und Männer) oft für Zuhälter, Bordelle oder Nachtclubs tätig, während in der dritten Kategorie, im »high-class sex trade«, unabhängig gearbeitet wird. Diese dritte Gruppe der SexarbeiterInnen stammt meist aus der Mittel- oder Oberschicht und bedient die lokalen Eliten bzw. internationale TouristInnen. In diesem Oberschicht-Business arbeiten weitaus weniger Personen als in den anderen beiden Bereichen, weshalb die Konkurrenz kleiner ist.

Zur Grauzone zwischen den letzten beiden Kategorien zählen zum Beispiel jene Prostituierte im Sextourismus, die ihre Stammgäste haben, welche jedes Jahr für längere Zeit kommen und oft das ganze Jahr über Geld schicken. Dies gilt dann in der Familie als »der europäische Freund«, der die Tochter hoffentlich ins paradiesische Europa mitnimmt. Niemals würde in der Familie über die Prostitution geredet, schreibt Miriam Kwalanda in ihrer Autobiografie[3], obwohl alle wissen, wer diese »Freunde« seien und sich einen solchen (oder mehrere) für die eigene Tochter wünschten.

Die Arbeitsbedingungen in der Prostitution sind prekär. So erzählt uns die Kosmetikerin Maggie über ihr früheres Leben als Prostituierte: *»Die Sexarbeit machte ich nicht, weil es mir gefiel. Ich musste es tun. Es gab keinen anderen Ausweg für mich. Damals wandte ich mich an Freundinnen, die erklärten mir alles. Mach dies, mach jenes. Sie führten mich in diese Arbeit ein.* »Schau den Männern in die Augen und verlang deinen Preis, lass dich nicht runterhandeln«, *rieten sie mir. Ich bin eine starke Frau, weißt du? Ich lernte alles sehr rasch. In Mombasa sind die Preise im Keller. Eine Freundin sagte damals:* »Ich gehe jetzt nach Nairobi arbeiten, also kannst du meine Wohnung und meine Kunden übernehmen.« *Und dann kamen sie alle: Chinesen, Europäer, Afro-Amerikaner, Araber. Damals hatte ich bereits Kontakt zu Solwodi. Zum Glück, denn durch die Seminare, die ich dann besuchte, erhielt ich viele Informationen. Deshalb habe ich immer Kondome benützt. Meine Freundin jedoch hatte bereits Aids.«*

Auf die Frage, ob sie immer auf eigene Rechnung oder auch für Zuhälter gearbeitet hatte, erzählt Maggie, dass sie in diesen Jahren auch einmal eine Zuhälterin hatte. *»Sie verschaffte mir ein Zimmer, Essen und Kunden. Doch am Ende* *nahm sie fast das gesamte Geld. Ich wollte nicht mehr unter diesen Umständen arbeiten.«* Auch Gewalt sei ein großes Problem in diesem Beruf. *»Du bist ihnen ausgeliefert, den Männern. Sie schlafen mit dir, weil du Geld brauchst. Sie überschreiten Grenzen. Das bereitet permanenten Stress. Danach ist die Erschöpfung enorm. Man hat überlebt, man will nur noch schlafen. Doch dann kommt vielleicht schon der nächste Kunde. Oft wollen sie nicht zahlen und schüchtern dich mit Drohungen ein.«* Dazu komme die Polizeigewalt. *»Sie können dich einfach auf der Straße verhaften. Als ich zum ersten Mal verhaftet wurde, rief ich einen Bekannten an, der bei der Polizei arbeitet. Hilf mir raus, bitte! Er kam sofort und schaffte mich aus dem Gefängnis. Dafür musste ich mit ihm schlafen.«*

Nach vielen schlechten Erfahrungen beschloss Maggie, aus der Prostitution auszusteigen. *»Bei Solwodi machte ich dann eine Lehre als Friseurin und heute arbeite ich selbstständig in einem Salon. Solwodi gab mir einen Föhn und die nötigen Chemikalien.«* Maggie hat bereits einige Stammkundinnen, kann von ihrer neuen Arbeit leben und ihre Mutter, Geschwister und Neffen ernähren. Der Traum von den eigenen vier Wänden, den konnte sie sich noch nicht erfüllen.

Leben mit dem Makel

Wir verabschieden uns von Maggie und werden von Elisabeth am Abend in das Hotel zurückgebracht. Beim Buffet treffen wir unseren Pianisten wieder, gehen ihm aber – noch – aus dem Weg. Unser journalistischer Ehrgeiz kennt Grenzen: Wir wollen uns das Essen heute nicht verderben lassen. Die »andere Seite der Medaille« darf uns der alte Herr ein anderes Mal erläutern. Sollte er morgen abgereist sein, gäbe es sicher genügend andere, die keinerlei Skrupel hätten, uns ein Interview über den Zweck ihres Urlaubs in Mombasa zu geben. Die Gespräche, die wir mit den Klientinnen von Solwodi

»Geheimtipp Kenia«

und Solgidi und mit Elisabeth geführt hatten, lassen uns lange nicht einschlafen. Wir wollen mehr erfahren über die Situation der Kinder von Sexarbeiterinnen.

Für den nächsten Tag haben wir uns mit Senta im Rescue Center Mombasa, das von Solwodi unterstützt wird, verabredet. Dort werden Kinder und Jugendliche aufgenommen, die Opfer von Gewalt wurden. Häufig handelt es sich um sexualisierte Gewalt. Solwodi hilft dabei, dass die betroffenen Kinder die erfahrenen Traumatisierungen verarbeiten können und in ein geregeltes Leben zurückfinden. Senta sitzt bereits im schattigen Garten der Einrichtung, als wir eintreffen. Sie sei sehr froh, dass wir mit ihr reden wollten, versichert sie uns. Solgidi habe ihr oft geholfen – nun könne auch sie von Nutzen sein, meint Senta und strahlt über ihr spitzbübisches Gesicht. Sie trägt übergroße Jeans und ein weit geschnittenes Hemd. Ihre Haare sind kurz rasiert, und die Intellektuellenbrille sitzt tief auf der Nase. Senta ist 21 Jahre alt, sie wirkt sympathisch und strotzt vor Energie. Wir bekommen von den Mitarbeiterinnen des Kinderheimes Tee und Kekse serviert, suchen uns ein ruhiges Plätzchen unter den Bäumen. Wir wollen von Senta wissen, unter welchen Bedingungen Kinder von Sexarbeiterinnen in Kenia leben.

»Wir lebten in ständiger Gefahr. Wir waren vier Schwestern und ein Bruder. Jede Nacht allein zu Hause, das war gefährlich für uns. Aber es war noch schlimmer, wenn unsere Mutter die Männer mit nach Hause brachte. Wir mussten dann auf der Straße schlafen, bis die Freier wieder weg waren. Ein großes Problem von Kindern von Prostituierten ist, dass sie oft in die Häuser der Freier geschickt werden, um die ausständige Bezahlung einzutreiben. Dort werden sie dann missbraucht. Oder sie müssen zu Hause mit ansehen, wenn ihre Mutter Kunden empfängt. Sie sehen alles. Und die Gesellschaft grenzt die Kinder

von kommerziellen Sexarbeiterinnen aus. Wir wurden oft ausgelacht, beleidigt, misshandelt. Aus einer Schlange kommen Schlangen, so beschimpften uns die Nachbarn.«

Aufgrund ihrer Erfahrungen hat Senta sehr genaue Vorstellungen davon, was sie will – und was nicht. *»Ich habe viel erreicht, trotzdem muss ich weiterkämpfen. Ich will niemandes Sklavin sein, deshalb will ich auch nicht heiraten. Zumindest nicht jetzt. Zuerst will ich auf eigenen Füßen stehen. Ich möchte noch ein Studium absolvieren, das ist mein Traum. Dann will ich meiner Mutter und meinen Geschwistern ein schöneres Zuhause bieten. Dann, wenn ich alles erreicht habe und unabhängig bin, dann kann ich eventuell heiraten. Mein Bild von Männern ist geprägt von den Erfahrungen meiner Mutter. Zu gut kann ich mich an ihre täglichen Tränen erinnern. Meine Zukunft sieht anders aus.*

Mädchen müssen Geld verdienen

Verglichen mit seinen Nachbarn herrscht in Kenia ein recht hohes Ausbildungsniveau, welches allerdings durch die lange andauernde Wirtschaftskrise im Sinken begriffen ist.

Generell lässt sich eine Zunahme der Einschulung von Mädchen feststellen: Seit Einführung der kostenlosen Grundschule beträgt der Mädchenanteil in diesen fast 50 Prozent. Die Analphabetinnenrate ist seit 1970 stark zurückgegangen, beträgt aber dennoch je nach Region zwischen 25 und 60 Prozent. Eine aufstrebende Schicht von gut ausgebildeten Frauen fordert die bisher von Männern dominierte Arbeitswelt heraus.

Trotzdem brechen immer noch mehr Mädchen als Jungen die Schule ab. Mädchen erreichen nur 29 Prozent der Schulzeit der Jungen und es gibt kaum höhere Schulen für Mädchen.[4] Gründe dafür sind fehlende finanzielle Ressourcen, um die gebührenpflichtige weiterführende Schule für die

Söhne und Töchter zu bezahlen, sowie die oftmals frühe Verheiratung der Töchter.

Auch Senta musste die Schule aus Mangel an Ressourcen abbrechen. Als sie zehn war, starb ihr Vater. Um die fünf Kinder zu ernähren, fand ihre Mutter keinen anderen Ausweg, als in der Prostitution zu arbeiten. Aber ihre Verdienste reichten der Familie gerade mal zum Überleben.

»Das Leben in Mombasa war nicht einfach. Meine Mutter wusste nicht, wie sie uns ernähren sollte. Sie arbeitete als Prostituierte, manchmal gab es Geld, manchmal nicht. Diese Zeit war für uns Kinder besonders schwierig.

Mit fremder Hilfe konnte ich zum Glück die Primarschule absolvieren. Doch für die Sekundarschule reichte das Schulgeld nicht. Damals begann der Druck auf mich, endlich arbeiten zu gehen und zum Familieneinkommen beizutragen. Doch ich war immer schon ehrgeizig. Ich wollte Bildung, wollte von der Gesellschaft respektiert werden.« Wenn du selber einen Weg findest«, sagte meine Mutter, »dann geh zur Schule. Ich kann dir dabei nicht helfen.« Ich suchte Rat bei einem Priester, da ich ein aktives Mitglied der Kirche bin. Er erzählte mir eines Tages von einer Organisation, Solgidi. Ich fuhr sofort dorthin. Mit der Hilfe von Solgidi konnte ich 2006 meinen Schulabschluss an einer staatlichen Sekundarschule machen. Dann durfte ich weiter studieren: am Mombasa Polytechnic University College machte ich einen Abschluss in Gemeindeentwicklung und Sozialarbeit. Das habe ich Solgidi zu verdanken. Durch sie bin ich nie in die Prostitution gekommen.«

Das Problem Frauenhandel

Kenia ist nicht nur Zielland für SextouristInnen, sondern gilt auch als Herkunfts-, Transit- sowie als Zielland für Menschenhandel.[5] Dieser findet sowohl »intern« statt – vom Land in die Stadt – als auch extern. Der externe, also über die Landesgrenzen hinausreichende Menschenhandel umfasst sowohl die zwei ostafrikanischen Länder Tansania und Uganda als auch europäische Länder. Zielländer sind hier vor allem Deutschland und Großbritannien. Die Betroffenen werden unter Vorspiegelung falscher Tatsachen über die Grenzen gelockt und finden sich dann in ausbeuterischen Zwangsverhältnissen, fern der Heimat, wieder.

Die kenianische Regierung hat zwar die UN-Menschenhandelskonvention unterzeichnet, wendet allerdings kaum Energien auf, um das Geschäft mit der Ware Mensch zu stoppen.

In Kenia wie auch in Europa profitieren u.a. korrupte Beamte vom illegalen Handel mit Visa oder gefälschten Papieren, die sie an MenschenhändlerInnen verkaufen. Die Betroffenen werden in den Zielländern dann mit der Tatsache konfrontiert, dass sie – im Durchschnitt – das 54-fache des Betrages, der für die gefälschten Papiere und die Reisekosten aufgewendet wurde, an die Menschenhändler zurückzahlen müssen. Diese Zahl nennt Kibicho in seinem Buch »Sex Tourism in Africa. Kenya's Booming Industry«.

Die 22 Jahre alte Kate und ihre jüngere Schwester Jennifer wurden Opfer von internem Menschenhandel. Am Rande eines Fußballturniers der beiden Frauenfußballteams von Solwodi, *Shining Stars* und *Shining Friends*, lernen wir die beiden kennen. Kate spielt beide Halbzeiten unter der glühenden Hitze der Mittagssonne mit vollem Elan. Sie ist es auch, die mit einem gezielten Weitschuss das 1:0 für die Shining Friends erzielt. Die Straßenkinder, die Klebstoff schnüffelnd am Rand des Feldes zusehen, sind begeistert.

Kate und Jennifer wurden von einem Fußballtrainer vor zwei Jahren auf den Straßen Nairobis »entdeckt«. Er brachte sie nach Mombasa. Doch es war keine Fußballerinnen-Karriere, die er für die beiden Mädchen vorgesehen hatte.

Wir treffen uns mit Kate und Jennifer am nächsten Tag in ihrem kleinen Zimmer, das Solwodi für sie angemietet hat. An der Wand hängen Plakate ihrer Lieblingsfußballer und Popsängerinnen. Am Bett verstreut liegen rosa Plüschtiere. Kate konnte zumindest die Primarschule absolvieren, ihre Schwester Jennifer hat nie eine Schule besucht. Kate wirkt schüchtern und tieftraurig. Im Gespräch betont sie oft, dass sie sich verantwortlich für ihre Schwester fühlt. Dass dieser knallharten Fußballerin, die beste im Team, die so ernst und kontrolliert wirkt, im Gespräch wiederholt die Tränen kommen, erschüttert uns. Wir bitten Kate, uns ihre Geschichte anzuvertrauen.

»Unser Stiefvater hat uns oft geschlagen, daher sind wir weggelaufen. Wir landeten damals auf der Straße in Nairobi und trieben uns mit anderen Straßenkindern herum. Meine Leidenschaft ist Fußball, auch damals spielte ich bei einem Mädchenverein. Ein Trainer, der wusste, dass wir auf der Straße lebten, machte mir ein Angebot: Wenn ich mit meiner Schwester Jennifer gemeinsam nach Mombasa kommen wollte, würde er uns einen Platz in einem Frauenteam, Wohnung und Essen besorgen. Wir hatten Vertrauen in ihn, es war für uns die einzige Möglichkeit, von der Straße wegzukommen.

Als er uns vor zwei Jahren nach Mombasa brachte, stellte sich alles als Lüge heraus. Er hatte uns betrogen. Es gab keinen Fußballklub, keine Wohnung, kein Essen, kein Geld. »Das müsst ihr euch erst verdienen«, meinte er und begann, Freier in seine Wohnung zu bringen. Wir flohen schließlich und sind wieder auf der Straße gelandet. Meine kleine Schwester begann, als Stripperin zu arbeiten. Sie war erst 16. Wir benutzten Drogen, um zu vergessen. Alles, was wir auftreiben konnten.«

Dann lernten die Schwestern Solwodi kennen. Heute nehmen sie an Seminaren teil und machen beide eine Ausbildung mit Unterstützung des Vereins: Jennifer macht eine Catering-Ausbildung; sie will später im Hotelmanagement arbeiten. Kate lernt Elektrikerin. »*Wir haben mit den Drogen aufgehört, auch wenn das nicht leicht war. Wir spielen in Solwodis Fußballteam, den »Shining Friends«, und sie besorgten uns ein Zimmer. Heute sind wir nicht mehr obdachlos, und wenn alles gut geht, werden wir eines Tages einen Job und ein eigenes Einkommen haben. Mein größter Traum ist, dass es meiner Mutter und meiner Schwester gut geht. Dass sie von keinem Mann abhängig sind.*«

Bei der Frage, warum sich Kate wie ein Junge kleide, entkommt ihr nochmals kurz ein Lächeln. »*Seit ich ein Kind bin, ziehe ich mich so an. Schon damals spielte ich gerne Fußball und ich passte mich den Jungs an. Ich kann ja schwer in einem Rock und Sandalen spielen ... Mit der Zeit wollte ich auch gar nichts anderes mehr anziehen außer Jeans und weite Hemden. Ich bin so, wie ich bin. Ich akzeptiere die anderen auch so, wie sie sind. Dass ich aussehe wie ein Junge hilft mir in der Nacht, wenn wir spät unterwegs sind. Mein Aussehen beschützt mich, und das ist gut so. Ich muss auch meine Schwester beschützen.*«

Gewalt – Teil des Lebens

Kate versucht sich zu schützen, indem sie sich wie ein Junge kleidet. Doch auch sie wurde bereits wiederholt mit Gewalt konfrontiert. Für kenianische Frauen gehört Gewalt von klein auf zum Alltag. Einem Bericht von Human Rights Watch aus dem Jahr 2003 zufolge gaben 83 Prozent der befragten Frauen an, als Kinder physische Gewalt erfahren zu haben und fast 61 Prozent im Erwachsenenalter. Dabei handelt es sich zumeist um physische Gewalt und Vergewaltigung in der Familie. Es gibt auch zahlreiche Berichte über psychische, physische und sexuelle Gewalt an Schulen.

Gewalterfahrungen machte auch Senta, die wir in den nächsten Tagen bei der Jahresversammlung von Solgidi erneut treffen. Bevor ihre Mutter sie nach Mombasa holte, wuchs sie bei Verwandten ihres Vaters auf: »*Nach und nach verließen wir die Schule, denn mit einer einzigen Mahlzeit am Tag konnten wir uns nicht konzentrieren. Der Hunger trübte jeden klaren Gedanken. Dazu kam die Gewalt, die uns Verwandte im Dorf antaten. Mein Großvater schlug mich eines Tages mit einem Stock so brutal, dass ich am Ohr operiert werden musste. Bis heute bin ich in Behandlung, ich höre an einem Ohr sehr schlecht.*«

Gewalt gegen Frauen wird in Teilen der kenianischen Gesellschaft häufig mit Mythen und Erzählungen gerechtfertigt, die Gewalt als Teil »der kenianischen Kultur« darstellen.

Deshalb wächst auch immer mehr das Bewusstsein über die Wichtigkeit von Männerarbeit: Es gibt zahlreiche Initiativen, die Anti-Gewalt- und Gendertrainings mit Männern durchführen.

Überfordertes Gesundheitssystem

Die hohe Rate an sexualisierten Gewaltverbrechen ist mit ein Grund dafür, dass vor allem Frauen von der Verbreitung des HI-Virus betroffen sind: 55 Prozent der Neuinfektionen betreffen Frauen.[6] Aber es gibt kaum adäquate Betreuung und Behandlung für die 14 Prozent Aids-Kranken in Kenia, seit das Gesundheitssystem in den 1980er-Jahren zusammengebrochen ist.

Grund dafür sind die seit 1979 immer wiederkehrenden Wirtschaftskrisen, die das einstige kapitalistische Musterland schwer erschüttert haben. Die Hälfte der Bevölkerung lebt unter dem Existenzminimum; davon sind vor allem Frauen in ländlichen Gebieten betroffen. Auch besteht eine große ökonomische Ungleichheit zwischen einzelnen Bevölkerungsteilen und geografischen Regionen. So besitzen 20 Prozent der Haushalte 62 Prozent des Gesamteinkommens.[7] Die ungleiche Landverteilung ist seit der Unabhängigkeit ein ungelöstes Problem und stetiger Konfliktstoff. Die größten Ländereien gehören heute den Familien und engen Vertrauten der Ex-Präsidenten Jomo Kenyatta und Daniel Arap Moi sowie dem derzeitigen Präsidenten Mwai Kibaki.

Die Wirtschaftskrisen haben dazu geführt, dass insbesondere die Krankenstationen auf dem Land chronisch unterversorgt sind. Die Bezahlung privater Krankenversorgung bedeutet für viele Familien eine erhebliche finanzielle Belastung und die Betreuung der Angehörigen zusätzlich für viele Frauen einen großen zeitlichen Aufwand.

Auch die Aids-Prävention greift bisher zu kurz: Kondome werden erst allmählich verwendet und es gibt keinen offenen Umgang mit Sexualität und Verhütung. Im Gegenteil: Lange Zeit wurde die Existenz der Krankheit überhaupt geleugnet, um die (Sex)Touristen nicht abzuschrecken. Aber auch innerhalb der Familie wird nicht über die Krankheit gesprochen. Senta erzählt uns, dass Eltern ihren Kinder oft ihre Betroffenheit verheimlichen: *»Ich weiß nicht, ob meine Mutter HIV-positiv oder -negativ ist. Wenn sie nicht zu Hause ist, durchsuche ich immer ihre Unterlagen, aber ich habe noch nichts gefunden. Ich hingegen gehe regelmäßig zum VCT[8], und ich erzähle es dann immer sehr stolz, dass ich mich testen ließ. Meine Mutter schweigt dazu. Meine Geschwister ließen sich nie testen, ihnen fehlt der Mut.«*

Besonders Frauen leiden unter der mangelhaften Gesundheitsversorgung. Die Müttersterblichkeit ist sehr hoch und die Mehrheit der Frauen lebt auf dem Land, wo die ärztliche Versorgung äußerst schlecht ist. Frauen werden ihre reproduktiven und sexuellen Rechte aberkannt. Sie können meist nicht über Verhütung und Schwangerschaft bestimmen. Abtreibung steht grundsätzlich unter Strafe, nur unter bestimmten Bedingungen dürfen ÄrztInnen eine solche durchführen. Trotzdem werden Schwangerschaftsabbrüche unter unsachgemäßen Bedingungen durchgeführt, was mit einem hohen gesundheitlichen Risiko für die Frauen verbunden ist.

Auch weibliche Genitalverstümmelung (FGM) ist in Kenia weit verbreitet: etwa 60 Prozent der Frauen und Mädchen wurden FGM unterzogen.[9] Obwohl diese Praktik mittlerweile verboten ist, lassen sich verschiedene Formen von FGM bei fast allen Bevölkerungsgruppen finden.

Männerdominiertes Kenia

Wie die meisten Länder der Erde wird auch Kenia von zutiefst patriarchalen Strukturen dominiert. Vom Familienoberhaupt bis zur Regierungspolitik haben (ältere) Männer das Sagen. Obwohl Kenia zahlreiche internationale Konventionen zum Schutz der Mädchen und Frauen vor Diskriminierung unterzeichnet hat – wie zum Beispiel die UN-Frauenrechtskonvention CEDAW (Convention on the Elimination of all Forms of Discrimination Against Women) und das Zusatzprotokoll zur Afrikanischen Charta der Menschenrechte über die Rechte der Frauen in Afrika[10] –, spiegeln sich diese Normen nicht in der konkreten Rechtspraxis und Lebenssituation der Kenianerinnen wider. Fast alle ethnischen Gruppen Kenias sind patrilinear – also entlang der männlichen Erblinie – organisiert. Das soziale und ökonomische Leben der Frauen wird um die Familie und den Clan herum strukturiert, was wenig Raum für individuelle Lebensentwürfe lässt. Oft ist der einzige Ausweg zur (prekären) ökonomischen Absicherung von Frauen die Heirat, da die Männer die Kontrolle über die ökonomischen Ressourcen haben.

Koloniale Vermächtnisse

Die Kolonialregime haben das ihre dazu beigetragen, die Vorherrschaft der Männer – bzw. einiger weniger Männer – zu sichern. Ein Beispiel dafür findet sich bei den Kikuyu, der größten der 42 Ethnien des Landes: Den Kikuyu-Frauen kam in der traditionellen Wirtschafts- und Organisationsweise eine starke Stellung zu, welche durch die Veränderungen der Wirtschaftsstruktur unter britischer Herrschaft zu erodieren begann. Die Männer wurden von den Plantagenbesitzern, die cash crops wie Kaffee und Tee anbauten, angeheuert oder wanderten in die industrialisierten Regionen ab. Dadurch blieb die ganze Arbeit auf dem Feld und im Haus an den Frauen hängen, wodurch sie einige der traditionellen Anbausorten und –formen aufgeben mussten und von den unregelmäßigen Unterhaltszahlungen der Männer abhängig wurden.[11]

Ein weiteres Erbe der Kolonialzeit sind die heutigen Probleme zwischen den verschiedenen ethnischen Gruppen. Diese wurden dadurch angestachelt, dass nur bestimmten ethnischen Gruppen Zugang zu Bildung und Arbeitsplätzen gewährt wurde. Insbesondere die Kikuyu waren zwar die Hauptleidtragenden der britischen Landvertreibungen, gleichzeitig wurden sie aber auch an der wirtschaftlichen Entwicklung Kenias beteiligt und manche von ihnen konnten zur lokalen Elite Kenias aufsteigen.

Es waren aber wiederum vor allem die Frauen, die unter der kolonialen bzw. neokolonialen Wirtschaftweise litten und leiden. Ein Beispiel dafür, dass diese Entwicklungslogiken die Geschlechtsungleichheiten verschärfen, ist die Geschichte der Massai. Die britische Kolonialverwaltung drängte diese, die bis dahin von extensiver Rinderzucht autonom gelebt hatten, in Reservate. Ihr kommunaler Landbesitz wurde im Sinne der Entwicklungsideologien ab den 1950er-Jahren durch individuelle Landbesitztitel ersetzt, welche ausschließlich an Männer vergeben wurden. Diese sollten durch die Produktion von Rindfleisch in den Warenhandel auf dem Weltmarkt integriert werden. Die Frauen, die bis dahin selbst Rinder besessen hatten, mussten ihre Einnahmen, ihren Besitz und ihre Mitspracherechte an die Männer abtreten.[12]

Viele Projekte der internationalen Zusammenarbeit sind leider nach wie vor geschlechtsblind: Frauen werden oft aus landwirtschaftlicher Beratung ausgeschlossen, da sie kein Land besitzen, Versammlungen werden in Männerlokalen abgehalten und Maßnahmen zur Kinderbetreuung für Alleinerzieherinnen fehlen meist.

Ein weiteres Vermächtnis der Kolonialherrschaft sind die unterschiedlichen Rechtssysteme, die in Kenia nebeneinander bestehen. Neben dem staatlichen Recht, das auf Basis der Kolonialverwaltung geschaffen wurde, anerkennt das kenianische Recht auch die (traditionellen) Gewohnheitsrechte; es gibt derer so viele wie es ethnische Gruppen gibt und sie werden nicht verschriftlicht, sondern mündlich weitergegeben, was der (oftmals frauenfeindlichen) Interpretation freien Lauf lässt. Die Verfassung legt zwar genau fest, für wen in welchen Situationen welches Recht gilt, aber die konkrete Rechtspraxis auf lokaler Ebene sieht anders aus: Das sogenannte »living law« beruht auf der Interpretation und Kombination der verschiedenen Rechtssysteme durch die jeweiligen lokalen Autoritäten, welche dann in jedem einzelnen Fall urteilen und oftmals zuungunsten der Frauen entscheiden. Diese haben keine Berufungsmöglichkeiten und kennen ihre Rechte in den meisten Fällen auch nicht.

Recht und Rechtssprechung beeinflussen jedoch in großem Maße die Geschlechterverhältnisse. Solange also Recht und Justizsystem nicht zur Verteidigung der Frauenrechte antreten, werden sich diese Verhältnisse auch schwerlich ändern. Wird die dringend anstehende, seit langem diskutierte Verfassungsreform trotz der vielen partikularen Interessen der Machthaber endlich umgesetzt, könnte dies einen wichtigen Schritt in die richtige Richtung bedeuten.

Diskriminierung per Gesetz: Ehe, Witwen und Erbe

Auch im staatlichen Recht gibt es immer noch viele Gesetze, die Frauen diskriminieren (etwa in Bezug auf Adoption, Scheidung, Übertragung von Eigentum etc.). Es wurden ihnen aber auch einige Rechte zuerkannt: So ist beispielsweise das Schlagen der Ehefrau eine Straftat. Die kenianische Frauenbewegung erreichte außerdem, dass 1997 das Diskriminierungsverbot in der Verfassung auch auf die Geschlechtszugehörigkeit ausgedehnt wurde.

Dieses Diskriminierungsverbot gilt jedoch nicht für das Ehe- und Familienrecht, welches große Teile der persönlichen Bereiche von Frauen regelt:

Über die Art der Eheschließung werden Rechte und Pflichten festgeschrieben. In Kenia werden gar fünf Möglichkeiten zur Heirat anerkannt. Die christliche und die zivile Ehe erlauben ausschließlich die Monogamie, während die islamische Heirat gemäß der Scharia unter bestimmten Bedingungen bis zu vier Ehefrauen erlaubt. Die Heirat nach Gewohnheitsrecht beschränkt die mögliche Anzahl der Ehefrauen nicht. Als fünfte Variante wird die Hindu-Ehe nach den religiösen Bestimmungen dieser Glaubensgemeinschaft anerkannt.

Je nach Art der Eheschließung besitzt die Frau auch unterschiedliche Rechte in Bezug auf Familie, Scheidung und Tod. So ist die Ehefrau in einer zivilen oder christlichen Ehe erbberechtigt, während dies für die nach Gewohnheitsrecht verheirateten Frauen nicht gilt. Im Falle einer Scheidung oder eines Todesfalles verliert die Frau sämtliche Rechte über den (gemeinsamen) Besitz. Witwen wird oft von Verwandten des Verstorbenen dessen Besitz entrissen, da Frauen nach landläufiger Meinung nicht zur Verwaltung von Eigentum taugen. Auch die spärlichen, im staatlichen Recht verbrieften Frauenrechte haben in der Praxis wenig Relevanz, weil die wenigsten Frauen ihre Rechte kennen und wissen, wie sie diese durchsetzen können.

Bei einer im Steigen begriffenen Aids-Rate von derzeit 14 Prozent ist diese rechtlose Situation der Witwen und weiblichen Waisen noch alarmierender, da viele Frauen ihre Männer und Eltern aufgrund der Krankheit sehr früh verlieren. Zusätzlich wird die Verbreitung des HI-Virus noch durch traditionelle »Reinigungspraktiken« von Witwen, welche ungeschützten Geschlechtsverkehr mit professionellen »Reinigern« beinhalten, gefördert.[13]

Landläufig herrscht die Meinung vor, dass Kinder das Eigentum des Vaters sind und ihm auch die Kontrolle über das Einkommen der Frau zusteht. Nichtsdestotrotz ziehen sich immer mehr Männer aus der Verantwortung für ihre Familien zurück und lassen die Frauen mit den Kindern alleine. Aufgrund dieser Verantwortungslosigkeit vieler Männer sowie der wachsenden Zahl an Aids-Witwen und -Waisen sind immer mehr Frauen alleine für sich, ihre Kinder und Geschwister verantwortlich.

Davon erzählt uns auch Fatima, die wir in ihrem Friseursalon im Meritini-Viertel außerhalb von Mombasa treffen. Fatima wird seit vielen Jahren von Solwodi unterstützt und konnte sich mithilfe des Vereins vor sechs Jahren selbstständig machen. »*Als Kind habe ich Süßigkeiten und Gemüse verkauft. Meine Mutter starb 1997, an Typhus, sagten alle. Doch es war Aids, das erfuhren wir Jahre später. Mein Vater ist HIV-positiv, er verließ uns und ging in die Stadt Eldoret im Westen Kenias. Also musste ich meine Geschwister alleine großziehen.*

Zum Glück müssen wir keine Miete zahlen, das Haus gehört uns. Aber um uns durchzubringen, arbeitete ich eine Zeit lang als Prostituierte.«

Auf dem Land sind mittlerweile etwa 40 Prozent der Haushaltsvorstände Frauen. Mit ihrer Subsistenzwirtschaft sind die Frauen auf dem Land die Hauptverantwortlichen für die Ernährung der Familie. Somit ist Land eine ihrer wichtigsten Ressourcen – trotzdem sind nicht einmal fünf Prozent der Frauen Eigentümerinnen. Solange also Frauen Männern nicht vollkommen gleichgestellt sind, Nicht-Verheiratete nicht dieselben Rechte und Chancen erhalten und insbesondere die ungleichen Landbesitzverhältnisse nicht verändert werden, wird die Frauenarmut in Kenia weiter zunehmen.

Wir verabschieden uns von Fatima und fahren zurück in unser Hotel, das sich die allermeisten KenianerInnen niemals leisten könnten.

Die exotische »afrikanische Sexualität«

Im Hotel angekommen, werden wir wieder unsanft mit unserer Rolle als Europäerinnen konfrontiert: Etliche Männer scheinen zu glauben, dass wir für exotische Sexerlebnisse nach Kenia gekommen sind. Weibliche Sextouristinnen – die ebenso wie die männlichen vornehmlich aus Europa stammen – sind tatsächlich im Steigen begriffen.

Die Motive für ihre Entscheidung für Kenia sind bei Frauen und Männern ähnlich: einerseits das günstige und vielfältige Angebot auf dem Sex-Markt, andererseits stereotype Vorstellungen von der vermeintlich »urtümlichen, entfesselten« afrikanischen Sexualität. Hinzu kommt das Gefühl, als ältere, im Herkunftsland nicht als attraktiv empfundene Person in Kenia all das zu finden, was zu Hause unerreichbar ist. Bei den Männern kommt dazu noch der Wunsch nach unterwürfigen Frauen, die jederzeit sexuelle Bereitschaft zeigen.

Auch der Schweizer Pianist, dem wir uns am letzten Abend unseres Aufenthaltes in Mombasa widmen, präsentiert sich einerseits als Held, andererseits als potenter Jungspund. »*Sie wissen ja gar nicht, wie viele kenianische Frauen ich bereits gerettet habe. Ich habe ihnen alles ermöglicht, Schulen für die Kinder, Geld für die Miete, Reisen in die Schweiz.*« Der ältere Herr ist verheiratet, hat Kinder und Enkel. »*Aber die sind nur an meinem Geld interessiert, dabei hab ich sie alle studieren lassen.*« Nun sucht er sein Glück als Sextourist. In einem Land, in dem »*das Alter noch respektiert wird*«, wie er nachdenklich vor sich hin sinniert, und wo er eine Frau nach der anderen aus der Misere rettet. »*Ohne uns ginge es den Menschen hier doch viel schlechter, mir braucht kein Moralapostel etwas zu erzählen.*«

Zehn Frauen auf dem Weg in die Freiheit

LEBEN IN UNFREIHEIT

KHUSHBOO wurde als 18-Jährige zwangsverheiratet. Ihr Mann nahm sie mit nach Deutschland, wo sie ihm zunächst völlig ausgeliefert war. Er missbrauchte sie wiederholt und schlug sie einmal so heftig, dass sie ihr Baby verlor.

JOY wurde als Hausmädchen in Benin City von Familie zu Familie gereicht. Eines Tages ging sie Menschenhändlern ins Netz und wurde zwei Jahre lang in Deutschland als Zwangsprostituierte ausgebeutet. Trotz 24-Stunden-Schichten wuchsen ihre Schulden bei der Zuhälterin stetig.

CRISTINA wurde mit falschen Versprechungen von Rumänien nach Deutschland geschleppt und brutal vergewaltigt, um sie gefügig zu machen. Der Menschenhändler versuchte dann, sie an verschiedene Bordelle zu verkaufen.

AYLA wurde von ihrer Familie in Syrien misshandelt, als Kind verheiratet und mit der Hilfe von Schleppern nach Deutschland zu ihrem Mann gebracht. Weil sie sich aus den Fängen ihrer Familie und ihres Mannes befreite, wollen ihr Vater und ihr ehemaliger Schwiegervater sie umbringen lassen.

VIRGINIAS Tochter Silvana suchte in Europa ein besseres Leben. Während ihrer Schwangerschaft wurde eine tödliche Krebserkrankung diagnostiziert. Virginia reiste aus Ecuador an, um ihre Tochter, die als illegalisierte Migrantin in Deutschland nicht einmal über eine Krankenversicherung verfügte, zu unterstützen.

MARIA fand in Litauen keine Arbeit und beschloss, auf eine Annonce zu reagieren, die zumindest ehrlich klang: Sie sollte für drei Monate in Deutschland in einem Bordell arbeiten und 5.000 Euro verdienen. Stattdessen wurde sie gleich nach ihrer Ankunft vergewaltigt, bedroht und eingesperrt.

ZEHRA kommt aus einer kurdischen Familie im Osten der Türkei, die vor der Armee aus ihrem Heimatdorf flüchten musste. Mit 13 wurde sie von ihrem Onkel zwangsverheiratet, von ihrem Ehemann vergewaltigt und misshandelt. Die eigene Familie in Deutschland und in der Türkei machte ihr das Leben zur Hölle.

EMEL floh als Kind mit ihren Eltern vor dem Krieg gegen die KurdInnen in der Türkei nach Deutschland. Dort beraubte ihre Familie sie sukzessive ihrer Freiheiten und verkaufte sie schließlich an einen Mann. Vor der Hochzeit floh sie aus ihrem Elternhaus und muss sich seither vor ihrem Bruder und ihren Eltern verstecken.

DERARTU flüchtete als 15-Jährige alleine aus Äthiopien nach Deutschland, nachdem ihre Mutter von der Regierung verschleppt worden war. Ihr Bruder ist seit seiner Flucht irgendwo in Afrika verschollen. Ihre Schwester lebt ohne Papiere in Saudi-Arabien und wird dort als Hausmädchen ausgebeutet.

KIRAN wuchs in Kabul in Zeiten der Taliban auf. Doch selbst der Sturz des Terrorregimes brachte ihr keine Freiheit. Ihre Familie verheiratete sie mit einem gewalttätigen Mann, der sie nach Deutschland brachte.

KHUSHBOO
28 ▪ Indien

Ich muss mich nicht schämen als geschiedene Frau

Khushboo heißt Duft, »wie der Geruch von einem guten Essen oder einer schönen Blume«. Das ist der Name, den sie für ihre Geschichte ausgesucht hat beim Interview in ihrer nach Kokostee duftenden geheimen Wohnung. »Ich dachte nicht, dass das Interview so locker wird«, schmunzelt Khushboo. Sie streicht sich eine Strähne ihres schwarzen langen Haars aus der Stirn. »Ich hatte zwei ältere Damen, Journalistinnen eben, erwartet!« Deshalb war sie schrecklich nervös vor unserem Termin. Als sie die Wohnungstüre öffnet und uns einen »Herzlichen Glückwunsch!« statt »Herzlich Willkommen!« zuruft, ist das Eis jedoch gebrochen und wir lachen ungebremst.

Im Laufe des Gespräches erzählt uns Khushboo, wie sie nächtelang von einem Helden träumte, der sie aus den Fängen ihres gewalttätigen Ehemannes befreien würde. Während der schlimmsten Zeit ihres Lebens stand oft der weltberühmte Bollywoodstar Shahrukh Khan vor ihrer Türe, der sie auf Armen in ein besseres Leben trug. »Doch statt Shahrukh Khan rettete mich Solwodi – das fängt ja auch mit S an!« Kushboos Humor ist bestechend. Als Jugendliche wurde sie mit einem Mann zwangsverheiratet, der sie aus Indien nach Deutschland holte, wo sie ohne Sprachkenntnisse und eigenständigen Aufenthalt vollkommen auf ihn angewiesen war. Bis sie Mut fasste und ihr Schicksal selbst in die Hand nahm.

ਇਹ ਮੇਰੀ ਕਹਾਣੀ ਹੈ

Ich wurde 1981 in Indien, in einer Provinz im Nordwesten des Himalaya, geboren, wo ich meine ersten Lebensjahre verbrachte. Als 1984 Indira Ghandhi getötet wurde, musste meine Familie umziehen. Alle Sikhs mussten die Region verlassen und in den Bundesstaat Panjab ziehen, sonst hätte man uns umgebracht. Aufgewachsen bin ich dann in einem kleinen Dorf mit etwa 5.000 Einwohnern im Panjab in Nordwestindien, wo die Menschen vor allem von der Landwirtschaft – dem Anbau von Getreide und Zuckerrohr – leben.

Wir wohnten in einer Region, in der es häufig zu Unruhen kam. Nachts war es besonders gefährlich. Vor allem wir Mädchen durften nicht hinaus. Wir durften nicht einmal alleine zur Schule gehen. Für Mädchen gab es keine Freiheiten. Für mich war es trotzdem eine gute Zeit. Ich war das älteste Kind und alle kümmerten sich gut um mich. Zu meiner Mutter hatte ich eine sehr gute Beziehung, aber meinen Vater kannte ich kaum. Seit ich klein war, arbeitete er als Elektriker im Ausland: im Irak, im Iran oder in Dubai.

Mein Vater wollte lieber einen Sohn haben. Den bekam er dann auch, sieben Jahre nach meiner Geburt. Zwischen meiner und seiner Geburt bekam meine Mutter noch zwei Kinder, zwei Mädchen. Beide starben früh. Ich habe einmal gefragt, woran sie denn gestorben seien. Die Antwort war: Eine war krank und die andere ist vom Bett gefallen. Ich wollte mehr darüber wissen, aber meine Familie blockte ab. Niemand wollte darüber reden. »Gott hat sie weggenommen«, war die Antwort, die keine weiteren Fragen zuließ.

Wir lebten in diesem Dorf, bis ich 16 wurde. Ich hatte gerade die zehnte Klasse beendet, da zogen wir in eine Stadt, die ungefähr eine Stunde entfernt lag. Es war zu Konflikten zwischen meiner Mutter und ihrer Schwiegermutter gekommen. In der Stadt durfte ich zunächst studieren, was unter den Mädchen eine ziemliche Ausnahme darstellte.

Ein Ehemann aus Deutschland

Eigentlich wollte ich das Medizin-College besuchen, aber wir konnten es uns nicht leisten. Es blieb dann nur der Handelszweig, in dem man Informatik, Handels- und Bankwesen lernte. Aber selbst dieses Studium konnte ich nicht abschließen: Mein zukünftiger Ehemann tauchte auf.

Das kam so: Seine Tante und meine Tante leben beide in Kanada und sind befreundet. Eines Tages unterhielten sie sich und seine Tante sagte zu meiner: »Ich habe einen Neffen, der in Deutschland lebt und noch unverheiratet ist. Habt ihr keine Frau in eurer Familie?« Meine Tante antwortete: »Doch, wir haben viele Mädchen, er soll einmal nach Indien fahren und sie anschauen!« Bei seinem Heimatbesuch zeigte ihm mein Großvater Bilder von mir und meinen Cousinen – und er wählte mich aus. Ich wurde natürlich nicht gefragt, ob ich einverstanden sei. Meine Mutter musste mich ins Dorf bringen, in dem seine Familie lebte. Dort wurde ich vorgeführt: Wie ich gehe, wie ich sitze, wie ich esse und trinke. Es war furchtbar.

Auf dem Heimweg zeigte mir meine Mutter ein Bild von ihm, denn ihn selbst hatte ich ja noch gar nicht kennengelernt. Er gefiel mir überhaupt nicht, er hatte eine Glatze und sah recht alt aus. Mir war klar, dass ich trotz meiner Ablehnung keine Chance hatte. Meine Mutter versuchte mich zu beruhigen: »Man weiß nie, wann das Glück an die Tür klopft. Vielleicht ist das dein großes Glück. Sieh mal, wie groß sein Haus ist, wie viele Traktoren und Autos er hat! Und er ist in Deutschland! So ein Glück hat man kein zweites Mal.«

Ich muss mich nicht schämen als geschiedene Frau

Mein Großvater hatte ohne meine Zustimmung bereits das Eheversprechen an die Familie dieses Mannes gegeben. Wenn ein Mann im Ausland lebt, ist es egal, wie er aussieht, was für einen Charakter er hat oder wie alt er ist – denn oft sind es ältere Männer, die sich 18-jährige Mädchen als Ehefrauen suchen. Die Eltern servieren ihnen mit Freuden ihre Tochter auf dem Silbertablett.

Das erste Mal sah ich meinen zukünftigen Mann, Tanviir, vier Tage vor der Hochzeit. Ich war 18 und er war doppelt so alt wie ich. Er kam mit seiner Familie und ich musste alle bedienen. Auf einem riesigen Tablett servierte ich indischen Tee und das einzige, was ich von meinem Mann sah, waren seine Schuhe. Ich durfte den Kopf nicht heben, nichts reden und niemandem in die Augen sehen.

Ich war todunglücklich. In meinem Kopf überschlugen sich die Gedanken. Ich überlegte, wie ich der Hochzeit doch noch entkommen könnte. Aber wohin hätte ich denn gehen sollen? In Indien kann die Frau nicht einfach nein sagen, das wäre eine Schande für die Familie.

Viele Frauen in Indien – und in anderen Teilen der Erde – lernen von klein auf, keinen eigenen Willen zu haben. Selbstständige Entscheidungen sind ihnen versagt. Kein Wunder also, dass Khushboo lachend gesteht: »Bis heute ist es sehr schwer für mich, nein zu sagen.« Männer hingegen lernen das Neinsagen sehr wohl und müssen niemandem Rechenschaft über ihre Entscheidungen ablegen:

Nach dem Besuch meines zukünftigen Mannes und seiner Familie rief er bei uns an und sagte: »Ich werde dieses Mädchen nicht heiraten!« Erst nach der Intervention durch meinen Großvater erfuhren wir, was sein Problem war: Tanviir hatte bei uns zu Hause ein Foto gesehen, auf dem ich neben einem

meiner Cousins sitze, der sich leicht in meine Richtung beugt.
»Das ist bestimmt nicht ihr Cousin«, sagte er. »Das sieht aus,
als wäre es ihr Freund!« Hektik brach aus, Panik. Mein Cousin,
also der vom Foto, musste sich bei Tanviirs Familie entschuldigen, dass er damals neben mir saß! Damit waren leider alle
zufrieden. Nun sollte ich tatsächlich heiraten.

Das Schlimmste war die Hochzeitsnacht
Bei uns dauert eine Hochzeit vier Tage und kostet sehr viel
Geld. Man lässt für alle Verwandten Kleidung oder Schmuck
anfertigen. Die Braut wird tagelang vorbereitet: Ich wurde mit
einem gelben Pulver eingerieben, das die Haut geschmeidig
macht, bekam Pediküre, Maniküre, Henna-Bemalungen, wurde mit Armreifen und Ketten behängt. Unterdessen hatten
sich Tanviir und mein Opa in die Haare gekriegt und sprachen
kein Wort mehr miteinander. Tanviir war sauer auf meinen
Opa, weil dieser ihn gefragt hatte, ob er illegal in Deutschland
sei und ob er noch mehr Ehefrauen habe. Das machte ihn so
wütend, dass er nicht mehr mit meinem Opa sprach. Es war
alles ganz schrecklich. Aber das Schlimmste war die Hochzeitsnacht. Meine Mutter hatte mir nur gesagt: »Du musst ihn
einfach alles machen lassen, was er machen will!« Mehr wusste ich nicht über dieses Thema.
Ich zog dann zu seiner Familie in das Nachbardorf. Meine
eigene Familie durfte ich nur noch mit der Erlaubnis der
Schwiegerfamilie besuchen. Sie beschwerten sich andauernd
über mich und die angeblich zu geringe Mitgift meiner Eltern.
Ich musste für alle den Haushalt machen und auch für die Arbeiter kochen, die die Felder der Familie bestellten. Wenn
mich mein Opa besuchen wollte, behauptete die Familie, ich
sei nicht da. Und wenn meine Mutter anrief, beschwerte sich
meine Schwiegermutter darüber, dass meine Mutter störe. Ich
gehörte ja jetzt der Familie meines Mannes.

Tanviir war in dieser Zeit in Deutschland, aber er rief jeden Abend an. Ich musste jeden Abend zu Hause sein und mit ihm reden, egal, um welche Uhrzeit er anrief, und ihm über alles berichten: Was ich den Tag über gemacht, mit wem ich geredet, wen ich getroffen hatte.

Das ging sieben Monate lang so. Dann kam Tanviir. Er wollte den ganzen Tag mit mir im Bett verbringen. Es war scheußlich. Eines Tages war er sehr wütend, ärgerte sich über irgendetwas. Da sagte er zu mir: »Heute Nacht kannst du bei deiner Mutter schlafen und brauchst nie mehr hierher zurückkommen!« Ich fragte, wieso, aber er verbot mir, weiterzusprechen und befahl mir aufzuessen. Ich brachte nichts mehr hinunter. Da packte er das Essen und stopfte es mit Gewalt in meinen Mund.

Psychoterror in Deutschland

Ein paar Tage später flogen wir nach Deutschland. Ich konnte mich von niemandem verabschieden, da wir so plötzlich abreisten. Mein Exmann hörte nicht auf, mich zu beleidigen, mich anzuschreien und wegen jeder Kleinigkeit außer sich zu geraten. Das begann schon auf der Reise und ging in Deutschland so weiter.

Wir fuhren direkt in die Kleinstadt, in der er wohnte. Das Einzige, was ich von dieser Stadt sah, war der Bahnhof und die Autowerkstatt gegenüber unserer Wohnung. Er sperrte mich ein, ohne ihn durfte ich die Wohnung nie verlassen. Es war eine hässliche Wohnung, klein und kahl. Außer einer Digitaluhr gab es nichts an den Wänden. Es gab auch keine Bücher und ich hatte nichts zu tun. Ich saß nur am Fenster und sah den vorbeiratternden Zügen nach. Wenn ich den Motor seines Autos hörte, wurde mir schlecht und ich begann zu zittern.

Tanviir bedrohte mich ständig, machte mir Angst: »Du bist

von mir abhängig«, sagte er immer. »Wenn du nach draußen gehst, verhaftet dich die Polizei.« Ich hatte Angst und glaubte ihm natürlich. Was hätte ich auch sonst tun sollen? Ohne die Sprache, den Ort, die deutschen Gesetze und Gepflogenheiten zu kennen, konnte ich gar nichts machen.

So war ich den ganzen Tag alleine. Nur manchmal nahm er mich mit raus. Mein Mann verkaufte Kleidung auf dem Markt. Jeden Montag musste er die neue Lieferung holen und wollte, dass ich ihn begleite. Aber das waren keine schönen Ausflüge. Ich musste neben ihm im Auto sitzen und durfte nicht zum Fenster hinaussehen, denn dann sagte er: »Hör auf damit, du guckst ja den anderen Männern hinterher!« Das waren die einzigen Gelegenheiten, bei denen ich aus der Wohnung kam.

Schläge für eine Schwangere
Dann blieb meine Regel aus. Tanviir brachte mich zum Frauenarzt. Der stellte fest, dass ich schwanger war. Doch das änderte nichts an seinem Verhalten. Er wurde weder aufmerksamer, noch hörte er auf, mich zu schlagen. Als er mich eines Tages sehr schlimm geschlagen hatte, erlitt ich eine Blutung. Nach zwei Tagen folgten starke Schmerzen. Ich bat ihn, zum Arzt gehen zu dürfen. Aber erst zwei Wochen später brachte er mich zum Frauenarzt, der nur noch den Tod des Kindes feststellen konnte. Der Arzt sagte, ich müsse ins Krankenhaus, aber mein Mann brachte mich nach Hause. Dort gingen die Prügel weiter. Tanviir schlug mich so fest, dass ich umkippte, mich verletzte und viel Blut verlor. »Erzähl bloß niemandem, was passiert ist!«, drohte er mir und brachte mich endlich ins Krankenhaus.

Nach der Operation holte er mich ab. Trotz der Schmerzen musste ich mit ihm schlafen und am nächsten Tag nahm er mich gleich wieder zur Arbeit mit. Mein Leben war nichts mehr wert. Ich hatte mein Kind verloren, ich war von einem gewalttätigen Ehemann abhängig, ich hatte keine Kraft mehr, fühlte überhaupt nichts mehr. Ich war in einem tiefen schwarzen Loch gefangen.

Flucht in die Freiheit

Ein paar Wochen später befahl mir Tanviir, ich solle nach Indien zur Hochzeit seines Bruders fliegen. Zufällig belauschte ich aber ein Telefongespräch und hörte, dass ich während des Zwischenstopps in Dubai vom Flughafen abgeholt werden sollte: Mein Mann wollte mich als Hausmädchen an eine Familie verkaufen!

Da entschloss ich mich endlich zur Flucht. Ich rannte zur Tür hinaus, auf die Straße. Die Leute sahen mich ganz komisch an, als ich auf Englisch »police, police?« rief, aber manche zeigten mir dann doch die Richtung. Dort lief ich hin.

Ich stand eine ganze Weile vor der Polizeistation unter einem Baum, blickte in die Zweige, die sich im Wind bogen und kämpfte innerlich mit mir. Schließlich fasste ich Mut und klopfte an die Tür. Dass es eine Klingel gab, wusste ich nicht, ich klopfte einfach. Niemand konnte Englisch. Ich musste eine Stunde auf die Dolmetscherin warten. In der Zwischenzeit stand auch schon mein Mann vor der Tür. Er hatte einen Freund mitgebracht und dieser bot an, zu dolmetschen. Zum Glück akzeptierte die Polizei das nicht. Als die Dolmetscherin endlich kam, erzählte ich alles der Polizei. Die ließen mich jedoch einfach wieder gehen, ohne meinen Mann zu verhaften. Zum Glück nahm mich die Dolmetscherin zwei Nächte bei sich auf. Aber ich konnte dort nicht ewig bleiben. Was sollte ich tun? Ich kehrte am dritten Tag in unsere Wohnung zurück. Vielleicht hat er Angst vor der Polizei und schlägt mich nicht mehr, dachte ich. Nach drei Tagen hielt ich es nicht mehr aus und lief wieder zur Polizei. Diesmal brachten sie mich endlich ins Frauenhaus.

S wie Shahrukh Khan – oder Solwodi

Jetzt sind wir geschieden. In Deutschland muss man ein Jahr getrennt leben, danach kann man geschieden werden. Nach indischem Recht sind wir nicht geschieden, dort ist das schwieriger.

Ich habe meinen Exmann mithilfe von Solwodi wegen Körperverletzung angezeigt. Er musste mir 1.500 Euro Schmerzensgeld bezahlen, aber es gab zu wenige Beweise, keine ärztlichen Bestätigungen, um ihn ins Gefängnis zu bringen. Es war ein großer Schritt für mich, ihn überhaupt anzuzeigen.

Tanviir besitzt die deutsche Staatsbürgerschaft. Er hatte Khushboo über Familienzusammenführung nach Deutschland geholt, weshalb ihr Aufenthaltstitel anfangs an dieser Ehe hing. Solwodi und Khushboos Anwältin gelang es schließlich, das Ausländeramt davon zu überzeugen, dass es sich um einen »Härtefall« handelt. So wurde ihr schließlich ein eigenständiger – wenn auch vorübergehender – Aufenthaltstitel erteilt.

Mein Aufenthalt läuft immer für zwei Jahre. Anfangs hatte ich große Angst, dass ich abgeschoben werde. Ich hätte zwei Jahre mit meinem Mann leben müssen, um einen eigenständigen Aufenthalt zu bekommen. Aus dem Frauenhaus musste ich dann weg, weil mein Mann einmal vor der Tür stand und das zu gefährlich wurde. Über eine Mitarbeiterin des Frauenhauses kam ich zu Solwodi in eine andere Stadt. Sie brachten mich in einer ihrer geschützten Wohngemeinschaften unter und halfen mir mit meinen Papieren – und vielem anderen.

Die gesetzlichen Regelungen führen in einen Teufelskreis: Ein unbefristeter Aufenthalt, also eine Niederlassungserlaubnis, wird erst mit einem unbefristeten Arbeitsvertrag oder mehreren Kettenverträgen beim gleichen Arbeitgeber ausgestellt. Der Arbeitsvertrag wiederum hängt vom Aufenthaltsstatus ab: Ohne unbefristeten Aufenthalt kein unbefristeter Vertrag. So bleibt Khushboo, die eine Ausbildung zur Krankenschwester absolviert hat, nur die Hoffnung, nach mehreren Jahren Anstellung im selben Krankenhaus die Niederlassungserlaubnis zu erhalten.

Ich arbeite gerne im Krankenhaus, vor allem die Nachtdienste liebe ich. In der Nacht ist wenig los, du kannst dir die Arbeit in Ruhe einteilen, ohne dass ständig jemand kommt und etwas von dir braucht.

Meine Familie erzählt nun allen voller Stolz: »Sie arbeitet in einem Hospital!« Nachdem ich selbst im Krankenhaus war, als ich das Kind verloren hatte, wollte ich anderen Menschen helfen. Aber das war nicht leicht: Mit meinem indischen Abitur wäre ich in Deutschland nur zu einem wirtschaftlichen oder technischen Studium zugelassen worden. Daher musste ich zuerst die zweijährige Sozialpflegeausbildung machen, um einen mittleren Bildungsabschluss zu erhalten. Damit konnte ich schließlich die Ausbildung zur Krankenschwester beginnen.

Ich werde in ein paar Monaten nach Indien fahren, um meine Familie zu besuchen. Außer meiner Familie weiß niemand von dem Besuch. Wenn meine ehemalige Schwiegerfamilie davon erfahren würde, könnte es gefährlich werden. Für sie habe ich ihre Ehre verletzt.

Anfangs war es sehr schwer für meine Familie. Sie warfen mir vor, mit der Scheidung Schande über sie gebracht zu haben. Aber jetzt sind sie sehr stolz auf mich und auf alles, was ich geschafft habe.

Vielleicht kann ich später Medizin studieren und eines Tages in der Uniklinik in Frankfurt arbeiten. Diese Klinik soll sehr gut sein, außerdem gibt es in einer größeren Stadt mehr Möglichkeiten und mehr indische Läden. Aber vor allem möchte ich eine Familie, einen lieben Mann und zwei Kinder. Den richtigen Mann muss ich allerdings erst finden. Es ist mir egal, woher er kommt. Bisher hatte ich eher Kontakt mit indischen und pakistanischen Männern, denn mit Deutschen ist es schwierig. Sie sind verschlossen und es dauert sehr lange, bis sie sich öffnen.

Aber wenn die Liebe kommt, dann kommt sie.

Indien und seine unerwünschten Töchter

Mit 1,1 Milliarden EinwohnerInnen ist Indien nach China der zweitgrößte Staat der Erde. Die Bevölkerung Indiens ist äußerst vielfältig, was die Kultur, soziale Gepflogenheiten sowie Religionszugehörigkeit betrifft. Zwischen den einzelnen Bundesstaaten gibt es große Unterschiede.

Khushboo ist Sikh. Der Sikhismus ist eine relativ junge Glaubensgemeinschaft in Indien, die um 1500 von Guru Nanak begründet wurde. Hinduismus und Islam haben in der Religion ihre Spuren hinterlassen. Sikhs glauben an einen Gott, an Wiedergeburt und daran, dass spirituelle Erlösung innerhalb einer Lebensspanne durch Meditation erreichbar ist.

Nur 1,9 Prozent der indischen Bevölkerung bekennt sich zum Sikhismus – im Vergleich zu 80,5 Prozent Hindus und 13,4 Prozent Moslems eine kleine Minderheit. Sogar die Christen bilden mit 2,3 Prozent eine etwas größere Gruppe. Doch diese Zahlen verraten wenig über die wichtige Rolle, die Sikhs in Indien spielen. Politisch wie auch wirtschaftlich stellen sie eine einflussreiche Bevölkerungsschicht dar. Im Bundesstaat Panjab machen Sikhs 60 Prozent der Bevölkerung aus.[14]

Umkämpftes Gebiet

Der Panjab, in dem Kushboo ihre Jugend verbrachte, ist ein ebener Landstrich im Nordwesten des indischen Subkontinents, durch den fünf Flüsse aus dem Himalaja fließen. Diese gaben dem Land nicht nur seinen Namen (aus dem Persischen übersetzt bedeutet panj-aab »fünf Gewässer«), sondern machen es auch zu einem der fruchtbarsten Gebiete Südasiens. 1947 wurde der Panjab zwischen Indien und Pakistan aufgeteilt. Die bürgerkriegsähnlichen Zustände und die Gräueltaten, die bei der Teilung des Landes aneinander verübt wurden, haben zwischen Hindus und Sikhs auf der einen Seite und Moslems auf der anderen tiefe Gräben hinterlassen.

Doch auch das Verhältnis zwischen Sikhs und Hindus ist belastet. Anfang der 1980er-Jahre forderte eine militante Gruppe um Jarnail Singh Bhindranwale einen separaten Sikhstaat und besetzte den Goldenen Tempel in Amritsar, die heiligste Stätte der Sikhs. Nach dem Scheitern von Verhandlungen ließ die damalige Premierministerin Indira Gandhi diesen Tempel 1984 schließlich stürmen. Nicht nur die Besetzer und hunderte Soldaten, sondern auch viele unschuldige ZivilistInnen starben im Kugelhagel, und das Heiligtum des Tempels wurde zerstört. Wenige Monate später wurde Indira Gandhi von ihrer Sikh-Leibgarde ermordet. Dieser Vergeltungsakt löste die größte Welle der Gewalt seit der Unabhängigkeit Indiens aus. Bei den dem Attentat folgenden Unruhen wurden fast 10.000 Sikhs von wütenden Hindus getötet.[15]

Töchter als Kostenfaktor

Betrachtet man die Bevölkerungsstatistiken des Panjab, sticht das ungleiche Verhältnis zwischen Männern und Frauen ins Auge. Vor allem bei Kindern bis sechs Jahren ist das Verhältnis sehr unausgewogen. Auf 1.000 Jungen kommen lediglich 798 Mädchen. Verantwortlich für dieses unnatürliche Ungleichgewicht sind ökonomische Interessen: Die Erziehung von Mädchen ist aufwendiger und ihre Verheiratung kostspieliger als die der Jungen. Bei ihrer Heirat verlässt die Braut ihre Familie und geht in die des Mannes über. Eine Familie hat also nichts davon, wenn sie viel in ihre Töchter investiert.

Es gilt außerdem, die Jungfräulichkeit der Mädchen zu bewahren, denn entjungferte Mädchen können in traditionellen Schichten nicht verheiratet werden. Um sicherzustellen, dass die Töchter als Jungfrauen heiraten, werden sie besonders in ländlichen Gebieten in jungem Alter vermählt. Laut UNICEF heirateten 49 Prozent aller zwischen 20 und 24 Jahre alten Frauen in Südasien, bevor sie 18 wurden.[16]

Obwohl heutzutage die Liebesheirat in den moderneren Schichten immer häufiger praktiziert wird, wählt dennoch überwiegend die Familie die EhepartnerInnen für ihre Kinder aus. Auch eine Liebesheirat ist ohne Absegnung der Familien so gut wie undenkbar. In der Regel geben sich die Eltern alle Mühe, gute PartnerInnen für ihre Kinder zu finden. Als Vorzug der arrangierten Ehe wird häufig angegeben, dass Eltern genau darüber Bescheid wüssten, was gut für ihre Kinder ist, vielleicht sogar besser als die Kinder selbst. Insbesondere Mädchen werden so gut wie nie nach ihrer Meinung zu der arrangierten Verbindung gefragt.

Bei einer arrangierten Ehe trifft sich das Paar im Extremfall erst bei der Hochzeit. Oft werden vorher lediglich Fotos ausgetauscht. Nur selten kann sich das zukünftige Paar telefonisch oder persönlich im Vorhinein kennenlernen – so wie im Falle von Khushboo und Tanviir, die allerdings nicht miteinander sprechen durften.

Bei der Hochzeit muss eine Mitgift an die Familie des Bräutigams entrichtet werden. Was als Beitrag für den Lebensunterhalt der Frau gedacht war, um den sich jetzt die Familie des Mannes kümmern muss, ist zu einer großen finanziellen Belastung geworden, die manche Familie in den Ruin treibt. Mitgiftforderungen können so hoch sein wie ein Jahresgehalt des Vaters. Trotz eines 1961 verabschiedeten Gesetzes, das die Mitgift verbietet, ist diese Sitte noch immer weit verbreitet. Sie verdrängt sogar andere, frühere »Entschädigungszahlungen«, bei denen das Geld in die umgekehrte Richtung floss und die Familie der Braut für den Verlust ihrer Tochter entschädigen sollte.

Selbstmord oder Mitgiftmord?

Um die Zahlung von ausstehenden Raten der Mitgift zu erwirken oder um eine höhere Summe zu erpressen, wird die Schwiegertochter in einigen Fällen psychisch oder physisch gequält, um Druck auf ihre Familie auszuüben. Nicht selten wird die Ehefrau getötet, wenn ihre Familie die Habgier der Familie des Mannes nicht stillen kann. Diese Morde werden oft als Selbstmorde oder Küchenunfälle getarnt, bei denen die Frau mit Kerosin, das als Brennstoff für die Herde dient, begossen wird. 2008 wurden 8.172 solcher Fälle in ganz Indien gemeldet – 16 Prozent mehr als noch 2004.[17]

Die Ablehnung des kostspieligen, weiblichen Nachwuchses hat Vernachlässigungen bei der medizinischen Versorgung, Ernährung oder Aufsicht zur Folge, was die Sterblichkeit der Mädchen erhöht. Doch auch drastische Mittel wie Kindestötung oder geschlechtsbedingte Abtreibung werden eingesetzt, um die Anzahl der Töchter zu minimieren. Eine aktuelle UNO-Studie geht davon aus, dass in Indien derzeit 42,6 Millionen Mädchen aufgrund dieser Praxis »fehlen«.[18] Erschütternd ist, wie weit die Gesellschaft solche Handlungen billigt. Khushboo weiß, was das bedeutet. Sie hat zwar – anders als ihre beiden Schwestern – überlebt. Aber sie hat am eigenen Leib erfahren, was es heißt, als Frau rechtlos zu sein.

Heute jedoch respektiert sogar ihr Großvater den Lebensweg seiner Enkelin, wie Khushboo mit einem stolzen Lächeln erzählt: »Bei uns gibt es jedes Jahr am 13. Januar ein Fest für die Frauen, die Söhne geboren haben, und für die Frischvermählten. Es werden Lagerfeuer gemacht und Süßigkeiten verteilt. Mein Großvater hat versprochen, auch zu meinen Ehren Süßigkeiten zu verteilen, wenn ich das nächste Mal nach Indien komme.«

JOY
23 ▪ Nigeria

Meine Mutter sagte: »Wenn das andere Leute tun, musst du es auch tun«

Joy wurde von MenschenhändlerInnen in Benin City angeheuert, nach Europa gebracht, verkauft und von 2005 bis 2007
als Zwangsprostituierte in Deutschland ausgebeutet. Wir treffen uns zum gemeinsamen Mittagessen in Joys neuer Wohnung. Ihre Beraterin von Solwodi – sie ist heute eine ihrer
engsten Bezugspersonen – ist ebenso dabei wie ihre Freundin
Zehra. Die beiden Frauen hatten sich in einer Schutzwohnung von Solwodi kennengelernt.

Als sich Joys quirlige zweijährige Tochter Patricia zu einer
längeren Siesta überreden lässt, haben wir Gelegenheit für ein
intensives Gespräch. Joy erzählt uns ihre Geschichte langsam,
in vielen Details und mit leiser Stimme. Nur wenn sie über
Dinge spricht, die sie tief bewegen, bekommt ihre Erzählung
einen anklagenden Ton.

Wie die meisten Opfer von Frauenhandel aus Afrika in
Europa kommt auch Joy aus einem der vielen kleinen Orte in
der Nähe von Benin City, der Hauptstadt des Bundesstaates
Edo in Nigeria.

»Ich hatte kein leichtes Leben, es war von Kindheit an sehr
schwierig«, beendet sie nach drei Stunden erschöpft das Interview.

ONA OKHA MWEN ...

When I start talking about my life, my temperature always gets so high – deshalb mache ich lieber auf Deutsch weiter. Wenn ich über mein vergangenes Leben spreche, dann nenne ich mich immer Joy. So will ich auch in eurem Buch heißen.

Ich wurde 1987 in Nigeria, in Edo State, geboren. Meine Eltern wohnen heute immer noch in diesem kleinen Dorf, in der Nähe von Benin City. Sie traten vor zehn Jahren einer christlichen Kirche bei, den Pfingstkirchlern. Obwohl in meiner Großfamilie fast alle polygam leben, hatte mein Vater immer nur eine Frau. Nachdem seine erste Frau gestorben war, heiratete er meine Mutter.

Er kümmerte sich kaum um uns und wir waren so arm, dass wir im Wald Kassava-Wurzeln suchen mussten. Wir hatten zwar ein kleines Feld, das wir jeden Tag bestellten, aber das Essen reichte trotzdem selten für alle. Deshalb nahm mich eines Tages meine Tante aus Benin City mit in die Stadt – ich sollte bei einer sehr netten Ärztefamilie leben und auf deren Kinder aufpassen. Ich war damals acht Jahre alt. Aber diese Familie ging leider nach zwei Jahren nach Irland. Ab diesem Zeitpunkt wurde ich ständig weitergereicht, von einer Familie zur nächsten. Manchmal waren es Verwandte, manchmal waren es Fremde, bei denen ich blieb, manchmal war ich auch bei meinen Eltern.

Ich konnte in Benin City zumindest bis zur neunten Klasse zur Schule gehen. Dann, mit 15 Jahren, musste ich zurück ins Dorf meiner Eltern und begann, in einem Kindergarten zu arbeiten. Aber ich wäre lieber zur Schule gegangen und hätte gerne eine Ausbildung gemacht. Das alles gab es dort nicht. Deshalb wollte ich nur noch eines: nach Europa. Ich wollte weg aus diesem Leben, in dem für mich kein Platz war. Ich sprach mit meinem Bruder, der in Benin City lebte, und bat ihn, mir Bescheid zu geben, sollte er von jemandem erfahren, der mich nach Europa bringen könnte.

Und tatsächlich, kurze Zeit später brachte er mich mit einer alten Frau in Kontakt, die zu mir sagte: »Mein Sohn lebt in Marokko und betreibt Handel zwischen Nigeria, Marokko und Europa. Er sucht jemanden für das Geschäft in Europa.« Um ins Geschäft zu kommen, müsse ich ihr aber zuerst 30.000 Naira, rund 150 Euro, bezahlen. Ich wusste nichts über die Gepflogenheiten in Europa und konnte mir überhaupt nichts unter diesem Geschäft vorstellen. Ich sagte zu.

Durch halb Afrika nach Europa

Als es plötzlich hieß, für die Reise und all diese Ausgaben müssten wir 40.000 Dollar bezahlen, machte ich mir auch keine großen Gedanken darüber, denn ich wusste nicht einmal, wie viel ein Dollar wert ist. Die 30.000 Naira sollten wir vor der Reise an die Frau bezahlen und die 40.000 Dollar könnten wir in Europa abarbeiten.

Gemeinsam mit zwei anderen Frauen, die ich nicht kannte, wurden wir zu einem Juju-Priester gebracht. Dort mussten wir einen Schwur darüber ablegen, dass wir das ganze Geld bezahlen und niemals zur Polizei gehen würden. Ich war zum ersten Mal bei einem Juju-Priester und hatte große Angst, aber mein Bruder beruhigte mich: »Wenn du bezahlst, wird nichts passieren, du brauchst keine Angst zu haben.« Der Priester nahm ein Foto von mir und ließ mich auf das Foto schwören.

Ich war 16, als wir uns auf den Weg machten, ich und die anderen beiden jungen Frauen. Zuerst fuhren wir nach Lagos, wo uns Papiere besorgt wurden, und dann weiter nach Cotonou in der Republik Benin. Dort blieben wir eine Woche in einem Hotel, während der Trolley, also einer der Schlepper, die Weiterreise organisierte. Er hatte alles unter Kontrolle und unsere Papiere in der Tasche. Man versprach uns, dass wir von Lagos nach Europa fliegen würden, aber schlussendlich mussten wir fast die gesamte Strecke auf dem Landweg zurücklegen. Von Benin ging es weiter nach Mali, dann nach Guinea. In Guinea mussten wir wieder einen Monat warten, bis wir nach Marokko gebracht wurden.

Dort sah ich zum ersten Mal meinen »Geschäftspartner« Ben, den Sohn der alten Frau. Er brachte uns in seine Wohnung, in der noch viele andere Frauen waren. In einem Zimmer lebten wir zu zwölft, lauter junge Frauen aus Benin City.

Gefangen in Marokko

In Casablanca blieb ich sechs Monate. Damals ahnten wir bereits, was auf uns zukommen würde. Wenn wir nicht taten, was Ben sagte, gab es Drohungen und Schläge. Immer wieder fuhren wir zum Flughafen und versuchten, in ein Flugzeug nach Europa zu steigen. Aber immer wieder wurden wir zurückgeschickt, weil die Beamten unsere Pässe nicht akzeptierten. Wir mussten mit einer Kongolesin Französisch lernen, damit wir uns als Kongolesinnen ausgeben konnten. Sogar beim Lernen gab es Schläge. »Wenn du nicht richtig lernst, dann musst du hier in Marokko bleiben«, drohte mir Ben, nachdem mich die Polizei wieder einmal bei der Passkontrolle abgewiesen hatte.

Je öfter unsere Ausreiseversuche scheiterten, desto schlimmer wurden seine Misshandlungen. Er schlug mich so heftig, dass mir alles weh tat. Ich konnte tagelang nichts essen und meine Augen waren blutunterlaufen. »Lass mich zurück nach Hause!« Aber er lachte nur und meinte, in Afrika könnte ich das Geld nie zurückbezahlen, das ich ihm nun schuldete.

Vergewaltigungen durch ihn und andere Männer gehörten nun zu unserem Alltag. Wir gehörten ihm und er machte mit uns, was er wollte. Als ich schwanger wurde, brachte er mich ins Krankenhaus, um das Kind abzutreiben. Ich hatte vorher nie mit einem Mann geschlafen, das war alles neu für mich. Auch eine Vergewaltigung hatte ich noch nicht erlebt – anders als die anderen Nigerianerinnen, die mit mir eingesperrt waren.

Wir durften Bens Wohnung nicht alleine verlassen. Viele Leute gingen ein und aus, viele nigerianische Trolleys arbeiteten für ihn und sogar seine Frau und seine Kinder lebten mit uns.

Dann zwang er uns, unsere Reiseschulden abzuarbeiten. Es kamen nigerianische Männer in die Wohnung, die wir bedienen mussten.

Ich wollte überhaupt nicht mehr nach Europa reisen, aber ich hatte keine andere Wahl. Für mich gab es jetzt keinen Weg zurück. Beim fünften Anlauf am Flughafen klappte es. Ich und eine zweite Frau gaben uns als Töchter einer Kongolesin aus, die mit uns reiste, und sie ließen uns durch. Als wir in Mailand ankamen, wurde die Frau aus dem Kongo aufgehalten. Die Beamten sagten, ihr Pass sei gefälscht und sie müsse zurück nach Marokko. Wir waren in Casablanca gut darauf vorbereitet worden, was wir in so einem Fall zu sagen hätten. »Wir haben keine Familie mehr, deshalb hat uns unsere Tante hierher begleitet«, logen wir dem Polizisten vor. Und der ließ uns tatsächlich die erste Tür passieren. Nach einer Woche am Flughafen in Mailand ließen sie uns frei und gaben uns einen Ausweis für Asylbewerber, der uns ein Jahr Aufenthalt garantierte. Ein Polizist brachte uns zum Zug und wollte uns in ein Asylbewerberheim schicken. Er hatte uns alle Kontaktdaten aufgeschrieben. Aber wir wussten nicht, was dieses Asylheim sein sollte, was dort mit uns passieren würde und kannten auch niemanden in Europa. Es war Dezember und sehr kalt, wir wussten uns einfach nicht zu helfen.

Die große Angst vor dem Juju-Schwur

Versucht die Situation zu verstehen: Wir kamen aus einem Dorf in Nigeria, standen nun irgendwo in Europa und hatten nichts außer der Telefonnummer jenes Mannes, Ben, der uns monatelang gequält hatte. Wir hatten Schulden bei ihm. Wir hatten den Juju-Schwur geleistet.

Wir riefen ihn an und wurden dann auch sofort von seinen Geschäftspartnern abgeholt. Meine Freundin wurde nach Spanien gebracht. Mich setzte man – es war im Januar 2005 – in einen Zug nach Frankfurt. An der Schweizer Grenze wurde mein gefälschter Pass kontrolliert und ich wurde festgenommen. Auf der Polizeistation war ich total aufgelöst und weinte die ganze Zeit. Der Polizist versuchte mich zu beruhigen und sagte:»Es wird dir nichts passieren!« Aber ich vertraute ihm nicht. Sie behielten mich eine Woche und fragten mich aus. In Marokko hatte ich genau gelernt, was ich sagen sollte. So erzählte ich ihnen eine meiner Stories: dass ich aus Liberia komme, keine Eltern mehr habe und vor dem Krieg geflüchtet sei.

Als sie das Wort Asylheim in den Mund nahmen, sagte ich sofort:»Nein, ich will nicht!« Ich wusste nicht einmal, was Asyl überhaupt ist. Als sie mir erklärten, was das Asylheim ist, ließ ich mich schließlich hinbringen. Aber ich blieb nur eine Woche und ließ mich von den anderen Nigerianern dort auch nicht umstimmen, die sagten:»Die Schweiz ist viel besser als Deutschland, bleib hier!« Denn da waren meine Schulden – und Ben.

Von Marokko aus organisierte er meine Weiterreise nach Deutschland. Ein Mann holte mich ab und erklärte mir die Spielregeln. An der Grenze sollte ich so tun, als wollte ich nur zum Shoppen nach Deutschland fahren. Ich spazierte mit seiner Frau und einigen Einkaufstüten über die Grenze. Alles ging gut. Auf der anderen Seite brachte mich der Mann zum

Bahnhof und begleitete mich nach Frankfurt, in die Wohnung einer nigerianischen Frau. Dann ging es schnell zur Sache. Die Frau wollte, dass ich die »Arbeitskleidung« anziehe. »Ich muss dir außerdem einen neuen Bikini für die Arbeit kaufen. Deine Kleidung wird 900 Euro kosten«, begann sie sogleich mit dem Geschäft. »Das ist das Erste, was du mir zurückzahlst, wenn du anfängst.«

Am nächsten Tag brachte sie mich in eine andere Stadt, in ein Bordell. Man führte mich auf ein freies Zimmer. »Das ist die Arbeit, die die Frauen machen, die nach Europa kommen«, sagte man mir. Ich schloss die Tür hinter mir zu und betete, dass das alles nur ein böser Alptraum wäre. Dass ich bald heimfahren könnte, in mein Dorf.

Als der erste Freier kam, tobte und weinte ich. Aber ich wurde sofort wieder bedroht und an meine Schulden erinnert. Zu den Reiseschulden kamen nun noch zusätzliche 90 Euro Tagesgeld für das Zimmer.

Polizei-Razzien im Bordell

Von 2005 bis 2007 arbeitete ich in verschiedenen Bordellen, in verschiedenen Städten. In dieser Zeit versuchte ich, Hilfe von meinen Eltern zu bekommen. Aber meine Mutter sagte nur, wenn andere Leute das tun, musst du es auch tun. Danach rief ich nie wieder an.

Die Polizei kam immer wieder und kontrollierte die Papiere, aber es geschah nie etwas. Entweder wurden wir vorgewarnt und hauten ab, oder der Polizist gab sich mit meiner Antwort zufrieden, dass ich meinen Pass vergessen hätte. Einmal griffen sie mich doch bei einer Kontrolle heraus und nahmen mich mit. Ich erzählte ihnen wieder dieselbe Geschichte über Liberia und sie meinten, dann könne ich nicht im Bordell bleiben. Sie schickten mich in ein Asylheim in einer anderen Stadt, aber schließlich fuhr ich doch wieder zurück.

Die Madame, zu der ich als Erstes kam, war eine »große Madame«, wie wir es nennen. Sie kontrollierte die anderen, kleinen Madames. Nach den ersten paar Monaten brachte sie mich zu einer »kleinen« Madame, die schlimmer war als die erste Zuhälterin. Ben rief oft aus Marokko an und fragte, wie viel ich verdient hätte. Mein Geld gab ich immer der Madame und sie gab es an ihn weiter, 500 Euro in der Woche.

Zusätzlich bezahlte ich täglich 90 Euro für das Zimmer. Die Verdienste waren unterschiedlich, je nachdem, wie viele Kunden kamen. Normalerweise kosten 20 Minuten 30 Euro.

Ohne Kondom kann man natürlich mehr verdienen, aber ich habe immer mit Kondom gearbeitet. Zum Glück hat nie jemand Druck auf mich ausgeübt, es ohne zu tun. Oft habe ich 24 Stunden am Stück gearbeitet. Das Bordell hatte immer offen und wenn Kunden kamen, arbeitete ich. Dazwischen schlief ich ein oder zwei Stunden.

Es gab auch noch einige andere Nigerianerinnen im Bordell, aber wir redeten selten miteinander, niemand wollte den anderen von sich erzählen. Nur mit einer Frau habe ich bis heute Kontakt, meine einzige nigerianische Freundin. Sie hat bis auf den letzten Euro ihre Schulden abgearbeitet und arbeitet nun weiter in der Prostitution. Aber nicht als Madame, wie viele andere das nachher tun. Sie arbeitet jetzt nur für sich.

Die meisten Frauen im Bordell waren aus der Türkei. In jedem Stock war eine schwarze Frau, vielleicht noch eine aus Kolumbien oder Bulgarien, aber alle anderen waren Türkinnen. Ich glaube nicht, dass sie freiwillig dort waren. Sie arbeiteten so viel wie wir schwarzen Frauen, ohne Pause, und eine erzählte mir, dass sie jede Woche 2.000 Euro bezahlen muss. Ihre »Schulden« sind nach oben offen und werden ständig mehr. Und ihre Zuhälter sind sehr gewalttätig.

Schwanger von einem Freier

Die Freier in den Bordellen waren zum Teil Deutsche, vor allem aber waren es Türken. Die Deutschen hatten eher Angst und kamen nicht so häufig zu uns. Oft kamen auch aggressive Männer, die betrunken waren und gewalttätig wurden. Wir mussten alle bedienen und es war widerlich: zum Beispiel Männer, die eine Woche lang nicht geduscht hatten – der Gestank ging mir lange nicht mehr aus der Nase. Wir hatten eine Notfallklingel, die wir drücken konnten, wenn es gefährlich zu werden drohte.

Aber einer der deutschen Freier half mir schließlich. Er kam als Kunde zu mir und fragte, warum ich denn diese Arbeit mache. Irgendwann erzählte ich ihm die ganze Wahrheit über den Schwur, die Schulden, Ben. Einen Monat lang kam er immer wieder zu mir und wir unternahmen auch Sachen gemeinsam.

Dann passierte eine Reihe komischer Dinge. Zunächst gab es im Bordell wieder eine Polizeikontrolle. Die Polizisten blickten kurz auf meinen gefälschten Pass und gingen einfach weiter. Zu der Zeit blieben die Kunden aus und ich konnte die tägliche Abgabe von 90 Euro für das Zimmer nicht mehr bezahlen. Also blieb mir nichts anderes übrig, als erneut im Asylheim zu leben, da mein Asylverfahren noch lief. Von dort rief ich diesen Mann – den Freier – an und wir trafen uns zwei Monate lang regelmäßig. Ich war richtig verliebt in ihn und wir freuten uns zuerst beide, als eines Tages meine Regel ausblieb. Ich war schwanger.

Ein paar Tage später saß ich bei einer nigerianischen Freundin in ihrem Zimmer im Asylheim, als es plötzlich an der Tür klopfte. Wir machten auf und wichen erschrocken zurück – eine ganze Truppe Polizisten stand vor unserer Tür. Ein Dolmetscher las mir eine Anklageschrift vor, in der von der großen Madame die Rede war, die Frauen aus Nigeria holt und sie ausbeutet. In diesem Dokument stand alles: dass ich schon fast alles abbezahlt hatte, dass ich schwanger war, alles. Sie hatten unsere Telefone abgehört. Die Madame hatte schon länger unter Beobachtung gestanden.

»Du musst keine Angst haben«, sagten die Polizisten zu mir, »du bist jetzt Opferzeugin.« Sie nahmen meine Aussage auf der Polizeistation auf. Zu lügen habe keinen Zweck, sagten sie, denn sie wüssten ohnehin fast alles. An dem Tag konnte ich nicht viel sagen, aber später erzählte ich ihnen alles. Da kam ich zum ersten Mal mit Solwodi in Kontakt, die mich von da an betreuten und mich auch während des ganzen Strafprozesses begleiteten.

Der Priester hat immer noch mein Foto

Meine »Schulden« von 40.000 Dollar habe ich schon längst abbezahlt. Ich habe ihnen viel mehr als nur das bezahlt. Denn der Schuldenberg wurde ständig erhöht. Auch meiner Familie schickte ich oft Geld, 200 bis 300 Euro im Monat. Sie übten genauso Druck auf mich aus, Ben zu bezahlen, denn er rief sie immer wieder an und beschwerte sich, wenn ich nicht zahlte. Ich wollte aber ohnehin bezahlen, der Druck war völlig unnötig. Der Juju-Schwur machte mir wirklich große Angst. Außerdem wurde meine Familie in Nigeria vor das Oberste Juju-Gericht, das Ayelala, zitiert, welches entschied, dass ich das gesamte Geld bezahlen müsse. Dann wäre alles in Ordnung. Ben hatte das Gericht einfach angelogen und behauptete, ich würde ihm noch insgesamt 10.000 Euro schulden. Nachdem ich 50.000 Euro anstatt der ursprünglichen 40.000 Dollar zurückgezahlt hatte, war ich endlich frei.

Bis heute ist mein Foto beim Juju-Priester und ich möchte es zurück haben, denn obwohl ich alles und noch viel mehr abgezahlt habe, würde ich mich wohler fühlen, wenn ich mein

»Wenn das andere Leute tun, musst du es auch tun«

Foto wieder hätte. Ich verstehe nicht, warum es mir der Priester nicht zurückgeben will. Das belastet mich und lässt mich oft nicht schlafen.

Die große Madame bekam dreieinhalb Jahre. Jetzt kommt sie bald wieder aus dem Gefängnis heraus. Sie ist mit einem Deutschen verheiratet und ich glaube, sie hat überhaupt nicht viel verdient mit uns. Die Hälfte des Geldes, das ich ihr gab, behielt sich die kleine Madame, die andere Hälfte bekam Ben. Die kleine Madame ist mittlerweile verschwunden. Die Polizei wollte auch Ben in Marokko finden, aber ich konnte ihnen nicht dabei helfen. Sie fragten, ob ich ihn auf einem Foto identifizieren könne, aber da bekam ich richtig Angst und verweigerte.

Hilfe für die Familie
Meiner Familie schicke ich immer noch rund 100 Euro monatlich, damit meine Geschwister studieren können. Dieses Geld spare ich mir mühsam zusammen. Aber das ist es mir wert. Ich will nicht, dass meine Schwestern durch dieselbe Hölle gehen müssen wie ich.

Der Vater meiner Tochter Patricia hat sich aus dem Staub gemacht, wir haben keinen Kontakt. Patricia konnte aber über ihn, da er ja Deutscher ist, die Staatsbürgerschaft bekommen. Ich erhielt zunächst einen befristeten Aufenthaltstitel, den ich jedes Jahr verlängern musste. Bei meiner nächsten Verlängerung werde ich voraussichtlich eine Aufenthaltsbewilligung für drei Jahre bekommen.

Ich möchte jetzt noch besser Deutsch lernen und eine Ausbildung als Krankenpflegerin machen. Sobald ich einen Kindergartenplatz für meine Tochter gefunden habe, werde ich damit beginnen.

Irgendwann möchte ich auch eine Therapie machen, denn die zwei Jahre auf dem Strich haben mich kaputt gemacht. Ich habe eine Blockade im Kopf, wenn ich an die Zeit denke. Ich fürchtete schon, mein Leben würde nie wiederkommen, aber es ist wieder da – ich lebe und es geht mir gut. Die Mitarbeiterinnen von Solwodi haben mir dabei sehr geholfen. Ohne sie hätte ich das alles nicht geschafft.

»Wenn das andere Leute tun, musst du es auch tun«

Nigeria: Militärdiktaturen und Menschenrechtsverletzungen

Joy wollte nur eines – weg aus dem krisengeschüttelten Nigeria. Das Land ist zwar seit dem Jahr 1960 unabhängig, doch folgte auf die Souveränitätserklärung der früheren britischen Kolonie keine demokratische Ordnung. Jahrzehntelangen Militärdiktaturen folgte eine Serie von politischen, sozialen und wirtschaftlichen Krisen.

Die koloniale Vergangenheit sowie die diktatorischen Regime führten – trotz einer Reihe zivilgesellschaftlicher und auch international geförderter Initiativen – zu einer Brutalisierung der Gesellschaft.

Das trifft die schwächsten Glieder der Gemeinschaft am härtesten, vor allem Frauen und Kinder. Der Öl-Boom der 1970er-Jahre ließ die Migration innerhalb Nigerias und auch in andere Länder Afrikas sowie Europas in die Höhe schnellen. Denn nun waren genügend Devisen vorhanden, um zu reisen, um Import-Export Geschäfte zu betreiben, um wirtschaftlich zu expandieren.

Diese kurzen »goldenen Jahre« fanden jedoch mit dem Fall der Ölpreise ab 1983 ein jähes Ende. Strukturanpassungsprogramme, Privatisierungen, Entwertung der Währung, Korruption und grenzenlose Ausbeutung der nationalen Ressourcen durch ausländische Unternehmen führten zu einer Verarmung breiter Teile der Bevölkerung. Der wirtschaftliche Kollaps jener Zeit war der größte Push-Faktor für den Frauenhandel aus Nigeria.[19] Weitere Faktoren, die den Frauenhandel gedeihen ließen, sind polygame und somit kinderreiche Familien, Arbeits- und Straflosigkeit, ausgeprägte patriarchale und frauenfeindliche Praktiken wie weibliche Genitalverstümmelung und Hexenverfolgungen sowie die Tradition des »child-fostering«, bei dem

Kinder von Verwandten oder anderen Personen großgezogen werden.

Kameljockeys, Hausmädchen, Sexarbeiterinnen

Kinder sind extrem gefährdet, vor allem innerhalb des Landes gehandelt zu werden. Sie leisten Zwangsarbeit als BettlerInnen, StraßenhändlerInnen, Haushaltshilfen, in der Landwirtschaft und in Steinbrüchen.

Der externe Menschenhandel, also der Handel über die Landesgrenzen hinaus, betrifft vor allem junge Frauen und Mädchen, die in erster Linie in die Sexindustrie verkauft werden. Es gibt jedoch auch Jungen, die in die Sexindustrie oder für den Organhandel verschleppt werden. Der Großteil der Opfer von Frauenhandel kommt, wie Joy, aus dem nigerianischen Bundesstaat Edo State im Süden des Landes.

Was Nordnigeria betrifft, so werden Kinder auch als Kameljockeys und für »Diya«, also Blutgeld, nach Saudi-Arabien verkauft. Menschenhandel für Diya ist eine der brutalsten Formen von Menschenhandel: Die TäterInnen, meist Frauen, nehmen Kinder aus Nigeria zum »Shopping« nach Saudi-Arabien mit. Sie stoßen das Kind vor ein Auto und kassieren dann vom Fahrer das in Saudi-Arabien als Alternative zur Todesstrafe festgesetzte Blutgeld. Die Menschenhändlerin verdient so etwa 20.000 Euro, kehrt zurück nach Nigeria und erzählt den Eltern des Kindes, es sei an einer plötzlich eingetretenen Krankheit gestorben. Die Eltern werden mit 500 Euro für den Verlust ihres Kindes entschädigt und haben selten die Möglichkeit nachzuforschen, was tatsächlich geschehen ist.

Zielländer für Opfer aus Nigeria sind westafrikanische und europäische Staaten, die USA, nordafrikanische Länder und der Nahe Osten (hier vor allem die Vereinigten Arabischen Emirate und Saudi-Arabien). Die Forschung über

Menschenhandel hat sich stark auf Süd-Nigeria konzentriert. Jedoch ist Nord-Nigeria ebenfalls massiv von Menschenhandel betroffen: Alleine von März 2002 bis April 2004 deportierte Saudi-Arabien 9.952 Frauen und 1.231 unbegleitete minderjährige Kinder aus Nord-Nigeria zurück in ihre Heimat.

Nigeria wird auch als Transitland für Menschenhandel Richtung Westafrika, Gabun und Kamerun benutzt. Verschleppte Frauen und Kinder machen auf ihrer Weiterreise in den Nahen Osten und Europa in Nigeria Halt. In den Camps, in denen sie warten, bis sie weiterverkauft werden, müssen sich Frauen und Kinder prostituieren, um ihr Überleben zu sichern.

Evangelikale Pastoren und Juju-Schwüre

Die Prediger, die mit Frauenhandel sehr eng verstrickt sind, sind Juju-Priester – Juju wird in Europa oft Voodoo genannt – und diverse Pastoren evangelikaler Kirchen.[20] Ein Teil der Juju- und der evangelikalen Priester arbeitet eng mit den FrauenhändlerInnen zusammen und verdient damit Tausende von Euros für jedes Ritual. Fast alle Betroffenen aus Nigeria werden vor der Abreise von den Handlangern der Madame, also der Zuhälterin, zu einem der Priester gebracht. Dort leisten sie einen Schwur: Immer beinhaltet er, die HändlerInnen nicht zu verraten. Die Frauen versichern beim Ritual, dass sie nach Ankunft im »goldenen Westen« für ihre Reise sowie für die gefälschten oder bei einer europäischen Botschaft illegal erworbenen Papiere das Geld an die Schlepper abzahlen werden. Meist wird auch die Summe genannt, die die Frauen abzahlen müssen, und es wird ihnen das Versprechen abgenommen, »jede Art von Arbeit« dafür zu machen. Durch den Schwur, der meist dadurch besiegelt wird, dass die Frauen intime Körperteile, wie etwa Schamhaare und Regelblut oder auch Fotos von sich, beim Priester abgeben, begibt sich die Betroffene in eine psychische Abhängigkeit von dem Priester, die noch stärker wirkt als rohe Gewalt. Auch Joy musste diesen Schwur bei einem Juju-Priester leisten.

Dieser Schwur ist das stärkste Mittel, um die Mädchen und Frauen zu jeder Art von Arbeit zu zwingen: Sie sind überzeugt davon, dass er bis nach Europa wirkt und dass die Juju-Männer sofort davon erfahren, wenn eine ihre »Reiseschulden« oder das Geld für das gefälschte Visum nicht zahlt oder im schlimmsten Fall mit der Polizei spricht. Den Schwur zu brechen, bedeutet den Tod oder eine schwere Krankheit für sich selbst oder eines Angehörigen in Kauf zu nehmen.

Bei den Ritualen werden die Frauen unter halluzinogene Drogen gesetzt[21] und oft auch in diesem Zustand vergewaltigt, was dann Geistern zugeschrieben wird. Für Mädchen und Frauen, die mit diesem Kult aufgewachsen sind und fest an seine Wirkung glauben, sind die Drohungen der Priester Realität. So sehr, dass Frauen, die den Schwur nicht erfüllen, tatsächlich glauben, verfolgt zu werden: Sie sehen Geister und hören Stimmen, die sie drangsalieren.

Zudem sorgen die Juju-Männer, aber auch Kriminelle aus den Reihen bestimmter evangelikaler Kirchen, mit brachialen Methoden dafür, dass ihre Drohungen ernst genommen werden. Wird ein Juju-Schwur nicht eingehalten, kommt der Fall vor den Obersten Juju-Gerichtshof: das Ayelala. Auch Joys Eltern wurden vor das Ayelala zitiert: ein schmuckloses weißes Haus an einer Straßenkreuzung in Benin City.

Zahlt eine Frau in Europa nicht oder verweigert sie die Arbeit, werden ihre Angehörigen vor das Ayelala geladen. Es hat schon viele »Todesfälle« nach solchen Besuchen gegeben. Die Familienangehörigen in Nigeria sind also oft in Lebensgefahr und üben daher Druck auf die Mädchen und Frauen in Europa aus, durchzuhalten und die »Schulden« zu bezahlen.

Ein korrupter Polizeiapparat und eine unglaubwürdige Justiz haben in Nigeria den Glauben an den »sauberen« Obersten Ayelala-Gerichtshof gestärkt, trotz dessen offensichtlichen mafiösen Verbindungen zu Menschenhändlern. Juju-Priester sind heutzutage fast unantastbar.

Das Netzwerk der Madames

Auch wenn Joy von der »großen« und der »kleinen« Madame spricht, ist das Netzwerk der Zuhälterinnen und ihrer ZuarbeiterInnen nicht so hierarchisch gegliedert wie etwa bei der Mafia. Im Menschenhandel gibt es keine klaren Befehlsstrukturen – es ist ein Netzwerk, das mit sehr niedrigem Profil arbeitet.

Die meisten Madames waren zuvor Zwangsprostituierte und steigen während oder nach ihrer Ausbeutung auf dem Strich selbst in den Job als Zuhälterin ein. Die Madames tauschen auch häufig Mädchen und Frauen untereinander aus, verkaufen sie weiter oder übernehmen – auf »Kommission« – Frauen von anderen Madames.

Jede Madame unterhält ein eigenes Netzwerk von HelferInnen: In Nigeria arbeiten Rekrutierer für sie, die neue Frauen und Mädchen anwerben. Mittelsmänner besorgen deren Dokumente und eigene Helfer bedrohen, wenn nötig, deren Familien. Auf dem Weg nach Europa unterstützt sie ein ganzes Netzwerk von Schleppern.

Die Madames spielen für die Mädchen und Frauen, die sie ausbeuten, eine seltsame Doppelrolle: Sie sind Unterdrückerinnen und zugleich die einzigen Ansprechpartnerinnen. Sie drohen den Frauen und schlagen sie, aber sie bilden auch die Kontaktstellen zu den Familien. Sie nehmen ihnen das ganze Geld ab, aber versorgen sie mit dem Lebensnotwendigen. Sie schreien sie an, sind aber auch die Einzigen, die sie trösten.[22]

Joy ist eine der wenigen, die nach ihrer Versklavung weder abgeschoben noch umgebracht wurde. Sie schlug auch nicht die Karriere einer Zuhälterin ein. Sie kämpfte mit all ihrer Kraft, und später mit der Unterstützung von Solwodi, für ein Leben in Würde. Solwodi half ihr dabei, trotz der prekären Gesetzeslage für Opfer von Menschenhandel, in Deutschland bleiben zu können. Das war ihr größter Wunsch für sich und ihre Tochter, und der ging in Erfüllung.

CRISTINA
34 ▪ Rumänien

Ich schämte mich, weil ich so naiv war

Cristina wurde von Rumänien nach Deutschland gelockt, vergewaltigt und an einen Zuhälter verkauft. Sie hat Schlimmes erlebt – und dennoch wischt sie ihre Erfahrungen mit einem Satz weg: »Im Vergleich zu anderen Frauen ist mir fast nichts passiert.« Vielleicht ist das Cristinas Strategie, um überhaupt darüber sprechen zu können. Auch wenn sie im Tonfall gefasst und nüchtern erzählt, wirkt sie alles andere als entspannt. Den Oberkörper nach vorne geneigt, die Ellbogen auf den Oberschenkeln abgestützt, sitzt die große, schlanke Frau mit ihrem blonden Pferdeschwanz vor uns. Sie reibt die Hände aneinander, zieht der Reihe nach an allen Fingern, bis sie knacksen – und erzählt. Cristina beantwortet alle unsere Fragen, aber sie hat auch gelernt, all das auszulassen oder lediglich anzudeuten, über das sie nicht sprechen will. Mehrmals entschuldigt sie sich mit den Worten: »Ich habe vieles vergessen. An Details kann ich mich nicht erinnern.«

Cristina ist eine von vielen jungen RumänInnen, die jede Chance ergreifen, um das krisengeschüttelte Land verlassen und andernorts ein besseres Leben finden zu können.

ŞI ASTA ESTE POVESTEA MEA ...

Als Kind habe ich mir immer gewünscht, in ein anderes Land zu reisen, mein Traumziel war Amerika. Gemeinsam mit einer Freundin haben wir solche Fantasien gesponnen. Aber es wurde nicht Amerika, sondern Deutschland. 2002 bin ich hierher gekommen; damals war ich 27 Jahre alt.

Zu dieser Zeit war in Rumänien die Arbeitsmarktsituation sehr schwierig. Ich hatte nicht einmal genug Geld, um die Miete zu bezahlen. Eines Tages sagte ein Bekannter, der Neffe einer Freundin, zu mir: »Ich habe eine Schwester in Deutschland. Sie ist mit einem Türken verheiratet und hat zwei Kinder. Sie ist sehr nett.« Er sah, dass ich gut aussehe, und schlug mir vor, in Deutschland zu arbeiten. »Du kannst zu meiner Schwester gehen«, sagte er, »sie arbeitet in einem Restaurant. Dort kannst du Teller waschen und verdienst viel mehr als hier.« Damals war ich sehr naiv.

Ich sagte Ja. Ich wusste überhaupt nicht, was das alles bedeutete: eine Reise zu bezahlen, eine Arbeit und das Touristenvisum für mich zu organisieren. Ich hatte immer bei meinen Eltern gelebt und war behütet aufgewachsen.

Unbeschwerte Kindheit in Rumänien

Ich hatte eine wirklich schöne Kindheit. Ich wuchs in einer Kleinstadt 70 Kilometer von Bukarest entfernt auf. Meine zwei Geschwister und ich spielten immer draußen in der Natur. Meine Eltern waren sehr gut zu uns, sie sind bis heute Vorbilder für mich. Ich konnte lange einfach Kind sein – obwohl es damals wirklich schwierige Zeiten waren. Denn unter dem sozialistischen Diktator Ceauşescu gab es sehr viel Armut. Trotzdem mussten wir nie Hunger leiden. Meine Eltern arbeiteten hart – mein Vater in einer Oberschule, meine Mutter zuerst in einer Fabrik und dann als Putzfrau. Sie waren gut im Organisieren von Lebensmitteln, von denen es immer zu wenig gab. Produkte wie Bananen und Coca Cola kannten wir damals allerdings nicht.

1991, zwei Jahre nach dem Sturz von Ceauşescu, schloss ich die Schule mit dem Abitur ab. Ich habe dann aber nicht weiter studiert. Mein Abitur habe ich mit der Spezialisierung auf Philologie gemacht. Naturwissenschaftliche Fächer wie Physik oder Chemie lagen mir nicht wirklich, mit Sprache kann ich besser umgehen. Ich wollte in dieser Richtung weiterarbeiten – vielleicht Sekretärin oder Bibliothekarin werden. Meine Mutter wollte, dass ich Lebensmittelkontrolleurin werde, aber wir hatten kein Geld für die Studiengebühren an der Universität und die Lebenshaltungskosten.

Neubeginn in Bukarest

Nach dem Abitur war ich zunächst arbeitslos. Später erhielt ich einen Job in der Textilfabrik, in der meine Mutter arbeitete. Ich stand an den großen Webmaschinen, an denen Stoffballen produziert werden. Dort wurde ich zur Weberin ausgebildet. Von dort gingen die Ballen weiter zu den Nähmaschinen. Ich habe gerne dort gearbeitet, vier Jahre lang. Ich hatte keine Kinder und keine Verpflichtungen, deshalb arbeitete ich auch am Wochenende. Doch dann wurde die Fabrik verkauft, an einen Griechen.

In Rumänien wurde Anfang der 90er-Jahre vieles privatisiert, für uns war das sehr schlimm. In der Fabrik wurde alles schlechter. Zuerst freute ich mich, denn der neue Besitzer beförderte mich zur Kontrolleurin der Ware. Doch er bezahlte uns sehr schlecht. Wir mussten Überstunden machen und er kürzte ständig unseren Lohn. Wir durften nun nicht einmal während der Arbeit sitzen. Ich konnte nicht mehr und wollte zurück zur Maschine, aber der Chef ließ mich nicht. Ich kündigte, weil mir die Arbeit viel zu viel wurde. Schlussendlich hat er die Fabrik angezündet, um das Versicherungsgeld zu kassieren. Das wurde mir später erzählt, als ich schon in Deutschland war.

Mitte der 90er ging ich nach Bukarest und suchte dort Arbeit. Zuerst fand ich einen Job in der Küche eines Casinos. Aber die Arbeitssituation in Rumänien war schrecklich, man hatte keine Rechte als Angestellte. Ich musste hart arbeiten und der Chef behandelte uns sehr schlecht. Er gab mir auch keinen Arbeitsvertrag und nach einer Woche sagte er: »Ab morgen brauchst du nicht mehr zu kommen!« Das machten sie ständig mit uns: Eine Woche lassen sie dich schuften, dann bezahlen sie dir ein bisschen etwas und schicken dich weg. So müssen sie niemanden anstellen, keinen Vertrag machen. Ich suchte überall Arbeit – Putzen, Kochen, egal was. Aber ich verdiente zu wenig. Mit diesen Kurzzeitjobs konnte ich nicht einmal meine Miete bezahlen.

Hinzu kam, dass ich fast niemanden in Bukarest kannte. Im Casino lernte ich eine Frau kennen, die dort als Putzfrau arbeitete. Sie hörte, dass ich eine Wohnung suchte, und bot mir an, bei ihr zu wohnen. Wir teilten uns die Miete und wohnten dort gemeinsam mit ihren zwei Kindern.

Böse Überraschung in Deutschland

Die Frau hatte einen Neffen, Radu, der immer wieder bei uns vorbeikam. Als er mir das Angebot machte, in einem Restaurant in Deutschland zu arbeiten, willigte ich sofort ein. Ich wollte endlich normal leben können.

So fuhren wir schließlich gemeinsam, Radu und ich, mit dem Bus nach Frankfurt.

Dort brachte er mich in ein Hotel. Der Direktor des Hotels war Rumäne. Radu wollte, dass ich mit diesem Mann schlafe.

Ich schämte mich, weil ich so naiv war

Wir gingen in ein Zimmer, der Mann wollte mit mir schlafen, aber ich wollte nicht. Er erklärte mir, wie das Business funktioniert und dass ich das machen müsse, denn sonst hätte ich keine Chance in Deutschland. Ich müsste in der Prostitution arbeiten. Ich weinte und versuchte mich zu wehren. Er vergewaltigte mich.

Wir blieben zwei oder drei Tage in diesem Hotel, ich und Radu. Radu hatte einen Freund angerufen, auch ein Rumäne, der schon lange in Deutschland lebte. Der kam nach drei Tagen mit seinem Auto und holte uns vom Hotel ab. Wir fuhren dann weiter nach Wuppertal, zu einer Tante von Radu, die zwei Kinder hat. Dort schliefen wir eine Nacht.

Dieser andere Rumäne vergewaltigte mich ebenfalls. Ich hatte riesige Angst vor ihm. Was hätte ich schon tun können? Am nächsten Tag fuhren wir zu ihm nach Hause. Er hatte eine Freundin und dort blieben wir eine Weile.

»Radu hat dich verkauft«
Eines Abends kam Horst, ein Deutscher, der sehr sympathisch wirkte. Er war riesengroß und hatte ein nettes Gesicht. Er sah aus wie der Dicke von »Dick und Doof«. Er nahm mich mit in seinem Auto, aber ich konnte überhaupt nicht mit ihm sprechen, da ich kein Deutsch sprach. Wir fuhren in eine Wohnung, ein privater Puff, wo zwei weitere Frauen auf der Couch saßen. Er zeigte mir die Zimmer und gab mir etwas zum Umziehen, einen BH und einen Minirock. So saß ich ein wenig herum und wartete, bis das Telefon läutete. Eine der Frauen gab mir den Hörer in die Hand und eine rumänische Frau meldete sich am anderen Ende der Leitung – endlich wieder jemand, mit dem ich sprechen konnte! Ich habe nie erfahren, wer diese Frau war. Sie fragte mich: »Cristina, willst du diese Arbeit machen? Radu hat dich verkauft.« Ich bekam Angst, sprang auf, schrie und weinte. »Ich bin aus

Rumänien gekommen, um im Restaurant zu arbeiten, ich will diese Arbeit nicht machen!« Ich geriet in Panik. Für Horst war jetzt klar, dass ich nicht freiwillig hier war. Er brachte mich zurück zu Radu. Sobald Horst weg war, nahm dieser die Schlüssel, brachte mich in den Keller und schlug auf mich ein. »Wie führst du dich auf?«, schrie er außer sich vor Wut. »Wenn du deine Arbeit nicht machst, wirst du spüren, was Prügel bedeuten. Du wirst schon sehen!« Ich hatte Angst um mein Leben. Und ich wusste, das schaffe ich nicht lange.

Es waren schreckliche Tage bei Radu. Ich erhielt kaum Essen, weil er wollte, dass ich schön schlank bleibe. Ich lebte in ständiger Angst, denn ich wusste nie, was als Nächstes kommen würde. Mein Hals war so trocken, dass ich kaum schlucken konnte. Ich wollte weglaufen, raus auf die Straße, aber ich traute mich nicht. Ich konnte weder Englisch noch Deutsch und hatte keinen Pass – den hatte mir Radu weggenommen.

Er versuchte dann noch öfter, mich in ein Bordell zu bringen. Wir fuhren mit dem Auto in verschiedene Puffs, aber er schaffte es nicht, mich zu verkaufen. Das machte alles der Freund von Radu, weil er sich in Deutschland auskannte. Radu selbst kannte sich überhaupt nicht aus. Niemand wollte mich, weil ich keine Papiere hatte. Dieser Freund hatte schließlich die Idee, mich mit einem Arbeitskollegen von ihm zu verheiraten – auch ein Rumäne.

Bei diesem Arbeitskollegen sprachen sie nur über Geld, über das viele Geld, das sie mit mir verdienen würden. »Du wirst auch Geld verdienen, wenn die für uns arbeitet«, versuchten sie den Mann zu überreden. Schließlich gingen Radu und sein Freund und sagten, sie würden in der Früh kommen. Dann würden wir alles regeln mit der Hochzeit und den Papieren.

Ich schämte mich, weil ich so naiv war

Cristinas Flucht

Ich war also alleine mit diesem fremden Mann und freute mich so! Ich freute mich, weil die beiden gegangen waren und weil ich mit ihm auf Rumänisch sprechen konnte. Ich wurde plötzlich total hektisch, war glücklich und nervös zugleich, denn ich sah meine Chance gekommen. »Hilf mir!«, bat ich ihn eindringlich. Ich redete auf ihn ein, ob er jemanden kenne, am besten eine Frau, die mir helfen könnte. Er erwähnte, dass er eine Frau gehabt hatte, von der er aber getrennt lebte. Ich wollte sofort zu ihr. Er beruhigte mich und versprach, mich am nächsten Morgen hinzubringen. Und er schimpfte mit mir: »Wie konntest du das nur glauben? Als Frau alleine aus Rumänien nach Deutschland kommen?« Ich schämte mich, weil ich so naiv gewesen war. Aber vor allem hatte ich Angst, dass sie zurückkommen könnten, bevor wir weg wären. Deshalb stellte ich mir den Wecker auf sechs Uhr in der Früh. Aber ich konnte sowieso vor Nervosität die ganze Nacht nicht schlafen und mein Hals schmerzte wieder, so trocken und rau war er.

In aller Früh standen wir auf und gingen zu seiner Exfrau. Radu und sein Freund kamen pünktlich um neun, aber ich war schon weg. Ich blieb ungefähr zwei Wochen bei der Frau. Sie und ihre Tochter haben mir sehr geholfen. Bei ihnen konnte ich endlich schlafen und in Ruhe essen. Diese Frau brachte mich dann zur Caritas und die Caritas brachte mich zu Solwodi.

Schutzengel und ein starker Wille

Ich freue mich heute, weil ich Glück gehabt habe. Mir ist fast nichts passiert, aber andere Frauen mussten sehr wohl als Prostituierte arbeiten. Diese Männer haben Schlimmes mit mir gemacht. Gottseidank bin ich in keinem Bordell gelandet. Heute denke ich, ich hatte einen Schutzengel, der mir den Rumänen schickte.

Cristina, Rumänien

Gemeinsam mit Solwodi haben wir die Männer angezeigt. Ich weiß nicht, ob Radu im Gefängnis gelandet ist. Vielleicht ist er in Spanien, davon redete er manchmal. Auch zu mir sagte er einmal, wenn ich in Deutschland keine Arbeit fände, solle ich nach Spanien gehen und auf dem Straßenstrich arbeiten.

Gegen Radu gab es keinen Prozess, aber gegen den Hoteldirektor und den anderen Mann. Der Prozess war sehr schwierig für mich. Die beiden waren im Gerichtssaal anwesend und so sah ich sie wieder. Ich musste ganz genau erzählen, was sie alles mit mir gemacht hatten, wo sie mich angefasst hatten. Ich schämte mich, darüber reden zu müssen.

Der Hoteldirektor wurde wegen Vergewaltigung zu fünf Jahren Freiheitsstrafe sowie zu einer Zahlung von 6.000 Euro Schmerzensgeld an Cristina verurteilt. In der Begründung wurde erschwerend hinzugefügt, dass der Angeklagte darüber unterrichtet gewesen war, dass Cristina ahnungslos verschleppt wurde und gegen ihren Willen als Prostituierte arbeiten sollte. Der Angeklagte wollte ihr mit seiner Handlung eine »Lektion« erteilen, um sie auf ihren zukünftigen Beruf vorzubereiten. Sein Anwalt versuchte im Prozess, Cristinas Aussage als widersprüchlich darzustellen. Er stellte ihr Detailfragen über den Hoteldirektor, auf die Cristina keine Antwort wissen konnte, um Zweifel zu säen, ob tatsächlich dieser Mann der Täter war. Die Richterin befand Cristinas Aussage jedoch als glaubwürdig und den Angeklagten für schuldig.

Zur Zeit des Prozesses wohnte ich bei Solwodi in der Schutzwohnung. Das war sehr gut, aber auch schwierig. Ich bin mit den anderen Frauen nie ganz klargekommen. Ich hatte der Prostitution entkommen können, aber sie waren in Bordel-

Ich schämte mich, weil ich so naiv war

len gewesen und redeten immer davon. Sie tranken und rauchten sehr viel. Sie hatten sehr schlimme Erfahrungen gemacht, wurden mit der Pistole bedroht, damit sie mit den Männern schliefen und solche Dinge. Dagegen ist mir ja fast gar nichts passiert! Mein Albtraum dauerte nur etwa eine Woche. Ich habe wirklich Glück gehabt, dass ich so schnell flüchten konnte.

Bei Solwodi machte ich einen Intensiv-Deutschkurs und das Deutsch-Zertifikat. Zwei Jahre lang blieb ich dort, dann zog ich mit einem Deutschen zusammen. Das war leider eine schlechte Entscheidung. Wir haben einen Sohn, der jetzt sechs ist. Fast so lange haben wir auch zusammengelebt, aber das war nicht gut für mich und meinen Sohn. Er trank sehr viel. Es wäre besser gewesen, länger bei Solwodi zu bleiben, ich hätte mich nicht so beeilen sollen.

Kämpfen für eine bessere Zukunft
Ich habe nie etwas von Männern bekommen, habe mein Geld immer selbst verdient. Das will ich auch weiterhin tun. Ich bin jetzt selbstständig, lebe alleine mit meinem Sohn. Er kommt dieses Jahr in die Schule. Ich spreche fast nur Deutsch mit ihm, denn das ist wichtig. Ich spreche nur mit meiner Familie Rumänisch, wir telefonieren oft. Ich habe versucht, ihnen von meinen Erfahrungen hier in Deutschland zu erzählen, aber sie wollen das gar nicht so genau wissen. Ich glaube, das ist normal. Als Eltern will man keine schrecklichen Dinge von den eigenen Kindern erfahren.

In Deutschland ist das Leben auch nicht gerade leicht. Die Leute sind sehr zurückhaltend. Es ist schwierig, nette Leute kennenzulernen, richtige Freunde zu finden. Ich möchte hier meinem Sohn ein gutes Leben bieten, einen guten Job haben, etwas mehr Geld verdienen als jetzt und liebe Freunde finden, von denen ich etwas lernen kann.

Cristina, Rumänien

Jetzt muss ich darüber nachdenken, was ich genau machen will. Ich habe das Abitur, aber das alleine reicht nicht. Ich muss mich beeilen, denn ich bin 34 Jahre alt und bald ist es zu spät. Vielleicht mache ich etwas in Richtung Sozialarbeit. Ich weiß es noch nicht. Aber ich habe bisher viel geschafft und bin sehr stolz auf mich!

Ich schämte mich, weil ich so naiv war

»Get tested« – das HIV-Präventionsprogramm von Solwodi in Kenia. Für HIV-positive Frauen werden Selbsthilfegruppen angeboten und Krankenbesuche durchgeführt.

Die Beratungsstellen von Solwodi in Kenia befinden sich in: Mombasa (Zentrale), Malindi, Kilifi, Kwale, Ukunda, Taveta, Watamu, Mtwapa, Mazeras, Mariakani, Maungu und Voi.

In einem Heim für Aids-Waisen in Timboni, das von Solwodi unterstützt wird.

Im Innenhof des Heimes trifft sich wöchentlich die Selbsthilfegruppe von HIV-positiven Frauen und Kindern.

...eer Educator von Solwodi in Watamu: »Ich bin 26 Jahre alt und lebe seit sechs Jahren hier in ...atamu. Meine Eltern sind in Nairobi geblieben. Meine Arbeit am Strich ist hart und ...efährlich, aber ich finde bei Solwodi Unterstützung. Ich komme gerne hierher. Meine ...usbildung bei Solwodi als Peer Educator hat mir und vielen anderen das Leben gerettet. ...chreibst du das bitte auf?«

Am Strand der Sextouristendestination Watamu verkaufen Klientinnen und Peer Educators von Solwodi Schmuck und Handwerk. Sie besuchen zusammen mit einer Sozialarbeiterin Prostituierte in einschlägigen Etablissements und Vierteln, klären über HIV/Aids und andere Gefahren auf, verteilen Kondome und vermitteln Informationen über Ausstiegschancen und alternative Verdienstmöglichkeiten.

»Mit der Hilfe von Solgidi konnte ich 2006 meinen Schulabschluss an einer staatlichen Sekundarschule machen. Und dann durfte ich weiter studieren: am Mombasa Polytechnic University College machte ich einen Abschluss in Gemeindeentwicklung und Sozialarbeit. Das habe ich Solgidi zu verdanken. Durch sie bin ich nie in die Prostitution gekommen. Und das war knapp.« (Senta, 21 Jahre)

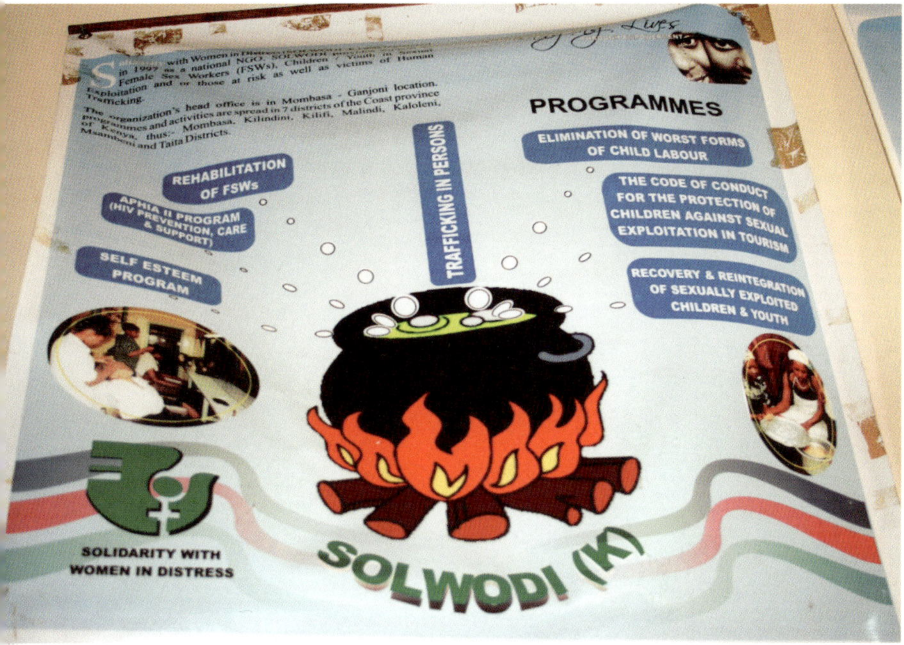

Poster mit einem Überblick über die diversen Arbeitsgebiete von Solwodi Kenia.

Solgidi unterstützt Kinder von Sexarbeiterinnen. Hier führen diese ein Musikstück vor, das sie einstudiert haben.

»In meiner Kindheitsfantasie war Mombasa eine Stadt, in der das Geld auf der Straße lag. Ich glaubte, dass meine Mutter dort in einem Palast wohnt.« (Emily, Solgidi)

»Doch die Realität in Mombasa sah anders aus. Das erfuhr ich erst, als Mutter uns hierherholte. Sie brachte uns direkt in den Slum, dort war ihre ärmliche, kleine Baracke.«

»Das ist mein neues Zuhause«, sagt Emily stolz und führt uns durch die beiden Räume jenes Hauses, das sie mit Hilfe von Solwodi bauen konnte. Die Wände des kleinen Wohnzimmers sind üppig geschmückt, mit knallbunten Postkarten und Jesusbildern.

Ihre Mutter arbeitete als Prostituierte für Sextouristen und starb vor einigen Jahren an Aids. Emily war maßgeblich an der Gründung von Solgidi beteiligt, jener Organisation, die Kinder von Sexarbeiterinnen unterstützt. Im Foto mit Sr. Lea.

Elisabeth Nyambura ist Sozialarbeiterin und Fahrerin bei Solwodi in Mombasa. Durch sie bekommen wir erste flüchtige Einblicke in ein Land voller Widersprüche.

Töchter von Prostituierten oder Mädchen, die aus der Prostitution aussteigen wollen, werden von Solwodi und Solgidi betreut. Auf dem Foto sind deren Mädchen-Fußballteams »Shining Friends« und »Shining Stars« zu sehen.

...ate wurde zusammen mit ihrer Schwester Jennifer von einem Fußballtrainer von Nairobi ...ach Mombasa gelockt. Doch dort wartete keine Karriere als Fußballerinnen auf sie, ...ondern Nötigung und Zwangsprostitution. Sie befreiten sich aus seinen Fängen und ...erden heute von Solwodi betreut.

...r. Lea übergibt den Siegerpokal an die Kapitänin der »Shining Friends«.

Auch Solwodi-Malindi hat ein eigenes Frauen-Fußballteam.

Grace ist heute die Leiterin der HIV-Aufklärungseinheit von Solwodi in Mombasa. Zuvor arbeitete sie jahrelang in der Sextourismusindustrie, um ihre Familie zu ernähren. Sie ist HIV-positiv.

Fatima arbeitete in der Prostitution, um ihre Familie zu versorgen. Sie wird seit vielen Jahren von Solwodi unterstützt und konnte sich mit Hilfe des Vereins vor sechs Jahren als Friseurin selbstständig machen.

Fatima als »Ninja«: »In Kenia nennen wir das den Ninja-Schleier. Ich ziehe ihn an, wenn ich in der Stadt eine Erledigung machen muss und nicht gesehen werden will.«

Rose lebt in Malindi. Sie verdiente das Geld für sich und ihre Familie früher als Sexarbeiterin. Zunächst besuchte sie Informationsveranstaltungen von Solwodi über HIV-Prävention und machte später diverse Ausbildungskurse bei Solwodi. Sie erhielt einen Mikrokredit und ist heute selbstständige – und sehr erfolgreiche – Unternehmerin.

Matopeni ist einer der Slums von Mombasa. Solwodi-Mitarbeiterinnen helfen hier den Frauen, sich in solidarischen Sparvereinen zu organisieren. Wenn jemand erkrankt oder z.B. eine Schuluniform gekauft werden muss, können die Mitglieder des Vereins Geld aus dem Ersparten beziehen.

Sie werden ermutigt, »Support Groups« zu bilden. Diese Gruppen treffen sich wöchentlich und dienen der gegenseitigen Unterstützung bei der Realisierung von alternativen Verdienstmöglichkeiten.

Im Rescue Center Mombasa finden Kinder und Jugendliche Unterschlupf, die Opfer von Gewalt, häufig sexualisierter Gewalt, wurden. Solwodi bietet Unterstützung und Therapie an, damit die Kinder die erfahrenen Menschenrechtsverletzungen verarbeiten können.

Durch das Schutzhaus soll präventiv und rechtzeitig eingegriffen werden, um den Einstieg in die Sexarbeit zu verhindern.

»Ich bin eine starke Frau, weißt du?« Maggie hat sich mit der Hilfe von Solwodi als Friseurin selbstständig gemacht.

»Die Sexarbeit machte ich nicht, weil es mir gefiel. Ich musste es tun. Es gab keinen anderen Ausweg für mich.«

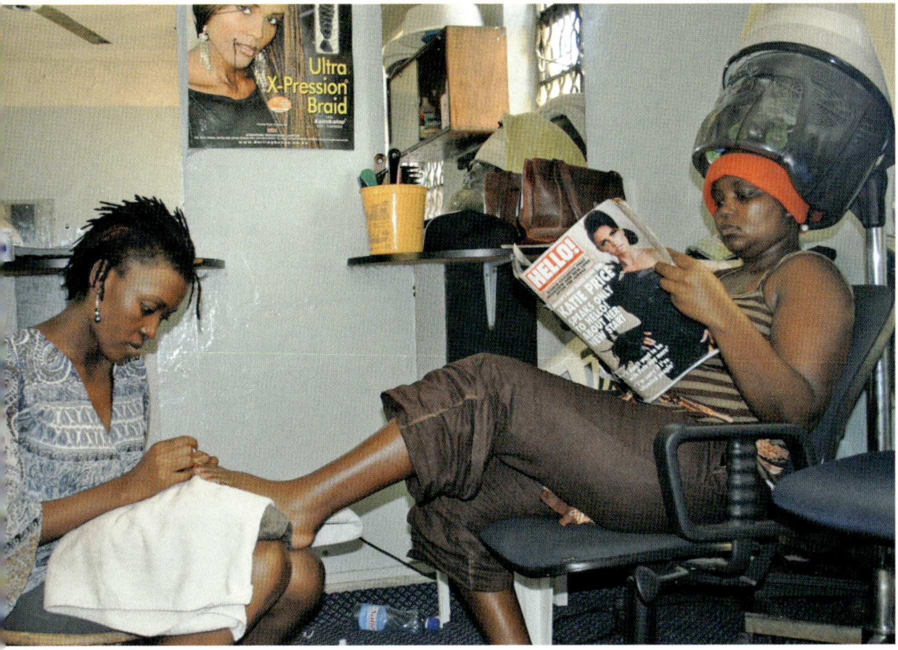

Bonnie ist 24 Jahre alt und stammt aus einer albanisch-serbischen Familie aus Mazedonien. Sie ist Muslimin – »*aber Religion spielt keine große Rolle in meinem Leben.*« Sie floh vor vier Jahren nach Deutschland, um ihrer Zwangsverheiratung zu entgehen. »*Ich muss ja nicht unbedingt heiraten, um zu wissen, was Liebe ist. Ich muss auch nicht unbedingt Kinder bekommen, ich bin doch keine Fabrik! Doch das gängige Frauenbild schreibt das so vor und das ist auch jenes Rollenbild, das in der Öffentlichkeit und in den Medien verbreitet wird.*«

Solwodi half Bonnie, ihren Aufenthalt in Deutschland zu regeln, und bezahlt ihre Studiengebühren. Bonnie studiert Water Science mit Hauptfach Chemie, Mikrobiologie und Analytik. Sie ist glücklich, dass sie auf dem Weg in die Freiheit Unterstützung erhielt und nun eine reale Chance auf eine gute Zukunft hat.»*Ich kneife mich oft, um zu wissen, ob ich träume, aber ich bin wach! Und ich bin hier.*«

Im Gespräch mit Mary Kreutzer (li.) und Alicia Allgäuer (re.).

Rumänien:
Das schwere Erbe des Kommunismus

Cristina erinnert sich an eine unbeschwerte Kindheit in den 1980er-Jahren. Doch für ihre Eltern war es eine schwierige Zeit. Lebensmittel waren rar, man musste sich in langen Schlangen für Essen anstellen. Außerdem geriet in den 80ern das autoritäre Regime des rumänischen Staatsoberhauptes Nicolae Ceauşescu auch politisch immer stärker in die Krise. Die katastrophale wirtschaftliche Situation, die rigide Politik der rumänischen Führung und der sich abzeichnende Zusammenbruch des Ostblocks führten 1989 schließlich zum Ausbruch einer offenen Revolution, in deren Verlauf Ceauşescu hingerichtet wurde. Nach dem Umsturz wurde 1990 der Ex-Kommunist Ion Iliescu zum Staatspräsidenten gewahlt, die Kommunistische Partei verboten, die berüchtigte Geheimpolizei Securitate aufgelöst und die Wirtschaft privatisiert.

Der Umbau von der Plan- zur Marktwirtschaft kam aber nur äußerst zögerlich voran. Regierungswechsel in rascher Folge und ein hohes Maß an Korruption bremsten die wirtschaftlichen Reformen.

Schwarzarbeiten oder auswandern?
Unter diesem Erbe hat das Land bis heute zu leiden: Die Schattenwirtschaft stellt ein kaum zu bewältigendes Problem dar. Nach offiziellen Schätzungen geht knapp eine Million Arbeitskräfte keiner gemeldeten Beschäftigung nach. Rund 40 Prozent der RumänInnen leben auf dem Land; viele davon sind entlassene ArbeitnehmerInnen ehemaliger Staatsbetriebe, die nun den Bauernhof ihrer Familie bewirtschaften. Die Zahl der arbeitslosen Jugendlichen unter 25 Jahren ist mit rund 20 Prozent EU-weit eine der höchsten (Stand 2008).

Für viele ist die Auswanderung die einzige Perspektive. Doch diese Abwanderung von arbeitenden Menschen ins Ausland führte zu einem massiven Bevölkerungsschwund. 2007 waren schätzungsweise 3,4 Millionen RumänInnen im Ausland beschäftigt, davon nur 1,2 Millionen legal.

Die Folgen der Abwanderung sind dramatisch: Es droht eine Überalterung der Gesellschaft, und die wirtschaftlichen Auswirkungen sind kaum abzuschätzen.

Viele Familien sind außerdem von den Überweisungen ihrer Angehörigen aus dem Ausland abhängig: Wurden im Jahr 2002 noch eineinhalb bis zwei Milliarden US-Dollar an Angehörige überwiesen, hat sich diese Summe im Jahr 2006 bereits verdreifacht. Der größte Teil dieses Geldes wird dazu verwendet, den Lebensstandard ein klein wenig zu verbessern; nur ein geringer Teil wird in unternehmerische Aktivitäten investiert.

Während Anfang der 1990er-Jahre nur ein Elternteil, in der Regel der Vater, ins Ausland ging, ist es inzwischen normal geworden, dass Paare gemeinsam das Land verlassen und ihre minderjährigen Kinder Verwandten, Nachbarn oder Freunden anvertrauen. Der fehlende Kontakt zu den Eltern hat zunehmend zu sozialen Problemen geführt. So zeigten sich 2006 die Jugendschutzbehörden alarmiert, da annähernd 60.000 Kinder als potenziell von Armut, Kriminalität und Ausbeutung bedroht eingestuft wurden. Bei einem guten Drittel dieser Fälle arbeiteten beide Eltern im Ausland.

Sozialwaisen und Menschenhandel

Zum Erbe des Ceaușescu-Regimes gehört auch das Phänomen der Sozialwaisen. Das Regime betrieb eine Vielkindpolitik, verbot Geburtenkontrolle, honorierte Geburten finanziell und ermutigte die Eltern dadurch, die Kinder in die dafür vorgesehenen Kinderheime abzuschieben. Bis heute leben zahlreiche Kinder und Jugendliche in Heimen. Nach dem Untergang des Sozialismus verschärfte sich ihre Situation – und viele landeten auf der Straße.

Rumänien gehört mit Bulgarien zu den EU-Ländern mit der höchsten Zahl an Waisenkindern. Diese Kinder sind besonders gefährdet, in die Fänge von Menschenhändlern zu geraten.

Die bereits erwähnte hohe Jugendarbeitslosigkeit und die fehlenden wirtschaftlichen Perspektiven erklären Rumäniens führende Rolle im Menschenhandel. Das betrifft nicht nur die sexuelle Ausbeutung wie in Cristinas Fall, sondern auch den Handel in die Zwangsarbeit. Arbeitskräfte werden etwa in die Landwirtschaft und das Bauwesen »gehandelt« oder in Bettelgruppen organisiert, die in europäischen Großstädten aktiv sind. Auch der Handel mit Eizellen aus Rumänien boomt: Die Lieferantinnen sind häufig arm und noch blutjung.

Rumänien ist heute nicht nur eines der Hauptherkunftsländer des Frauen- und Kinderhandels, sondern auch ein wichtiges Transitland für Opfer aus Moldawien, der Ukraine und Russland. Es bildet einen Knotenpunkt für den Menschenhandel Richtung Westeuropa.

Jährlich werden 20.000 Frauen aus Rumänien verschleppt, Schätzungen zufolge sind zehn bis 15 Prozent von ihnen minderjährig. Die Hauptzielländer sind Frankreich, Italien, Niederlande, Spanien – und, wie im Fall von Cristina, Deutschland.[23]

AYLA

21 ▪ Syrien

Ich hatte keine Ahnung, dass Frauen Rechte haben

Ayla will nie mehr unfrei sein. Sie lebt seit vier Jahren in Deutschland, hat sich aus eigener Kraft aus ihrer Zwangsehe befreit und ein neues Leben begonnen. Ayla ist eine auffallend starke Persönlichkeit, eine Kämpfernatur. Mit ihrer offenen und lebendigen Art zieht sie sofort jede Zuhörerin in ihren Bann. Durch das Erzählen ihrer Geschichte möchte Ayla anderen Frauen in ähnlichen Situationen Mut machen und: »Ich möchte auch meiner Familie beweisen, dass ich das alles allein geschafft habe – ohne männliche Unterstützung.« Vorerst hat sie den Kontakt zu ihren Nächsten jedoch abgebrochen – aus Selbstschutz.

Beim Asylverfahren in Deutschland hielt der Richter fest, dass für sie ein Abschiebeverbot gelte – aus frauenspezifischen Fluchtgründen: Aylas Vater und ihr Ex-Schwiegervater planen, sie in Syrien umzubringen, weil sie die sogenannte Familienehre beschmutzt habe. Aylas Schicksal ist kein Einzelfall in diesem Land, in dem verschiedene Bevölkerungsgruppen und Religionen zusammenleben, die eines gemeinsam haben: Sie behandeln Frauen als »zweites Geschlecht«.

و هذه قصـــة حيـــاتي

Ich wurde in einem kleinen Dorf in Syrien geboren. Meine Eltern wurden geschieden, als ich ein Baby war. Bei uns in Syrien ist es so, dass die Frau nach der Scheidung die Kinder nicht behalten darf – sie sind Besitz des Vaters. Mein Vater schob uns dann zu meiner Großmutter ab. Manchmal schickte er etwas Geld, das war sein einziger Beitrag zu unserer Erziehung.

Als meine Schwester 14 wurde, musste sie meinen Cousin heiraten. Wir wussten nie, was »Kindheit« bedeutet. Ich habe manchmal das Gefühl, dass ich erst jetzt, mit 21 Jahren, Kindheit erlebe. Ich hatte eigentlich keine Eltern, denn meine Mutter und mein Vater waren nie für mich da; doch jetzt habe ich eine wirkliche Familie: Solwodi, meine Beraterin, die anderen Mitarbeiterinnen. Ich erzähle ihnen alles. Wenn es mir schlecht geht, dann leiden sie mit mir. Und wenn es mir gut geht, dann freuen sie sich für mich.

Kein Recht auf eigene Meinung
Wenn du in Syrien sagst, dass deine Eltern geschieden sind, dann mischt sich plötzlich jeder in dein Leben ein. Jeder bestimmt darüber, was du darfst und was nicht. Meine Cousins, meine Onkel, meine Tanten, ja sogar der Mann meiner Schwester konnten über mein Leben bestimmen. Keiner hat mich je gefragt. Ich wurde wie eine Sklavin behandelt, musste putzen, im Haushalt helfen – und das bei meiner gesamten Großfamilie.

Meine Eltern ließen sich scheiden, weil mein Vater eine Cousine meiner Mutter heiratete – als Zweitfrau. Meine Mutter wurde noch am selben Tag von ihrer Familie mit einem anderen Mann verlobt. Bei uns in Syrien ist es ganz schlimm, wenn die Frau nach der Scheidung bei der Familie bleibt. Für die Familie meiner Mutter war diese Heirat eine Notlösung. Was meine Mutter dazu sagte, blieb ohne Bedeutung. Sie hatte noch Glück: Ihr neuer Mann hat wenigstens keine weiteren Frauen geheiratet wie mein Vater.

Die Schule besuchte ich in Syrien nur drei Jahre lang und nur unregelmäßig. Von meiner Familie hat niemand etwas gelernt. Die Mädchen besuchten die Schule höchstens bis zur vierten oder fünften Klasse.

Meine drei Jahre in der Schule »verdanke« ich einem Betrug meines Vaters. Er arbeitete früher in einer Firma und bekam dort für jedes Kind Kindergeld. Vor meiner Geburt hatte er deshalb die Namen von zwei Mädchen in unser Familienbuch eingetragen, die es in Wirklichkeit gar nicht gab. Er hatte Mädchennamen gewählt, weil Jungen später zum Militär müssen und dann die Polizei nach ihnen fragen würde. Nach Frauen fragt niemand. Viele Frauen besitzen heute in Syrien nicht einmal einen Ausweis. Bei meiner Geburt ließ mein Vater meinen Namen auch nicht in das Familienbuch eintragen.

Ein paar Jahre später – ich war noch klein – wurde in Syrien die Schulpflicht eingeführt. Jeder sollte lesen und schreiben lernen. Von da an kamen immer wieder Briefe, dass die jüngere meiner beiden nicht existierenden Schwestern zur Schule gehen sollte. Ich war viel jünger als meine angebliche Schwester und hätte eigentlich noch gar nicht zur Schule gehen dürfen. Trotzdem schickte mein Vater mich hin, denn er hatte jahrelang Geld für die beiden angeblichen Töchter bekommen und tat alles, damit der Betrug nicht aufflog. Aber der Direktor schickte mich wieder nach Hause, weil ich noch zu klein war. Doch ich ging wieder hin. Ein paar Tage später wurde ich wieder nach Hause geschickt. Das ging drei Jahre lang so.

Mit dem Cousin verheiratet

Eigentlich wollte ich nicht aus Syrien weg. Ich wäre gerne bei meiner Großmutter geblieben. Ich dachte, dass es überall auf der Welt so ist wie in Syrien. Dass eine Frau aufwachsen muss, dann heiratet, Kinder bekommt, zu Hause bleibt und die Männer bedient. Ich kannte nichts anderes.

Dass ich heute in Deutschland bin, habe nicht ich entschieden. Gegen meinen Willen sollte ich meinen Cousin heiraten, der gleichzeitig der Schwager meiner Schwester ist. Er ist über 40 Jahre alt und lebt in Deutschland. Mein Vater und mein Onkel beschlossen das so – wir wurden einander versprochen. Ich war damals noch klein und sie erzählten mir immer, dass ich irgendwann meinen Cousin heiraten würde. Als ich 14 war, sollte ich also nach Deutschland reisen. Ich habe Nein gesagt, aber niemand hörte zu.

Die letzte Zeit in Syrien, bevor ich wegging, war die schlimmste Zeit meines Lebens. Ich wurde von allen Seiten unter Druck gesetzt, sodass ich nur noch den Selbstmord als Ausweg sah.

Einmal hatte ich Streit mit meinem Bruder, der mein Radio kaputt gemacht hatte. Er verprügelte mich so brutal, dass ich heute noch denke, dass er nicht mein Bruder sein kann. Als er endlich fertig war, hatte ich Blutergüsse am ganzen Körper. Das Schlimmste daran war für mich aber, dass er es vor aller Augen tat. Meine gesamte Verwandtschaft sah zu, aber niemand griff ein.

Ich schluckte am selben Tag sämtliche Tabletten, die ich finden konnte. Ich wollte, dass durch meinen Tod mein Bruder ins Gefängnis käme. Kurz darauf wurde ich bewusstlos. Was danach geschah, weiß ich nur aus Erzählungen. Meine Oma kam rein und sah mich auf dem Boden liegen. Sie dachte, ich wäre an den Schlägen meines Bruders gestorben. Jemand brachte mich in ein Krankenhaus. Dort wurde mir der

Magen ausgepumpt und ich kam wieder zu mir. Danach musste ich zwei Wochen im Bett bleiben und täglich Spritzen bekommen, bis es mir wieder besser ging. Mein Bruder hat sich nie bei mir entschuldigt. Mein Onkel – und kurz darauf Schwiegervater – meinte damals, man hätte mich doch einfach sterben lassen sollen. »Eine Frau, die sich wegen ein paar Schlägen umbringt, ist das Leben nicht wert.«

Als ich wieder auf den Beinen war, wurde von einem Imam die islamische Ehe zwischen meinem Cousin und mir geschlossen. Eine richtige Hochzeit gibt es nicht. Mein zukünftiger Mann war nicht einmal anwesend. Nur sein Vater war da. Anschließend musste ich zur Familie meines Mannes ziehen. Von da an gehörte ich ihm und durfte nicht mehr bei meiner Familie wohnen. Ich lebte nun also bei meinem Schwiegervater. Er behandelte mich wie eine Sklavin. Morgens weckte er mich immer früh auf und verlangte sein Frühstück. Ich musste putzen, kochen und mich um den Haushalt kümmern. Zwei Jahre lang ging das so, bevor ich nach Deutschland gebracht wurde.

Mit falschen Papieren nach Deutschland
Während dieser beiden Jahre versuchten meine Verwandten immer wieder, mich illegal hierher zu schleusen. Mehrmals wurde ich mit Schleppern losgeschickt, einmal über Damaskus, dann über Ägypten, nur um letztendlich wieder zurück zu meinem Schwiegervater gebracht zu werden.

Einmal saßen wir sogar zwei Monate lang in Ägypten fest. Es waren noch einige andere Mädchen dabei, die nach Deutschland gebracht werden sollten, um zu heiraten. Ein paar Jungs waren auch dabei, die nach Deutschland wollten. Aber die lebten auf den Reisen streng von uns getrennt. Die Schlepper kauften immer für uns ein und wir mussten regelmäßig zum Flughafen gehen und versuchen auszureisen. Es hat nie funktioniert.

Ich hatte keine Ahnung, dass Frauen Rechte haben

Beim letzten Ausreiseversuch stellten die Beamten fest, dass unsere Papiere gefälscht waren. Sie vermuteten, dass wir Kurden wären und der PKK angehörten, und glaubten, dass wir einen Anschlag planten. Wir wurden zum Verhör gebracht – ich und ein anderes Mädchen – und dort wurden uns von einem sehr großen Mann Schläge angedroht, wenn wir nicht aussagten. Obwohl ich ihnen alles erzählte – dass wir nach Deutschland gebracht werden sollten, um zu heiraten –, glaubten sie uns nicht und inhaftierten uns zwölf Tage lang. Wir saßen mit 40 Frauen in einer Zelle. Es war furchtbar heiß dort, die Toiletten waren schmutzig und man fand kaum einen Platz zum Sitzen. Betten gab es keine – wir mussten auf dem Boden schlafen und wenn wir morgens aufwachten, waren unsere Gesichter ganz verklebt von dem Dreck.

Die Polizei brachte uns dann in den Libanon. Von dort aus sollten wir nach Syrien abgeschoben und in Folge inhaftiert werden. Aber die Jungen aus unserer Gruppe hatten Geld und bestachen die Polizisten. So kam es, dass wir wieder nach Syrien zurückkreisen konnten.

Dort wurde dafür gesorgt, dass ich einen Pass auf den Namen meiner erfundenen Schwester bekam. Der Pass war natürlich gefälscht. Laut Geburtsdatum war diese Schwester zu diesem Zeitpunkt bereits 30 Jahre alt. Ich aber war erst 16. Natürlich sah ich nicht so alt aus, aber mein Vater bestach die Beamten. Von Damaskus brachte ein Schlepper mich und einige andere Mädchen mit dem Flugzeug nach Deutschland.

Mein Mann, der Drogenhändler
Über Deutschland wusste ich vor meiner Abreise überhaupt nichts. Was hätte ich schon wissen sollen? Ich kannte weder die Sprache noch die Gesetze. Mein Ehemann hatte meiner Familie erzählt, dass er hier in Deutschland eine Aufenthalts-

erlaubnis, Arbeit und eine Wohnung hätte. Auch das war eine Lüge. Zu Beginn dachte ich, in Deutschland würde es wie in Syrien sein. Ich hatte ja keine Ahnung, dass Frauen hier Rechte haben, dass sie Nein sagen dürfen.

Anfangs lebte ich bei dem Bruder meines Mannes, dessen russischer Frau und ihrem gemeinsamen Kind. Er hatte diese Frau geheiratet, um eine Aufenthaltsbewilligung zu bekommen. Mein Schwager teilte mir mit, dass mein Ehemann im Gefängnis sei. Warum, sagte mir niemand. Ich war die ganze Zeit allein zu Hause und wurde schließlich krank. Weil ich hier keinen Asylantrag gestellt hatte, war ich auch nicht versichert und konnte nicht zum Arzt gehen. Ich war sieben Monate lang in dieser Wohnung, und die Situation mit meinem Schwager und seiner Frau wurde immer angespannter. Ich wollte nur noch weg von dort und so kam es, dass sie mich ins Asylheim schickten, wo ich einen Antrag stellte. Die Asylgründe hatte mein Schwager für mich erfunden.

Eines Tages besuchte ich meinen Mann zum ersten Mal im Gefängnis. Er sah ganz anders aus, als ich ihn in Erinnerung hatte, ganz dünn, mit einer Glatze und Ohrringen. Als ich ihn sah, wollte ich am liebsten wieder gehen. Ich erfuhr nun, dass er wegen Diebstahl und Drogenhandel saß. Noch am selben Tag rief ich meine Familie an und sagte ihnen: »Mein Mann trägt Ohrringe und handelt mit Drogen.« Doch das beeindruckte niemanden.

Vier Monate lang saß ich nun in meinem kleinen Zimmer im Asylheim und weinte. Der Hausmeister hatte wohl Mitleid mit mir und gab mir den Tipp, dass ich einen Platz in der Schule erhalten könnte, was ich tatsächlich erreichte. Man konnte dort vorher Deutsch lernen und dann in die Klasse gehen, die dem Wissensstand entsprach. Ich lernte meine ersten Wörter auf Deutsch und setzte zaghafte Schritte hinaus aus meiner Einsamkeit. Und ich erhielt Informationen.

Ich brach den Kontakt zu meinem Schwager ab. Meine Familie in Syrien wurde wütend und meine Schwester warnte mich: »Papa und dein Schwiegervater planen, dich zurückzubringen und umzubringen! Du kannst dich der Familie nicht widersetzen!« Ich hatte durch den Kontaktabbruch, und weil ich jetzt »alleine« im Asylheim lebte, die Ehre der Familie beschmutzt. Auch meine Schwester wurde mit hineingezogen: Ihr Mann hatte ihr mit der Scheidung gedroht und sie sagte, wenn ich meinen Mann verlassen würde, dann werde sich ihr Mann scheiden lassen und sie würde ihre Kinder nie wieder sehen.

Als der Druck nun auch vonseiten meiner Schwester zu groß für mich wurde, entschloss ich mich zu einem drastischen Schritt: Ich brach den Kontakt zu meiner gesamten Familie ab und informierte den Sicherheitsdienst im Asylheim, dass mich niemand besuchen dürfe.

Drohende Abschiebung, drohende Ermordung

Eines Tages kam ich aus der Schule zurück und sah meinen Schwager und seine Frau am Eingang des Asylheims stehen. Er bedrohte mich. Ich weiß nicht, wieso ich auf einmal so stark war, aber ich geriet in Rage und schrie ihn an: »Hier in Deutschland darf ich Nein sagen, hast du das noch nicht kapiert?« Als er weg war, begann ich zu zittern und zu weinen.

Er kam dann wieder, drei Monate später. Ich solle nach Syrien zurückreisen, ich sei eine Schande für die Familie. »Ich bin doch nicht verrückt, dass ich mit meinen eigenen Füßen in den Tod gehe!« Dann würde er mich bei der Ausländerbehörde denunzieren, drohte er, wegen meines gefälschten Passes. Und das tat er tatsächlich.

Beim darauffolgenden Verhör bei den Behörden brach ich sofort in Tränen aus. Es war klar, dass eine Abschiebung den Weg in den Tod bedeutete. Meine Familie hatte mich bei den

Behörden denunziert, um mich in Syrien umbringen zu können. Ich erzählte nun den Behörden die ganze Geschichte, meine Geschichte. Würden sie mir glauben, wo ich doch bei meinem Asylantrag damals nur Lügen erzählt hatte? Ich hatte einen Anwalt, der mich mit immer höheren Beträgen zu erpressen versuchte. Und ich hatte nichts, außer ein wenig Taschengeld. Schließlich stand ich ohne Anwalt da.

Kaputte Seele
Dann vermittelten die Behörden mir endlich den Kontakt zu Solwodi. Meine Beraterin besorgte mir rasch eine neue Anwältin und half mir, meine wahre Geschichte aufzuschreiben. Die Behörden hatten mir einen Knochentest zur Altersfeststellung verweigert, weil dieser zu teuer sei. Aber Solwodi zahlte ihn und so konnte ich endlich beweisen, dass ich nicht 30 Jahre alt war. Langsam erhielt ich meine Identität zurück.

Ich hatte große Angst vor meiner Familie und wollte nicht länger im Asylheim bleiben. Dank Solwodi konnte ich bald in eine geheime Schutzwohnung umziehen. Trotzdem versuchte ich damals ein letztes Mal, mich umzubringen. Weil ich das alles nicht mehr ertragen konnte. Mein Körper war zwar nun in Sicherheit, aber meine Seele war kaputt. Und ich wusste, dass diese Traurigkeit nie ganz weggehen würde. Alles zu vergessen war unmöglich. Doch seit mein Ex-Mann nach Syrien abgeschoben wurde, habe ich weniger Angst.

Zum Glück habe ich überlebt und meine Beraterin war und ist auch heute noch alles für mich. Ich hatte immer das Gefühl, dass sie meine Mutter, mein Vater, meine Oma, meine Freundin, meine Ärztin und mein Vorbild ist – alles in einer Person. Noch heute rufe ich sie immer an, wenn es Neuigkeiten bei mir gibt. Solwodi hat sehr viel für mich getan und ich möchte etwas zurückgeben, indem ich meine Ziele erreiche.

Vorbild für andere sein

An Deutschland gefällt mir, dass hier Frauen die gleichen Rechte haben wie Männer. Egal, ob man arm oder reich ist, wenn man eine Straftat begeht oder einen Fehler macht, wird man gleich behandelt und dafür bestraft. In Syrien ist das ganz anders. Dort kann man mit Geld alles machen. Das Einzige, was ich hier nicht gut finde, sind die Altenheime. Ich finde es traurig, dass man Kinder bekommt, sie großzieht und am Ende von ihnen ins Altenheim gesteckt wird. Deswegen arbeite ich auch ehrenamtlich in einem Altenheim.

Wenn eine Frau Freiheit hat, kann sie viel bewegen. Dann ist sie sogar stärker als mancher Mann. Das beste Beispiel ist meine Familie. Sie haben drei ihrer Männer hergeschickt, meinen Ex-Mann und seine beiden Brüder. Was haben die bisher geschafft? Sie hatten nur mit Drogen und Alkohol zu tun, haben gestohlen und Frauen für ihre Aufenthaltserlaubnis geheiratet.

Ich jedoch habe mittlerweile meinen Hauptschulabschluss gemacht und einen Platz für eine Ausbildung bekommen. In der Zwischenzeit mache ich den Einbürgerungstest und möchte meine Deutschkenntnisse weiter verbessern. Außerdem möchte ich bald mit dem Führerschein anfangen. Mein größter Wunsch ist, dass meine Familie endlich einsieht, wie viel eine Frau wert ist. Ich wünsche mir, dass ich meine Ziele erreichen werde, und hoffe, dass ich dadurch das Vorbild einer freien und gebildeten Frau sein kann: für meine Cousinen, meine Schwester, meine Nichten.

Syrien:
Wo eine Minderheit über die andere herrscht

Ayla stammt aus Syrien. Die heutige Arabische Republik ist aus dem Osmanischen Reich hervorgegangen. Nach dessen Untergang infolge des Ersten Weltkriegs wurde die Region unter den beiden Siegermächten des Ersten Weltkrieges aufgeteilt: Das heutige Syrien und der Libanon wurden französisches, das heutige Jordanien, Israel und die palästinensischen Gebiete britisches Mandatsgebiet.

Die Bevölkerung des französischen Mandatsgebietes war – wie im osmanischen Vielvölkerreich üblich – alles andere als homogen. Neben der sunnitischen Mehrheit und verschiedenen schiitischen Minderheiten lebten in Syrien und im heutigen Libanon auch christliche Minderheiten. Ein Teil dieser ChristInnen sprach Arabisch, andere sprachen unterschiedliche Dialekte des Aramäischen, welche eine der wichtigsten Sprachen des Nahen Ostens vor seiner Arabisierung war. Die Muttersprache Jesus' war eine Form von Aramäisch. Auch eine armenischsprachige Minderheit lebt in Syrien, welche von der Regierung als solche anerkannt wird.

Keine Anerkennung findet hingegen die größte Minderheit des Landes, die kurdische. Etwas weniger als zehn Prozent der Bevölkerung, darunter Aylas Eltern, sprechen Kurdisch, was etwa 220.000 Personen entspricht. Ayla selbst ist hingegen mit der Mehrheitssprache aufgewachsen – bei ihrer arabischsprachigen Großmutter.

Der Libanon wurde bereits 1943 von Syrien getrennt und in die Unabhängigkeit entlassen, während Syrien erst nach mehreren Aufständen 1944 die Unabhängigkeit erlangte. Danach folgte eine politisch instabile Zeit mit einer Reihe von Staatsstreichen.

Seit dem Putsch von 1963 regiert die arabisch-nationalistische Baath-Partei. 1970 putschte sich innerhalb der Baath-Partei der damalige Verteidigungsminister Hafez al-Assad an die Macht. Seit dieser Machtergreifung der Assad-Familie dominieren vielfach religiöse Minderheiten, wie die aus dem schiitischen Islam hervorgegangenen NusairierInnen oder ChristInnen die syrische Politik.

Unterdrückung der KurdInnen

Während die religiösen Minderheiten eine wichtige ökonomische und politische Rolle spielen, wird die größte ethnische Minderheit, die KurdInnen, massiv unterdrückt. Zuletzt kam es im Sommer 2004 in der mehrheitlich von KurdInnen bewohnten Stadt Al-Qamischli, im Nordosten Syriens, zu gewalttätigen Auseinandersetzungen mit bewaffneten Sicherheitskräften. Die brutale Niederschlagung der Proteste kostete 30 Menschen das Leben, 160 wurden verletzt.

Der arabische Nationalismus der Baath-Partei versteht Syrien ausschließlich als arabischen Staat. Schon 1962 wurde in den kurdischen Gebieten eine außerordentliche Volkszählung durchgeführt, bei der 120.000 KurdInnen zu Flüchtlingen erklärt wurden und sie ihre Staatsbürgerschaft verloren. Heute gibt es in Syrien rund 200.000 »staatenlose« KurdInnen ohne Rechte im eigenen Land. Ihre Kultur und Sprache werden unterdrückt, ihre politischen und kulturellen Organisationen verboten.[24] Auch sonst ist Syrien von einer sehr repressiven Regierung geprägt, die keinerlei Opposition duldet. Kommunistische, islamistische, liberale und demokratische Gruppierungen werden gleichermaßen unterdrückt.[25] Daran hat sich auch nach dem Tod Hafez al-Assads und der Machtübernahme durch seinen Sohn Bashar al-Assad im Jahr 2000 wenig geändert.

»Männliches« Asylrecht

Daher ist Ayla bei weitem nicht der einzige syrische Flüchtling in Deutschland. Heute leben hier etwa 28.350 syrische Staatsangehörige. Die überwiegende Mehrheit ist vor dem repressiven Regime geflohen – die meisten davon KurdInnen. Wie viele Frauen aus geschlechtsspezifischen Gründen – so wie Ayla – flüchten mussten, lässt sich nicht genau sagen, da diese selten explizit erfasst und noch seltener als eigene Asylgründe anerkannt werden.

Das Asylrecht stützt sich wesentlich auf völkerrechtliche Quellen, die eher den in patriarchalen Gesellschaften dem Mann zugeordneten »politischen« Lebensbereich berücksichtigen, während der Frauen zugeschriebene häusliche Bereich als privat angesehen und deshalb nicht einbezogen wird. Dies hat zur Folge, dass noch immer Männer eher dem Bild des »typischen Flüchtlings« entsprechen. Diese Problematik wird durch eine äußerst repressive Haltung gegenüber Flüchtlingen und ein sehr restriktives Asylrecht weiter verstärkt. Flüchtlinge werden eher als Sicherheitsproblem denn als humanitäre Aufgabe wahrgenommen.[26]

Dass frauenspezifische Asylgründe, wie etwa weibliche Genitalverstümmelung, häusliche Gewalt oder Einschränkungen der Partnerwahl seltener angegeben werden, hängt auch mit der Angst vor der eigenen Familie und dem Staat zusammen, der nicht seine BürgerInnen, sondern sich selbst schützt: So müssen etwa syrische StaatsbürgerInnen, »die im Ausland wissentlich falsche oder übertriebene Informationen verbreiten, die die Würde des Staates oder dessen finanzielle Position verletzen«, mit einer Freiheitsstrafe von mindestens sechs Monaten und einer hohen Geldstrafe rechnen.[27] Trotzdem schiebt Deutschland immer wieder Flüchtlinge nach Syrien ab.

Kinderehen und Ehrenmorde: kaum sanktioniert

Trotz der politischen und ökonomischen Dominanz einiger religiöser Minderheiten ist Syrien eines der säkularsten Länder der arabischen Welt. Das Regime versucht, eine weitgehende Trennung von Religion und Staat durchzusetzen. Für Frauen aus wohlhabenden Schichten in Damaskus ergeben sich daraus auch Möglichkeiten, sich Bildung und sozialen Aufstieg zu erarbeiten.

Auf dem Land, in den Stammesgesellschaften[28] und in den konservativen, sunnitisch geprägten Städten in Zentralsyrien ist die Gesellschaft aber sehr patriarchal geblieben. Hier konnten teilweise auch islamistische Gruppierungen Fuß fassen. Heute verschleiern sich in Syrien deutlich mehr Frauen als noch vor einigen Jahrzehnten.

Gerade für Frauen aus ungebildeten und armen Familien aus ländlichen Regionen haben die von der Regierung unterstützten Reformen im Bereich der Frauenrechte bisher nichts gebracht. Dort dominieren weiterhin konservative gesellschaftliche Strukturen – wie es auch in Aylas Familie der Fall war. Armut und Arbeitslosigkeit verfestigen diese Strukturen. Mehr als ein Zehntel der Bevölkerung lebt unter der Armutsgrenze, die Arbeitslosenrate beträgt mehr als neun Prozent. Mädchen vom Lande besuchen deutlich seltener die Schule. Von den Frauen über 15 können 73,6 Prozent lesen und schreiben, bei den Männern beträgt dieser Anteil hingegen 86 Prozent.

Auf dem Land ist es üblich, dass die Familien Eheschließungen arrangieren. Dabei spielt das Alter kaum eine Rolle, denn die Familien aus den verschiedenen Religionsgemeinschaften verheiraten ihre Kinder nach den jeweiligen religiösen Gesetzen. Das bedeutet etwa für sunnitische Muslime, dass die Scharia angewendet wird, nach der Mädchen mit Beginn der Regelblutung ins ehefähige Alter kommen. In der klassischen Scharia gibt es unterschiedliche Meinungen zum Mindestalter für die Eheschließung. Außer der Regelblutung ist auch der neunte Geburtstag verbreitet. In Syrien gibt es jedoch theoretisch ein staatliches Mindestalter für die Heirat, welches 18 Jahre für Männer und 16 Jahre für Frauen beträgt. Gerichtlich kann dieses aber auf 15 bzw. 13 Jahre herabgesetzt werden.[29] Dort, wo der Familienverband und Stämme noch große Bedeutung besitzen – etwa im Nordosten des Landes –, werden Ehen oft durch Frauentausch arrangiert. Damit werden Allianzen zwischen Familien und Stämmen geschlossen. Die Wünsche der betroffenen Frauen und Mädchen spielen dabei kaum eine Rolle – das weiß auch Ayla nur zu genau.

Was Ehrenmorde und Menschenhandel betrifft, werden diese heute vom Staat nicht mehr geleugnet – was nicht bedeutet, dass auch aktiv dagegen vorgegangen wird. Ein erstes Frauenhaus für Opfer von Frauenhandel wurde im Dezember 2008 in Damaskus eröffnet. Ehrenmord ist erst seit 2009 nicht mehr straffrei. Das heißt: Mörder werden zwar nicht mehr – wie bis 2009 üblich – freigesprochen, wenn der Mord darauf abzielte, die »Wiederherstellung der Familienehre« zu ermöglichen. Jedoch besagt das syrische Strafgesetzbuch, dass der Richter in einem solchen Fall absolute Ermessensfreiheit in seiner Beurteilung hat. Schätzungen gehen von jährlich 200 Ehrenmorden in Syrien aus. Im Falle einer Abschiebung könnte auch Ayla ein Opfer dieses Verbrechens werden.

VIRGINIA
46 ▪ Ecuador

Solwodi war mein Rettungsanker

»Tumor bringt 19-jährige Schwangere in Not« und »Ich besiege den Krebs – für mein Baby« titelten Essener Lokalzeitungen im Jahr 2001. Über Medienkampagnen versuchte Solwodi, Geld für die Behandlung der krebskranken jungen Silvana zu sammeln. Trotzdem endete ihre Suche nach einem besseren Leben in Deutschland mit dem Tod. »Es war einfach schon zu spät, der Krebs hatte sich überall ausgebreitet«, erzählt Silvanas Mutter Virginia. Wir besuchen sie in ihrer Wohnung in einer Stadtrandsiedlung von Essen, wo sie mit ihrem deutschen Ehemann, dessen Sohn und Silvanas Tochter Aylin lebt. Im Wohnzimmer hängen viele Fotos – von Virginias Hochzeit, von ihrer Tochter Silvana, von Schwester Leonie. Wir setzen uns mit Virginia auf die Couch, um mehr über sie und ihre Tochter zu erfahren. Virginia beginnt mit leiser, ruhiger Stimme von ihrem Leben in Ecuador zu erzählen: »Silvana wollte Medizin studieren, aber das Geld reichte nicht einmal für unsere täglichen Ausgaben.« So beschloss die damals 19-jährige Silvana im Jahr 2000, ihr Glück in Deutschland zu versuchen – wie schon viele andere Menschen aus Lateinamerika vor ihr.

Y ESTA ES MI HISTORIA ...

Ich wurde in Otavalo geboren. Meine Eltern kamen von dort, aber wir zogen bald in die Hauptstadt, Quito, wo ich aufwuchs. Meine Kindheit war sehr hart. Wir hatten immer wenig zu essen, immer zu wenig von allem. Ich konnte nur in die Schule gehen, weil ich in den Ferien arbeitete. So verdiente ich mir das Geld, um die Schulhefte, ein Paar Schuhe für das ganze Jahr und die Schuluniform zu kaufen. Ich arbeitete in den Ferien für reiche Ecuadorianer und Amerikaner, die in der ecuadorianischen Hauptstadt Quito lebten und eine Kinderbetreuerin oder Haushaltshilfe brauchten. So konnte ich bis zur fünften Klasse in die Schule gehen. Dann verboten mir meine Eltern den weiteren Schulbesuch, weil das Geld nicht reichte. Das war sehr schlimm für mich, ich liebte die Schule und war immer eine sehr gute Schülerin gewesen.

Als ich 13 war, zogen wir in einen anderen Stadtteil, in ein kleines Zimmer. Der Hausbesitzer hatte Kinder und ich freundete mich mit einem seiner Söhne an, der drei Jahre älter war als ich. Wir gingen gemeinsam aus, obwohl ich noch so jung war. Ich ließ mich auf ihn ein, und wir verliebten uns ineinander. Seine Eltern mochten mich aber nicht, weil meine Eltern »Indígenas« sind. Die Eltern meines Freundes verboten ihm, mit mir auszugehen, weil ich eine »india« sei – und daher nichts für ihren Sohn.

Mein Freund und ich trafen uns dann heimlich, drei Jahre lang. Wir verhielten uns wie verrückte Jugendliche. Eines Tages entschlossen wir uns, von zu Hause wegzulaufen. Wir gingen zu einem Onkel meines Freundes, der in einer anderen Stadt wohnte. Wir wollten dort Arbeit suchen und gemeinsam leben. Seine Eltern fanden uns nach einem Monat

Solwodi war mein Rettungsanker

und holten uns zurück nach Quito. Sie akzeptierten mich dann, aber natürlich mussten wir sofort heiraten, weil wir sonst nicht zusammenleben durften. Damals war ich 16. Kurz nach der Hochzeit bekam ich mein erstes Kind, einen Sohn. Er starb ein paar Monate später an einer Krankheit. Wir waren sehr traurig, aber bald wurde ich wieder schwanger, mit Silvana.

Wir besaßen damals überhaupt nichts und so begann ich, bei einer Familie zu arbeiten, die sehr nett war. Dorthin konnte ich auch meine kleine Tochter mitnehmen und selbst, als ich mit 20 wieder schwanger wurde, mit meiner zweiten Tochter, sagten sie: »Bleib bei uns, du kannst deine Töchter mitbringen, das ist kein Problem!« Das war aber alles sehr viel für mich: die Arbeit, die beiden Kinder, unser eigener Haushalt. Zudem begannen die Probleme mit meinem Mann. Er half mir nie, war selten zu Hause und betrog mich standig. Er war ein Schürzenjäger! Ich war von meinen Eltern weggezogen, weil ich ein besseres Leben wollte. Doch das fand ich auch bei meinem Mann nicht. Ich wurde erneut schwanger und verlor dadurch meine Arbeitsstelle. Gerade in dieser schwierigen Zeit verließ er uns und zog zu einer anderen Frau.

Die Mädchen wurden größer, gingen in die Schule. Tagsüber arbeitete ich jetzt in einer Fabrik, morgens kochte ich für die Kinder und sie wärmten es sich zu Mittag auf. Mein Mann war zwar wieder zu uns zurückgekehrt, aber er war überhaupt keine Unterstützung und auch sonst wurde es nicht besser mit ihm. Ich blieb trotzdem bei ihm. Ich hatte ja keine andere Wahl als Frau. Wohin hätte ich denn gehen sollen? Die Jahre vergingen, meine Töchter wuchsen heran und ich versuchte, so gut es ging, für alle zu sorgen.

Dann wurden die Zeiten schlechter, es gab immer weniger Arbeit und die Dinge wurden teurer. Silvana hatte schon die Schule abgeschlossen und wollte gerne Medizin studieren.

Dafür benötigten wir Geld. Ich arbeitete weiter in der Fabrik und Silvana half mir manchmal, aber es reichte trotzdem nicht.

Schuften auf Deutschlands Straßen

Eine meiner Cousinen lebte damals in Duisburg. Auch sie war auf der Suche nach einem besseren Leben nach Europa gekommen. Meine Cousine schlug Silvana vor, nach Europa zu reisen und mit ihr zu arbeiten. Silvana nahm das Angebot an. So kam sie im Jahr 2000 nach Deutschland.

Damals konnte man aus Ecuador noch mit einem einfachen Touristenvisum für drei Monate einreisen. Beide verkauften CDs und Schmuck auf der Straße und Silvana spielte in einer Musikgruppe. Es war eine internationale Gruppe mit Musikern aus Ecuador, Peru und Bolivien. Das klingt alles sehr schön, aber es war eine harte Zeit für meine Tochter. Den ganzen Tag mussten sie auf der Straße stehen und hoffen, dass jemand etwas kaufte. Obwohl sie erst 19 war und viel jugendlichen Elan hatte, war es sehr anstrengend für sie. In Lateinamerika stellt man sich das Leben in Europa viel einfacher vor, als es in Wirklichkeit ist.

Über andere Freundinnen lernte Silvana einen jungen Deutschen kennen – den zukünftigen Vater von Aylin. Nach kurzer Zeit wurde sie schwanger. Doch er wollte das Kind nicht und behauptete, es sei nicht seines. Silvana hatte keine Papiere, als sie schwanger wurde. Sie konnte ihn also nicht anzeigen, um einen Vaterschaftstest durchführen zu lassen. Ebenso wenig besaß sie eine Krankenversicherung. Diese hätte sie aber für all die Schwangerschaftsuntersuchungen gebraucht. Noch dazu würde ihr Touristenvisum bald ablaufen.

Nicht bloß ein Mückenstich

Eines Tages, kurz vor Auslaufen des Visums, bemerkte sie, dass sie eine kleine Schwellung über dem Knie hatte. »Vielleicht hat dich etwas gestochen, eine Mücke oder so. Es wird schon nicht so schlimm sein«, redete ich ihr am Telefon zu. Sie ging zum Arzt. Nach ein paar Tagen rief sie mich an und sagte: »Mama, das ist nicht nur ein Mückenstich, sie sagen, ich hätte eine schlimme Krankheit. Bitte komm her!«

Ich wusste zuerst nicht, wie ich das schaffen sollte, denn zu dieser Zeit wurde es immer schwieriger, nach Europa zu kommen. Meine Cousine half mir dabei, in die Schweiz einzureisen. Sie schickte mir Geld, damit ich ein Konto eröffnen konnte, denn bei der Einreise wurde verlangt, dass man ein Konto mit einer bestimmten Summe vorweisen konnte. Außerdem verlangten sie ein Rückflugticket und eine Hotelreservierung – eine ganze Reise musste man planen. Ich kam in Zürich an, bei Bekannten meiner Cousine, wo ich eine Woche bleiben konnte.

Von einem Spital ins nächste

Silvana ging es immer schlechter. Damals lebte sie bereits bei Solwodi. Solwodi war unser Rettungsanker. Über eine Freundin meiner Cousine hatte sie Schwester Leonie kennengelernt. Die Freundin hatte ihr erzählt, dass sich Solwodi um Migrantinnen kümmert, die in Not geraten waren. Und das war Silvana. Sie war im zweiten Schwangerschaftsmonat, als sie mit Schwester Leonie, der damaligen Leiterin von Solwodi in Duisburg, Kontakt aufnahm.

Ich kam ganz in der Früh aus der Schweiz an. Eine Mitarbeiterin von Solwodi, eine Spanierin, holte mich ab. Wir tranken schnell einen Kaffee und mussten dann sogleich mit Silvana ins Krankenhaus. Es wurden viele Analysen gemacht und nach zwei Tagen erfuhren wir, was sie hatte: eine seltene Art von Knochenkrebs. Sie hatte einen bösartigen Tumor im Knie. Dieser kann grundsätzlich behandelt werden, aber Silvanas Situation war sehr kompliziert. Schwanger und ohne Krankenversicherung – wie sollten wir das alles bezahlen?

Schwester Leonie übernahm die Garantie für die Bezahlung, irgendwie wollte sie das Geld auftreiben. Die Ärzte sagten, das Bein müsse amputiert werden und danach benötige Silvana ein halbes Jahr Chemotherapie. Aber die Narkose hätte das Leben des Kindes beeinträchtigt.

Ich verstand damals noch fast kein Deutsch, daher verstand ich auch nicht genau, was alles gemacht werden musste. Das war sehr schwierig für mich. Dazu kam das Problem mit dem Geld. Wir benötigten Geld für die Amputation des Beines, die Chemotherapie und den Kaiserschnitt.

Die Ärzte fragten mich:»Wollen Sie das Leben Ihrer Tochter oder das Leben des Babys retten?« Ich wusste nicht, was ich tun sollte, aber natürlich war meine Tochter wichtiger für mich. Ich entschied mich für meine Tochter. Silvana entschied sich für das Kind.

Aylin kam am 24. September 2001 per Kaiserschnitt zur Welt, mit nur sieben Monaten. Sie kam in den Brutkasten und zwei oder drei Tage danach wurde Silvanas Bein amputiert.

Während dieser ganzen Zeit hatte Schwester Leonie nicht geruht. Sie startete eine Kampagne in den Medien, um Geld zu sammeln. Wir mussten 260.000 Mark, also 130.000 Euro für die verschiedenen Operationen und die Beinprothese zusammenkriegen. Es kamen Journalistinnen von verschiedenen Zeitschriften zu uns und schrieben über Silvana und ihre Krankheit. Viele Leute halfen uns – ich weiß nicht einmal, wer all diese Leute waren. Viele haben gespendet, sodass wir schließlich genug Geld zusammenbrachten.

Währenddessen lief der Prozess gegen den Vater von Aylin. Es wurde ein Vaterschaftstest durchgeführt und er wurde als leiblicher Vater bestätigt. Damit konnten auch die Papiere für meine Tochter ausgestellt werden. Sie bekam eine Aufenthaltsgenehmigung und konnte eine Krankenversicherung abschließen. Wir lebten ungefähr eineinhalb Jahre im Elternhaus. Das ist eine Einrichtung, die Eltern mit krebskranken Kindern unterstützt. Silvana machte ihre Therapien und es schien, als sei alles in Ordnung. Dann zogen wir in eine kleine Wohnung um.

Bei einer Untersuchung nach ein paar Monaten wurde ein Tumor in der Niere gefunden. Sie wurde wieder operiert. Dann tauchte ein Tumor in der Lunge auf. Sie bekam hohes Fieber und hatte Schmerzen in der Nähe der Wirbelsäule. Sie wurde sofort operiert, aber nach ein paar Tagen sagte sie: »Ich fühle nichts mehr, ich spüre meine Beine nicht mehr!« Sie hatte Angst. Der Arzt hatte uns gewarnt, dass sie gelähmt bleiben könnte. Das trat auch ein.

Eine Zeitlang pflegte ich sie zu Hause, aber es wurde mir alles zu viel. Ich musste auf Aylin aufpassen und arbeiten gehen, ich konnte nicht immer bei Silvana sein. Gemeinsam mit Solwodi beschlossen wir, dass sie eine ständige Betreuung brauchte. Die Ärzte sagten, ihr blieben noch etwa sechs Wochen zu leben. Wir brachten sie in ein Hospiz. Dort starb sie, im September 2005.

Das Leben geht weiter

Es war eine sehr schwere Zeit für mich. Aber mein deutscher Mann unterstützte mich in allem. Wir hatten uns gerade kennengelernt, ein Jahr vor Silvanas Tod. Er übersetzte mir Dokumente, die ich nicht verstand, und war immer für mich da. Anfangs hatte ich nur kurzfristige Aufenthaltsgenehmigungen, die ich jeden Monat verlängern musste. Dann bekam ich ein Visum für drei Monate, dann für sechs und schließlich immer für ein bisschen länger.

Nach einem Jahr heiratete ich meinen Mann. Das war natürlich ein schöner Moment, aber trotzdem war es eine traurige Zeit. Ich hatte kein einfaches Leben. Aber so ist es: Wir alle werden geboren, leben und müssen eines Tages sterben. Ich musste den Tod vieler Angehöriger erleben. Das Leben hat mich gelehrt, stark zu sein.

Jetzt geht es mir gut, wir leben hier zu viert und sind sehr glücklich. Aylin ist eine gute Schülerin. Sie hat sogar einmal pro Woche Spanischunterricht. Das ist sehr wichtig für mich, ich spreche Spanisch mit ihr. Sie versteht alles, aber wie das so ist mit Kindern: Sie will nicht auf Spanisch antworten.

Wir haben in Ecuador die Familie meines Ex-Mannes besucht, denn der Kontakt zu Aylins Großeltern ist mir wichtig. Diese haben mich schlussendlich akzeptiert und jetzt bin ich diejenige, die sie unterstützt und ihnen manchmal Geld aus Deutschland schickt. Ich denke nicht mehr daran, wie sie sich mir gegenüber verhalten hatten. Sogar mit meinem Ex-Mann stehen wir nun in Kontakt. Er lebt in Spanien, aber seine Lage ist sehr kompliziert; es gibt kaum Arbeit und er hatte nie die Möglichkeit, uns finanziell zu unterstützen.

Ich bin sehr dankbar für all die Hilfe, die ich von Schwester Leonie und Solwodi erhalten habe. Ihnen habe ich zu verdanken, dass ich hier ein neues Leben beginnen konnte. Solche Menschen gibt es nicht viele. Es ist, als würde man eine Stecknadel im Heuhaufen finden.

Ecuador:
Letzte Chance Auswanderung

Europa wurde ab den 1970er- und 1980er-Jahren zum Ziel für zahlreiche Flüchtlinge aus Lateinamerika, die den Militärdiktaturen in ihren Ländern zu entkommen suchten. Für ArbeitsmigrantInnen aus Ecuador wurde der europäische Kontinent erst zur Jahrtausendwende zur Hauptdestination – wie auch für Silvana, die im Jahr 2000 aus Ecuador Richtung Norden aufbrach.

Ab Mitte der 1990er-Jahre erlebte Ecuador eine tiefe Wirtschaftskrise. Die Zahl der in Armut lebenden Menschen stieg extrem an: Zwischen 1995 und 2000 verdreifachte sich ihre Zahl beinahe und stieg auf 71 Prozent der Bevölkerung an. Zudem verschärfte sich die soziale Ungleichheit im Land: Im Jahr 2000 verfügten die ärmsten 20 Prozent über 2,5 Prozent des Gesamteinkommens im Land, während die reichsten 20 Prozent über 61 Prozent des Einkommens verfügten.[30]

Bis zur Jahrtausendwende hatte sich das Land auf ökonomischer Talfahrt befunden. 1999 brach das Bankensystem zusammen, die Arbeitslosigkeit sowie die Auslandsverschuldung stiegen weiter an. Auch die Einführung des Dollar als offizielle Währung im Jahr 2000 brachte keine Entspannung der ökonomischen Lage. Allein im Jahr 2000 verließen fünf Prozent der Gesamtbevölkerung das Land.

Vor allem Frauen emigrieren

Insbesondere die Zahl der Frauen, die emigrieren mussten, um den Lebensunterhalt ihrer Familien zu sichern, stieg zu dieser Zeit rasant an. Wurde früher das Gros der Migrantinnen von ihren Ehemännern über Familienzusammenführung nachgeholt, waren es nun zunehmend die Frauen, die zuerst emigrierten und damit das erste Glied in der sogenannten

Migrationskette darstellten – eine Entwicklung, die bis heute anhält.

Nach der Wirtschaftskrise der 1990er begannen viele Frauen vor allem in Spanien und Italien Arbeit zu suchen. Denn zum einen wurde es immer schwieriger und teurer, in die USA einzureisen, während die Einreise in die EU noch relativ unkompliziert möglich war. Zum anderen wurden diese beiden Länder als sprachlich und kulturell ähnlich empfunden, und insbesondere der wachsende informelle Arbeitsmarkt für unqualifizierte weibliche Arbeitskräfte war Anstoß für die Einwanderung.[31]

Aufgrund von Abwanderung der Männer, Scheidung oder Flucht vor der väterlichen Verantwortung müssen immer mehr Frauen allein für den Erhalt der Familie aufkommen. Insbesondere kinderreiche Familien haben dabei ein weitaus höheres Risiko, arm zu werden, als die Durchschnittsbevölkerung. Hatten 1994 noch 18 Prozent der ecuadorianischen Familien einen weiblichen Vorstand, waren es 2007 bereits 25 Prozent.[32]

So kommen viele Faktoren zusammen: Die zunehmende familiäre Last, die auf Frauen geladen wird, fehlende Möglichkeiten zur Einkommensbeschaffung in Ecuador und eine mangelhafte soziale Absicherung lassen oft nur die Migration als Weg offen, um das Auskommen der Familie zu sichern.

Zum anderen forciert auch die Nachfrage nach weiblicher Arbeitskraft in den Zielländern – aufgrund der Überalterung der Gesellschaft und des großen Bedarfs an Pflegepersonal und Hausangestellten – die Migration von Frauen. So wie Virginia in Deutschland arbeiten viele Migrantinnen in Europa in unqualifizierten und unsicheren Positionen: in der Altenbetreuung, als Kindermädchen und als Reinigungskräfte.[33]

Schlecht bezahlte Betreuungsarbeit

Die Migrantinnen kommen also auch nach Europa, weil sie hier gebraucht werden. Europäische Mittel- und Oberschichtsfrauen können es sich leisten, andere Frauen im Haushalt anzustellen, um damit ihre eigene Erwerbsarbeit zu ermöglichen. Um einen geringeren Lohn bezahlen zu können, werden Migrantinnen angestellt, die wiederum, um auswandern zu können, ihre eigenen Kinder in der Obhut anderer Frauen lassen.

Je weiter zurück man die Kette verfolgt, desto weniger »wert« wird diese Fürsorgearbeit, bis hin zur gänzlich unbezahlten Arbeit der großen Schwester, die auf die kleineren Geschwister aufpasst, während sich die Mutter gegen einen geringen Lohn um andere Kinder und Haushalte kümmert.[34]

Die Familienmodelle haben sich in Teilen Europas zwar von den Figuren der Hausfrau und des männlichen Brotverdieners wegentwickelt. Allerdings übernehmen die Organisation und Administration des Haushaltes sowie die Routinearbeiten im Haus trotzdem zumeist die Frauen. Da staatliche oder private Betreuungsleistungen meist rar und zu teuer sind, wird die Doppelrolle – Hausfrau/Mutter und Arbeiterin – an andere Frauen delegiert: entweder über familiäre Netzwerke, beispielsweise Großmütter, oder über bezahlte Hausangestellte, vermehrt Migrantinnen.[35] Obwohl sich diese Dienstleistungen großer Nachfrage erfreuen, wird den Frauen, die sie erledigen, die Einreise und Arbeitssituation nicht gerade leicht gemacht.

Schwierige Einreise in die »Festung Europa«

Die Einreise in die Schengen-Zone wurde in den letzten Jahren immer schwieriger – eine Erfahrung, die auch Virginia gemacht hat. Nach und nach wurden die Bestimmungen für jene Länder verschärft, aus denen viele MigrantInnen nach

Europa kamen – so wie aus Ecuador nach der Wirtschaftskrise. Wer jetzt auch nur Familienangehörige besuchen oder Urlaub machen möchte, muss eine Reihe von schwierigen Voraussetzungen erfüllen, die dennoch keinen Rechtsanspruch auf Einreise darstellen. Unter anderem deshalb ging auch die Zahl der ecuadorianischen EmigrantInnen ab dem Jahr 2004 wieder stark zurück.

Aber auch für jene, die die Einreise nach Europa geschafft haben, ist der Weg oft mit vielen Hürden gepflastert. Da es extrem schwierig geworden ist, mit einer Aufenthalts- und Arbeitserlaubnis im Gepäck in die EU einzureisen, bewegen sich viele Menschen in einem Raum der Rechtlosigkeit. Dies musste auch Silvana erleben, als sie krank wurde. Leistungen, wie ärztliche Versorgung, stehen nur jenen Menschen offen, die im offiziellen Erwerbsprozess stehen.

Trotz dieser widrigen Umstände sparen sich die meisten MigrantInnen förmlich das Essen vom Munde ab, um so viel Geld wie möglich an ihre Familien zu schicken. Paradoxerweise waren es auch genau die Rücküberweisungen jener Menschen, die vor der Wirtschaftskrise ins Ausland geflohen waren, welche die ecuadorianische Ökonomie in den letzten Jahren wieder stabilisiert haben. Diese Devisensendungen sind allerdings auf Dauer sehr instabil, ungleich verteilt und können eine Ökonomie langfristig nicht stützen.[36] Dies zeigt die derzeitige globale Wirtschaftskrise, welche die Rücküberweisungen – vor allem aus Spanien – wieder stark zurückgehen ließ. Auch Virginia schickt heute ihren (ehemaligen) Schwiegereltern regelmäßig Geld, »weil sie es in Quito nicht leicht haben«. Sie hat ihnen verziehen, dass diese sie anfangs nicht akzeptieren wollten. Denn Virginias Eltern kamen aus Otavalo, einer indigen geprägten Region im Norden Ecuadors. Und der Rassismus der städtischen Bevölkerung, die sich als »mestizisch« oder »weiß« versteht, gegenüber »Indígenas«[37] ist seit der Kolonialzeit unverändert geblieben.

Ecuador: »Interkultureller und plurinationaler Staat«

Indígenas werden auf viele Arten im täglichen Leben diskriminiert. Über den indigenen Anteil an der ecuadorianischen Bevölkerung gibt es sehr unterschiedliche Zahlen. Viele Menschen bezeichnen sich selbst lieber als »Mestize/in«: So gaben bei der Volkszählung 2001 lediglich sechs Prozent der Befragten an, zu einer der ca. 20 indigenen Bevölkerungsgruppen des Landes zu gehören, während andere Zahlen von bis zu 36 Prozent sprechen.[38] Ähnlich verhält es sich mit der Schwarzen[39] Bevölkerung Ecuadors – Nachkommen der aus Afrika geholten SklavInnen –, deren Anteil an der Bevölkerung zwischen fünf und zehn Prozent liegen dürfte.

Wer sich selbst und andere wann und zu welchem Zweck als »weiß«, »indigen«, »schwarz« oder »mestizisch« bezeichnet, kann sich von Situation zu Situation ändern und beinhaltet viel mehr als eine bloße Beschreibung äußerlicher Merkmale.

Tatsache ist, dass die indigenen und afro-ecuadorianischen Bevölkerungsgruppen grundsätzlich ärmer sind und über weniger Bildung und Aufstiegschancen verfügen als der Rest der Bevölkerung. Diese Missstände haben aber seit der Mitte des 20. Jahrhunderts zu einer starken politischen Mobilisierung geführt, welche auch in der neuen Verfassung von 2008 ihren Ausdruck fand: Dort wird Ecuador als »interkultureller und plurinationaler Staat« mit zahlreichen Minderheiten- und Autonomierechten festgeschrieben.

Die größte indigene Sprachgruppe Ecuadors stellt jene der Quichua dar, welche vor allem im Andenhochland leben. Dazu zählen unter anderem die »Otavaleños«, zu denen Virginias Eltern gehörten und die aus zwei Gründen auch international berühmt geworden sind: Zum einen gibt es in Otavalo den größten Markt für Kunsthandwerk Lateinamerikas. Die Otavaleños sind berühmt für ihr kunsthandwerkliches Talent. Zum anderen ließ sie ihr Geschick als HändlerInnen Märkte in anderen Regionen und Ländern erschließen, weshalb sie heute »überall auf der Welt zu finden sind«, wie uns Virginia erklärt. Die ersten Emigrationswellen aus Ecuador ab den 1960er-Jahren – insbesondere in die USA, aber auch nach Europa – wurden über Handelsrouten aus der Region Otavalo angestoßen.[40]

Auch 40 Jahre später bestehen diese Routen noch – auf einer dieser »Brücken« zwischen Ecuador und Europa kam Virginias Familie auf der Suche nach Arbeit und einem besseren Leben nach Deutschland.

MARIA

30 ▪ Litauen

Plötzlich war ich bärenstark, denn sie saßen auf der Anklagebank

Maria wurde 1980 als Kind russischstämmiger Eltern in Litauen geboren und lebt nun seit über zehn Jahren in Deutschland. Dass ihre Vergangenheit sie sehr beschäftigt, merkt man ihr an: Maria strahlt eine Grundtraurigkeit aus, die auch wir beim Gespräch spüren. Trotzdem wirkt sie wie eine sehr starke Frau. Als sie zu erzählen beginnt, spricht sie ruhig und sachlich über das Erlebte. Maria verließ mit 18 Jahren ihr Land, »in der Hoffnung auf ein besseres Leben«, und um ihren Eltern finanziell zu helfen – und geriet in die Zwangsprostitution. Obwohl Maria zerbrechlich wirkt, bewies sie gegen ihre Peiniger große Stärke und Entschlossenheit: Am Ende sagte sie in einem Strafprozess gegen den Menschenhändlerring aus.

So wie Marias Familie gerieten viele Menschen in Litauen nach dem Zerfall der Sowjetunion in eine ökonomisch aussichtslose Lage – eine Situation, die dem Menschenhandel Tür und Tor öffnete.

И вот это моя история ...

Ich komme aus einfachen Verhältnissen. Mit meinen Eltern habe ich früher in einer Einzimmerwohnung gelebt, die Küche teilten wir uns mit drei weiteren Familien. Mein älterer Bruder konnte aus Platzmangel nicht bei uns leben, deshalb wohnte er bei meinen Großeltern auf dem Land. Ich konnte die Realschule abschließen und hatte dann kurz Arbeit in einem Krankenhaus. Nach zwei Jahren verlor ich jedoch die Stelle und fand keine andere Arbeit. Ich kann mich an die depressive Stimmung zu Hause gut erinnern. Wir wussten nicht, wie es weitergehen sollte, und dann wurde mein Vater auch noch krank. Er war jahrelang als Kapitän zur See gefahren und hatte während einer Reise auf dem Schiff einen Schlaganfall erlitten. Er hatte nach dem Schlaganfall einen Behinderungsgrad, mit dem er eigentlich nicht mehr arbeiten durfte. Trotzdem versuchte mein Vater immer wieder, seine Arbeitspapiere zu fälschen, um Geld zu verdienen. Letztendlich lebten wir aber größtenteils von dem geringen Verdienst meiner Mutter. Für die Medikamente meines Vaters war meist zu wenig Geld da.

Die Arbeitsmarktsituation in Litauen war sehr schwierig. Vor meiner Geburt hatte meine Mutter eine gut bezahlte Stelle in der Verwaltung eines großen Unternehmens. Nach dem Zerfall der Sowjetunion hatten es russisch-stämmige Familien nicht leicht. Alle Arbeitsstellen, die meine Mutter danach hatte, waren zeitlich auf zwei oder drei Jahre befristet. Irgendwann fand sie keine Arbeit mehr – vermutlich, weil sie keine Litauerin war.

Die Annonce klang ehrlich

Ich begann, täglich die Annoncen in Zeitungen und Zeitschriften zu durchforsten. Englisch hatten wir in der Schule gelernt und ich erhoffte mir durch einen zusätzlichen Sprachkurs einen guten Job in einer Firma. Leider ohne Erfolg, denn wie das in Kleinstädten so ist, werden freie Stellen fast ausschließlich im Bekannten- oder Verwandtenkreis vergeben. Irgendwann war klar, dass ich ins Ausland gehen musste, um Geld zu verdienen. Au-Pair-Mädchen waren offensichtlich gefragt, also informierte ich mich zunächst darüber, was es bedeutete, als Au-Pair im Ausland zu arbeiten, da dieser Begriff bei uns relativ unbekannt war. Im Freundeskreis wurde mir gesagt, dass Au-Pair ganz andere Dinge tun mussten, als auf Kinder aufzupassen – und dass sie betrogen und ausgenutzt werden. Au-Pair war also ausgeschlossen.

Eines Tages sah ich eine Anzeige, in der klar und deutlich geschrieben stand, wofür man Mädchen suchte. Für die Arbeit in einem deutschen Club – als Prostituierte. Es war mir also klar, worauf ich mich einlassen würde. Der angebotene Verdienst, 10.000 DM, also 5.000 Euro in drei Monaten, war mehr, als ich je in Litauen verdienen würde. Ich sagte mir, dass es so noch immer besser sei, als unter einem falschen Vorwand ins Ausland gelockt und dann im schlimmsten Fall unter Gewaltanwendung festgehalten und ausgebeutet zu werden. Ich dachte, ich mache lieber einen Vertrag mit einem Club, der nicht mittels Lügen anwirbt. Vorher informierte ich mich, wie diese Clubs in Deutschland aussehen und unter welchen Bedingungen man dort arbeitet. Ich wollte nicht wirklich als Prostituierte arbeiten. Für mich war klar, dass ich nur für drei Monate nach Deutschland gehen würde, für die Länge meines Visums. Danach würde ich nach Hause fahren und alles vergessen.

5.000 Euro, allein der Gedanke an diese Summe war für mich damals unbeschreiblich. Damit hätte ich die Medikamente für meinen Vater bezahlen und meiner Familie ein besseres Leben ermöglichen können. Selbstverständlich hatte ich große Angst vor der Reise und vor dem, was mich erwartete. Aber es gab keine Alternative.

Der Mut zur Flucht fehlte

Mit mir – ich war damals 18 – wurde noch ein junges Mädchen, eine 17-Jährige, nach Deutschland gebracht. Wir kamen zunächst in einen Club. Von dort nahmen uns drei Männer mit in ein Restaurant. Einer von ihnen war Litauer, er war fast immer als Übersetzer mit dabei. Sie erklärten uns, wie alles funktionierte. Was wir machen mussten und wie viel wir an den Chef des Hauses abzugeben hatten. Wir mussten rund zwei Drittel unseres Verdienstes abliefern! Mit dem Rest sollten wir Lebensmittel, Arbeitskleidung und was wir sonst noch benötigten, bezahlen. Nachdem wir in dem Restaurant gegessen hatten, nahmen die Männer uns mit in eine Disko. Später fuhren sie mit uns in ein Hotel, um uns »auszuprobieren«. In der zweiten Nacht kam der Chef mit einem anderen Clubbesitzer. In dieser Nacht wurde ich brutal vergewaltigt. Darüber will ich nicht mehr sprechen. Für mich war klar, dass ich sofort weg musste, weg, nach Hause. Aber dazu war es nun zu spät.

Nach dem Übergriff wurde ich in den Club gebracht. Ich weiß heute nicht mehr, was in den darauffolgenden Tagen genau passierte, außer, dass ich drei Tage lang weinte. Ich konnte mich einfach nicht beruhigen. Damals fehlte mir der Mut zur Flucht. Ich hätte ja auch nicht gewusst, an wen ich mich auf der Straße wenden sollte oder wie ich den Bahnhof finden könnte. Ich konnte kein Wort Deutsch. Die einfachsten Sachen wurden dadurch zum unlösbaren Problem.

Ich arbeitete nun im Club – Monat für Monat. Mein Visum lief ab und wurde wieder verlängert. Das regelten alles die Zuhälter. Als es schwieriger wurde, meinen Aufenthalt zu verlängern, wurde ich verheiratet. Ich lebte natürlich nicht mit meinem neuen »Ehemann« zusammen. Ich war Tag und Nacht im Club. Für diese Ehe wurden mir 7.500 Euro in Rechnung gestellt. Auch die Kosten der Reise nach Deutschland, Ausgaben für Kleidung und Schuhe und alles Weitere musste ich abarbeiten. Alleine hinausgehen und einkaufen konnten wir nicht – es musste immer ein Aufpasser dabei sein. Für Kleidung und Schuhe kamen sowieso Vertreter direkt in den Club, bei denen wir die Sachen bestellten.

Der Chef und seine Freunde feierten oft Partys, mit vielen Drogen – Kokain und allem möglichen. Da ging es sehr brutal zu und auch ohne irgendwelchen Schutz. Rücksicht haben sie nie auf uns genommen. Wenn eine Frau zum Beispiel ihre Monatsblutung hatte, musste sie trotzdem arbeiten. Damit die Kunden nichts merkten, wurden wir gezwungen, Naturschwämme einzuführen. Das war sehr unangenehm. Häufig mussten wir uns gegenseitig dabei helfen, die Schwämme wieder zu entfernen, weil sie teilweise so tief gerutscht waren, dass man sie alleine nicht mehr herausbekam. Bei einem der Mädchen musste der Schwamm operativ entfernt werden.

Wenn ein Mädchen sich wehrte, wurde es verprügelt, denn Mädchen, die sich wehren, nutzen dem Zuhälter nichts. Ich habe mir schnell angewöhnt, einfach alles zu tun, was von mir verlangt wurde, damit ich nicht geschlagen werde. Alles. Unauffällig sein, ganz ruhig im Hintergrund, nie Nein sagen. Eines Tages kam ein Kunde mit sehr extremen Wünschen. Wir wurden nacheinander gefragt, wer bereit ist, mit ihm mitzugehen. Ich habe mich damals gewundert, dass wir überhaupt gefragt wurden. Eines der Mädchen ging mit ihm auf ein Zimmer und spät in der Nacht, als sie fertig waren, ist sie nackt vor ein Auto gelaufen. Sie hat schwer verletzt überlebt.

Maria, Litauen

Die meiste Zeit verbrachte ich im Club. Aber wenn in anderen Clubs Bedarf bestand, dann wurden wir dorthin gebracht – also praktisch weitervermietet. Einmal wurde ich zu einer Art Autobahnraststätte gebracht. Dort waren nur LKW-Fahrer. Es war kalt und einfach schrecklich. In dem Moment, als ich dort hineinging, fing ich an zu weinen und konnte mich nicht mehr beruhigen. Die Chefs von dem Laden beschwerten sich dann beim Zuhälter und er musste mich abholen. Daraufhin bekam ich großen Ärger. Auch darüber will ich nicht mehr reden. Ich verstand dann: Es lohnt sich nicht, sich zu wehren.

Ein Mädchen hat sich einmal gewehrt. Daraufhin wurde sie ganz übel zugerichtet. Sie haben sie verprügelt und anschließend mit einer zerschlagenen Glasflasche vergewaltigt. Bei ihr war einfach alles kaputt. Uns war klar, wozu diese Männer fähig waren.

Razzien ohne Erfolg

Es gab natürlich auch oft Razzien in dem Club, aber die endeten selten erfolgreich für die Polizei. Irgendwie wurde der Clubbesitzer immer vorgewarnt, wenn eine Razzia geplant war. Wir wussten das bereits Tage vorher. Von einem Zimmer aus konnte man durch ein Fenster auf das Dach gelangen und viele von uns kletterten dann jedes Mal hinauf und warteten dort, bis alles vorbei war. Manchmal wurden wir auch von dem Aufpasser in eine Cafeteria gebracht, während die Razzien stattfanden.

In der Zeit, in der ich in diesem Club gearbeitet habe, sind vielleicht zwei Razzien geglückt. Bei der zweiten Razzia war ich bereits verheiratet, aber bei der ersten wurde ich zusammen mit anderen Mädchen auf das Polizeirevier gebracht. Der Anwalt des Zuhälters hat uns dann mit irgendwelchen Tricks wieder rausgeholt. Aber vorher hatte einer der Polizisten in einer Zigarettenpackung seine Telefonnummer versteckt und sie einem Mädchen gegeben. Er sagte, wenn wir Probleme hätten, sollten wir uns bei ihm melden. Wir haben lange überlegt, ob wir es wagen sollten. Eines Tages vereinbarten wir einen Treffpunkt mit dem Polizisten und gingen unter einem Vorwand aus dem Club. Mit dem Zug fuhren wir in die nächstgrößere Stadt und trafen dort am Bahnhof zwei Polizisten. Wir machten eine Aussage, aber das war nur inoffiziell, weil wir nicht auf dem Revier waren. Die Polizisten notierten alles und sagten uns dann, dass wir unsere Aussage noch einmal auf dem Polizeipräsidium wiederholen müssten und bereit sein sollten, auch vor Gericht auszusagen. Anschließend fuhren wir wieder in den Club zurück.

Einmal richtete mich der Aufpasser übel zu. Ich musste dann ins Krankenhaus gebracht werden, weil ich wegen der Tritte schlimme Schmerzen im Bauch hatte. Ich konnte weder laufen noch sitzen. Die Schmerzen wurden unerträglich. Ich blieb vier Tage im Krankenhaus und es wurden mehrere Tests gemacht, darunter auch ein Bluttest. Dabei wurde festgestellt, dass ich eine Entzündung im Blut hatte, aber man konnte zunächst nicht feststellen, woher diese kam.

Nach vier Tagen holte mich der Aufpasser im Krankenhaus ab und ich musste unterschreiben, dass ich auf eigenes Risiko entlassen werden möchte. Gesagt hat niemand etwas und ich selbst war wie verstummt, denn ich hatte ja noch nicht einmal eine Krankenversicherungskarte. Trotzdem wurde das alles irgendwie geregelt und die Kosten dafür musste ich sicherlich auch abarbeiten. Das weiß ich nicht mehr genau, denn ich habe irgendwann den Überblick über das Geld verloren. Meine »Schulden« waren ins Unermessliche gestiegen.

Heimkehr nach Litauen

Dann hieß es plötzlich, ich solle nach Litauen reisen, um mein Visum verlängern zu lassen. Ich sagte natürlich, dass ich zurückkäme. Ich glaube, dass alle fest damit gerechnet haben, dass ich wiederkomme. Ich hatte ja nie große Schwierigkeiten gemacht und galt als braves Mädchen. Auch den Krankenhausaufenthalt hatte ich nicht für eine Flucht genutzt.

Sie ließen mich also fahren. Ich hatte nach all den Monaten nur ein paar 100 Euro für mich auf die Seite bringen können. Das war mein ganzes Geld. Ich habe, was das betrifft, auch überhaupt kein Zeitgefühl mehr. Ich könnte heute nicht mehr sagen, wie lange ich insgesamt in diesen Clubs gearbeitet habe und wie viel ich verdient habe, bzw. wie viel ich abgeben musste. In dieser Zeit ist einfach so viel passiert.

Dann war ich zu Hause bei meinen Eltern. Ich hatte in der Zwischenzeit schon ein wenig Deutsch gelernt und dachte, dass ich damit vielleicht eine gute Arbeitsstelle in Litauen bekommen würde, schließlich war Deutsch dort eine willkommenere Sprache als Englisch. Ich wollte alles, was mir passiert war, vergessen und verdrängen. Es schien mir zunächst auch zu gelingen.

Aber eines Tages rief mich meine Mutter ans Telefon. Sie sagte, da wäre ein Mann dran, der Deutsch spreche. Es war einer der Polizisten, bei denen wir die Aussage gemacht hatten. Er fragte, ob ich bereit wäre, vor Gericht auszusagen. Er erzählte mir auch, dass sie einige Männer verhaftet hätten. Kurze Zeit später kam die Einladung.

Bärenstark und wütend

Ich flog also zurück nach Deutschland. Die Polizei holte mich am Flughafen ab. Sie erklärten mir, was weiter geschehen würde. Für die Zeit der Gerichtsverhandlung würde ich in einem Frauenhaus wohnen. Ich erhielt Kontakt zu einer Mitarbeiterin von Solwodi. Ich wurde gefragt, ob ich wirklich bereit wäre auszusagen. Und das war ich.

Ich war extra nach Deutschland gekommen, um diese Aussage zu machen. Nach langer Zeit hatte ich endlich wieder das Gefühl, eine Aufgabe zu haben. Ich war wohl auch eine von den wenigen, die nicht überredet werden mussten, vor Gericht gegen die Zuhälter auszusagen. Aber ich hatte auch furchtbare Angst, diesen Menschen vor Gericht gegenüberzutreten und sie alle wiedersehen zu müssen. Diese Vorstellung war für mich die allerschlimmste, und ich musste auch lange psychologisch darauf vorbereitet werden.

Als es schließlich zur Verhandlung kam, konnte ich den Leuten in die Augen sehen. Plötzlich war ich bärenstark – denn sie saßen auf der Anklagebank. Sie versuchten verzweifelt, mich mit ihren Blicken einzuschüchtern oder zu beeinflussen. Es hat mich nicht beeindruckt. Im Gegenteil, meine Wut ist dadurch nur gewachsen. Ich wurde während meiner Aussage auch richtig laut, weil ich so wütend war.

Es geht um uns alle

Für mich war damals klar, dass es letztendlich um uns alle geht. Um alle Mädchen, die in diesen Clubs unter diesen Bedingungen arbeiten mussten. Und mir war wichtig, dass diese Männer so etwas nie wieder machen. Mir ging es darum, dass die Männer verurteilt werden. Es waren so viele angeklagt, ein ganzes Netzwerk. In den Medien wurde viel darüber berichtet, unter anderem auch, dass einige von ihnen sich im Ausland ein schönes Leben machten mit dem Geld, das wir Frauen für sie verdient hatten.

Was mir auch viel geholfen hat, war die familiäre Atmosphäre in dem Haus von Solwodi.

Meine Mutter wusste von alledem nichts. Ich denke, wenn sie es erfahren hätte, würde sie schon lange nicht mehr leben.

Als Elternteil wünscht man sich doch nur das Beste für seine Kinder. Während meiner Gefangenschaft im Club telefonierten wir oft. Sie erzählte mir, dass sie oft Albträume habe, in denen ich vorkam. »Geht es dir wirklich gut, mein Kind?« Sie wusste nichts. Ich musste mich sehr anstrengen, damit sie nicht mitbekommt, dass ich weine.

Ich weiß nicht, ob meine Mutter vielleicht einmal einen Verdacht hatte – gesprochen hat sie darüber jedenfalls nicht. Aber sie weiß, dass es mir jetzt gut geht. Nach dem Prozess wurde die damals erzwungene Ehe geschieden und ich habe um einen eigenen Aufenthaltstitel angesucht. Ich hatte nun endlich die Chance auf ein besseres Leben in Deutschland. Mittlerweile habe ich eine feste Stelle. Vor ein paar Jahren hat meine Mutter mich besucht und begleitete mich sogar zur Arbeit. Da war sie natürlich ganz stolz.

Bei Solwodi konnte ich durch die vielen Gespräche endlich Zukunftsperspektiven entwickeln. Ich wurde in einer Schule angemeldet, was für mich am Anfang natürlich sehr schwer war. Viele Begriffe kannte ich noch nicht einmal in meiner Muttersprache und wusste nicht, wie ich sie übersetzen sollte. Die Betreuerin bei Solwodi hat mir dann oft bei den Hausaufgaben geholfen, auch wenn sie dafür etliche Überstunden machen musste. Und Solwodi half mir, eine kleine Wohnung zu finden.

Mit Schwester Lea im Fernsehen

Einmal war ich mit Schwester Lea zu Gast in einer Fernsehsendung und habe dort anonym meine Geschichte erzählt. Aber die Redaktion hat ihr Versprechen nicht gehalten und meine Stimme nicht verstellt. Als ich am nächsten Tag zur Schule kam, sprach mich mein Lehrer auf die Sendung an. Er hatte mich an der Stimme erkannt. Mir kamen sofort die Tränen.

Bevor Litauen zur EU kam, war es schwierig mit meinem Aufenthalt. Einmal wurde mir geraten, noch einmal zu heiraten, um in Deutschland bleiben zu können. Die Vorstellung fand ich ganz furchtbar, aber zum Glück gehört es zu Schwester Leas Philosophie, dass die Frauen selbstständig werden sollen und nicht heiraten müssen, um einen Aufenthalt zu bekommen. Jetzt habe ich seit sieben Jahren einen Lebensgefährten, der mein neues Zuhause ist – dafür ist Heiraten ja nicht notwendig. Und mein zweites Zuhause wird wohl immer das Solwodi-Haus bleiben.

Ich denke noch oft über meine Vergangenheit nach. Manchmal ertappe ich mich dabei, wie ich im Internet nach den Namen meiner ehemaligen Zuhälter suche. Diese Erfahrung lässt einen nicht los. Aber ich bin froh, dass man mir geholfen hat. Manchmal sehe ich in die Sterne und bin einfach nur dankbar dafür, endlich glücklich zu sein.

Litauen:
Eine Geschichte von Ansiedlung und Vertreibung

Maria ist in Litauen aufgewachsen. Ihre Vorfahren sind aus Russland zugewandert – ein kleines Puzzlestück in Litauens äußerst wechselhafter Geschichte, die im 20. Jahrhundert schließlich in eine Geschichte der Vertreibungen mündete: Die besondere geografische Lage zwischen der sowjetischen und der deutschen Einflusssphäre war einer der Hauptgründe dafür. 1940 kam es zu Massenvertreibungen durch die sowjetische, dann durch die deutsche Besatzung und schließlich nach der Annexion durch die UdSSR zu Deportationen großer Bevölkerungsteile. Nach dem Zweiten Weltkrieg wurden die Baltendeutschen vertrieben und die ethnischen Gruppen aus der Sowjetunion im Sinne einer Politik der Russifizierung nach Litauen umgesiedelt. Um die baltischen Republiken eng an die Moskauer Zentralmacht anzubinden und Unabhängigkeitsbestrebungen entgegenzuwirken, siedelte man Bevölkerungsgruppen aus der Russischen Föderation, der Ukraine und aus Weißrussland planmäßig in die baltischen Republiken um. Hinzu kamen ArbeitsmigrantInnen aus der Sowjetunion, die im Zuge von Industrialisierungsprozessen ins Baltikum einwanderten. Bis heute hat das Land mit den ökonomischen und sozialen Nachwirkungen der jahrzehntelangen politischen Fremdbestimmung zu kämpfen.

»Brain-Drain« als Folge des Zerfalls der Sowjetunion
Nach Erlangung der Unabhängigkeit 1990 kehrten Exil-LitauerInnen zurück, während andere umgesiedelte ethnische Gruppen das Land verließen, hauptsächlich in Richtung Russland und Ukraine. So hat sich beispielsweise der Anteil der russischen Minderheit seit 1989 von 12,3 auf 6,3 Prozent der Gesamtbevölkerung halbiert. Für RussInnen wie Maria

hat sich die Situation nach der Unabhängigkeit eher verschlechtert: Anders als vorher sind sie nun nicht mehr die »bevorzugte« Bevölkerungsgruppe. Das Verhältnis zur russischen Minderheit ist in allen baltischen Staaten von Spannungen geprägt. Die gute kulturelle Infrastruktur für ethnische RussInnen, das kulturelle Angebot in deren Muttersprache sowie russischsprachige Bücher und Zeitungen bieten für viele zudem wenig Motivation, die Landessprache zu lernen. Die ethnischen RussInnen in Litauen sind zwar besser integriert als in den anderen baltischen Staaten; trotzdem sind diese unter anderem auch aufgrund ihrer fehlenden Sprachkompetenz deutlich häufiger von Arbeitslosigkeit betroffen.

Diese Perspektivlosigkeit, die sich (nicht nur, aber vor allem) unter russischen LitauerInnen breitmachte, führte zu einer verstärkten Abwanderung in den Westen. Seit Litauens Aufnahme in die Europäische Union 2004 steigt die Zahl der LitauerInnen, die im Ausland arbeiten oder studieren, kontinuierlich an. Eine Folge davon ist das Phänomen des »Brain Drain« – der Verlust hochqualifizierter Arbeitskräfte – sowie ein enormer Bevölkerungsschwund, der durch eine rückläufige Geburtenrate verstärkt wird. Heute zählt Litauen 3,4 Millionen EinwohnerInnen, das sind um 5,8 Prozent weniger als 1989, wobei die Dunkelziffer der Abwanderung mit Sicherheit höher liegt. Diese Abwanderung ist eine Folge der politischen und wirtschaftlichen Veränderungen nach dem Zusammenbruch der Sowjetunion. Millionen Menschen leben heute in Unsicherheit, Arbeitslosigkeit und Armut.

Zu den VerliererInnen des wirtschaftlichen Umbaus nach 1990 zählen MitarbeiterInnen des öffentlichen Dienstes, RentnerInnen, junge Familien und Jugendliche. 2004 betrug die Jugendarbeitslosigkeit unter den 15- bis 29-Jährigen 17,4 Prozent. In manchen Regionen erreicht sie gar 40 Prozent.

Viele Jugendliche sind gezwungen, die Schule vorzeitig zu verlassen und Arbeit zu suchen. Die Jugendkriminalität ist im Steigen begriffen. Rund zwei Drittel aller Verbrechen werden von 14- bis 29-Jährigen begangen. Knapp 60 Prozent aller GefängnisinsassInnen sind zwischen 14 und 30 Jahre alt.

Ökonomische Not nutzt dem Menschenhandel

Von dieser Situation der Armut und dem Wunsch nach Auswanderung von Millionen Menschen konnten vor allem kriminelle Organisationen profitieren, die den Handel mit Menschen aus Osteuropa in großem Stil aufzuziehen begannen. Denn sie verfügten inmitten des allgemeinen Chaos über gut funktionierende Organisationsstrukturen und über enormes Kapital.

Litauen ist vor allem Herkunftsland von Opfern des Menschenhandels – so wie Maria eines wurde. Seit 2004 die litauische Ostgrenze zugleich zur Außengrenze der EU wurde, ist das Land auch vermehrt zu einem Ziel- und vor allem Transitland für reguläre und irreguläre internationale Migration insgesamt, aber auch speziell für Frauenhandel geworden. Jährlich werden 1.200 bis 2.000 litauische Frauen Opfer von Menschenhandel und sexueller Ausbeutung.[41]

Lange Zeit war Deutschland eines der Hauptzielländer, inzwischen werden die meisten litauischen Opfer aber in Großbritannien aufgegriffen. Weitere Zielländer sind Skandinavien und die Niederlande.

Die litauische Regierung rief Programme zur Bekämpfung von Frauen- und Kinderhandel ins Leben. Inzwischen kümmert sich ein Regierungsprogramm um die Opfer der Zwangsprostitution, das Rehabilitierungsmaßnahmen einschließlich psychologischer und medizinischer Betreuung sowie finanzielle Unterstützung bietet.[42]

DIE TÜRKEI ZWISCHEN
PATRIARCHALER TRADITION
UND VERORDNETER MODERNE

Zehra erfuhr in der Türkei von klein auf Gewalt: einerseits in Form von staatlicher Repression gegen die kurdische Bevölkerung und andererseits Gewalt gegen Frauen durch die eigene Familie. Als 13-Jährige wurde sie an einen über 40-jährigen Mann verheiratet, der sie ausbeutete und misshandelte. Insbesondere in den ländlichen Gebieten der Türkei sind die Familien stark in den Traditionen verhaftet, welche Frauen vor allem eine Rolle zuschreiben: die der Ehefrau. Auch Emel erfuhr dies schon früh. Ihre Geschichte ähnelt in vielen Facetten jener von Zehra – und jener vieler junger Frauen aus der Region. Beide wuchsen mitten im Krieg zwischen türkischem Militär und kurdischer Widerstandsbewegung auf.

ZEHRA
21 ▪ Türkei

Ich kann jetzt in den Spiegel schauen und sagen: Heute habe ich etwas nur für mich getan

Wir sitzen in Zehras Zimmer auf dem Boden – »wie in Kurdistan, dort verwenden wir selten Stühle« – und schauen ihr Fotoalbum an. »Das war bei der Anprobe für die Hochzeit«, erklärt Zehra und zeigt auf das Bild. Ein kleines, schmales Kindergesicht blickt verloren aus dem viel zu großen Hochzeitskleid, das die Nachbarin ihr damals lieh. Der weiße Stoff flattert um den dünnen Körper und legt sich wie ein Kreis um sie herum über den Boden. Zehra wurde als 13-jähriges Mädchen mit einem 43-Jährigen verheiratet, der sie vergewaltigte und krankenhausreif prügelte. Heute ist sie 21 und lebt seit ihrer Flucht an einem für ihre Familie geheimen Ort.

VE BU DA BENIM HIKÂYEM ...

Ich spüre keine Kälte und keine Wärme, ich spüre überhaupt nichts mehr. Meine Therapeutin sagt, das kommt oft vor in solchen Situationen. Einmal lief ich einfach so im T-Shirt mitten im Winter auf die Straße. Ich wollte einfach laufen, irgendwohin. Aber eine Freundin hielt mich zurück: »Spinnst du, so ins Freie zu gehen? Du wirst ja krank!« Aber ich spüre die Kälte überhaupt nicht. Damals, als ich aus der Schutzwohnung von Solwodi auszog und wieder alleine lebte, wurde meine Depression immer schlimmer. Ich fiel tiefer und tiefer in ein dunkles Loch. Obwohl ich Fortschritte in Deutsch machte und eine Ausbildung begann, konnte ich mich innerlich überhaupt nicht freuen, alles war leer.

Ich kann nicht vergessen, was mir meine Familie angetan hat. Mein Onkel verkaufte mich als Kind in Izmir an einen reichen Mann. Er interessierte sich nur fürs Geld, und als dieser Mann auftauchte, war ihm alles andere egal. »Du weißt, wir haben viele Schulden und bei ihm wirst du gut leben können«, säuselte er mir ins Ohr. Wer weiß, woher mein Exmann sein Geld überhaupt hatte. Mein Onkel jedenfalls gab ihm sofort das Eheversprechen. Von da an gab es kein Zurück mehr. Die »Ehre« der Familie hängt daran und die Wünsche der Frau sind egal. Dass ich erst 13 war, spielte keine Rolle.

Einen Monat später fand die Hochzeit statt. Vor meinen Augen war ein doppelter Schleier: der erste aus Tränen, der zweite aus einem roten Tuch, das zu meinem kurdischen Hochzeitskleid gehörte. Ich konnte nichts sehen und auch nichts fühlen, alles verschwamm vor meinen Augen im Nebel.

Meine Eltern waren eines jener wenigen Paare, die aus Liebe geheiratet hatten. Das war nicht üblich in der Osttürkei und schon gar nicht, wenn die Frau aus einer anderen Region und einem anderen Clan kommt. Das hat beide Familien und das ganze Dorf gegen meine Eltern aufgebracht.

In der Türkei: Flucht, Krieg und Armut

Schlussendlich haben auch meine Eltern dem Druck der Familie nicht standgehalten und sich scheiden lassen, als ich drei Jahre alt war. Ich und meine beiden Geschwister wuchsen bei meinem Vater und meinen Großeltern auf.

Ich wusste überhaupt nicht, dass meine Mutter lebt, bis mein Vater starb. Ich war neun Jahre alt, als er getötet wurde. Er wurde in der Nacht erschossen, das war 1997. Er war Mitglied der PKK und lebte im Untergrund, deshalb war er selten bei uns. Er hatte viele Ausweise und viele Namen, das machte mich als Kind immer neugierig. Es war so schön, wenn er da war, auch wenn es fast nie vorkam. Wir hatten kein leichtes Leben. Mein Vater war damals schon bei der PKK und die Regierung wollte ihn verhaften. Eines Tages kam das Militär. Mit Gewehren und in voller Montur standen sie vor der Tür und wollten meine beiden Tanten mitnehmen, um über sie herauszufinden, wo mein Vater war. Wir wussten, dass sie sterben würden, wenn das Militär sie mitnimmt; das war schon so vielen Familien vor uns passiert. Verschwundene Töchter, erschossene Väter, vergewaltigte Schwestern. Mein ältester Onkel war vier Jahre im Gefängnis, weil er einem verletzten Kämpfer der PKK geholfen hatte. In jener Nacht jedenfalls, als sie nach meinen Tanten fragten, mussten wir fliehen. Die beiden waren zum Glück nicht zu Hause und so konnten wir alle entkommen. Wir flohen von einer Stadt in die andere und wohnten immer woanders, bis wir schlussendlich an der Mittelmeerküste blieben. Eine Woche, nachdem sie meinen Vater tot fanden, wurde mein Onkel freigelassen.

Schulzeit als schönste Kindheitserinnerung
Wir waren sehr arm, es gab kein Geld für die Schule oder solche Dinge. Ab meinem siebten Lebensjahr begleitete ich meine Verwandten aufs Feld, wo wir als Erntehelfer arbeiteten. In den kurdischen Teil der Türkei konnten wir nicht zurück. Wir lebten in Plastikzelten und ernteten zwölf Stunden am Tag Baumwolle, Oliven und Gemüse.

In die Schule zu gehen wäre damals unmöglich gewesen. Meine Tante zeichnete für uns Buchstaben in den Sand, so lernten wir ein bisschen lesen. Erst ein Jahr nach dem Tod meines Vaters durfte ich die Schule besuchen. Ich war schon

Ich kann jetzt in den Spiegel schauen

zehn und die anderen in der ersten Klasse waren kleine Kinder. Es war sehr schwer für mich, mit ihnen zurechtzukommen. Jetzt aber zählen die Schuljahre zu meinen schönsten Kindheitserinnerungen.

In der Schule lernte ich dann auch besser Türkisch, denn der Unterricht war nur auf Türkisch. Meine Großeltern konnten mir nicht helfen, sie sprachen nur Kurmanci, das war unsere kurdische Sprache zu Hause. Mein Großvater und mein Onkel hätten mir aber sowieso nicht geholfen, denn sie wussten zuerst gar nicht, dass ich zur Schule ging. Meine Tante und meine Oma hielten dicht, aber ich habe mich selber eines Tages verquatscht. Ich war so stolz und glücklich, als ich erfuhr, dass ich in die dritte Klasse aufsteigen konnte, dass ich das einfach vor allen hinausposaunte. Mein Onkel beschimpfte mich als Schlampe und verbot mir, weiter dort hinzugehen. Nur durch die Intervention meiner Lehrerin ließ er mich schließlich doch wieder gehen, sie konnte ihn überzeugen, dass auch aus Mädchen, die zur Schule gehen, gute Ehefrauen werden können. So ging ich vormittags in die Schule und nachts arbeitete ich in einer Hühnerfabrik. Ich wollte meiner Familie Geld geben, damit sie mich weiter in die Schule gehen lassen. Aber nach drei Jahren war meine glückliche Schulzeit vorbei – und damit auch meine Kindheit.

Ehefrau mit 13
Ich hatte keine Ahnung von der Ehe, von Sexualität, von der Hochzeitsnacht. Vollkommen unvorbereitet wurde ich nach der Heirat in die Wohnung meines Mannes gebracht. Meine Schwiegermutter fragte mich, ob ich wisse, was jetzt auf mich zukomme. Ich verneinte und sie begann, mich anzuschreien und meine Eltern zu verfluchen. Man erklärte mir dann, was jetzt passieren würde. Das machte mir solche Angst! »Muss ich das tun?«, fragte ich. »Bitte, nehmt mich fort von hier!«

Dann kam mein Mann. Ich saß auf der Bettkante, noch im Hochzeitskleid, und er befahl mir, mich auszuziehen. Ich flüchtete ins Bad und sperrte die Tür zu, am liebsten hätte ich mich umgebracht. Mein ganzes Gesicht, meine Hände, alles war schwarz von der Schminke und den Tränen. »Komm sofort raus!«, schrie er, »du bist jetzt meine Ehefrau, kein kleines Kind mehr!« Nach einiger Zeit machte ich die Türe auf. Danach konnte ich einen ganzen Monat lang nicht laufen, ich war noch so klein. Alles tat mir weh und alles in mir ekelte sich vor diesem Mann.

Zehra war seine zweite Frau. Die erste Frau von Zehras Ehemann war verstorben. Sie ließ ein kleines Baby, eine zwölfjährige Tochter und einen 16-jährigen Sohn zurück. Die 13-jährige Zehra, selbst noch ein Kind, wurde deren neue Mutter – und die Haussklavin ihrer Schwiegermutter.

Meine Schwiegermutter beschwerte sich immer über meine Arbeit, sagte, dass alles noch dreckig sei und ich nicht gut arbeiten würde. Abends erzählte sie meinem Mann Lügengeschichten über das, was ich angeblich angestellt hatte. Dann zog er seinen Gürtel und schlug mich, unter dem Gelächter seiner Mutter. Einmal konnte ich vor Schmerzen die ganze Nacht nicht schlafen. »Ich musste das früher auch ertragen, jetzt bist du dran«, pflegte meine Schwiegermutter zu sagen.

Sogar mein eigener Ziehsohn versuchte sich an mir zu vergreifen. Das war gefährlich, denn die Schuld in solchen Situationen wird natürlich den Frauen zugewiesen. In dem Moment habe ich die Männer noch mehr gehasst. Ich habe ihn als meinen Bruder betrachtet, aber da wurde mir klar, dass Männer von Frauen immer nur das eine erwarten. Das war so widerlich, ich wollte sterben. Als mein Mann heimkam, verprügelte er mich, bis ich ohnmächtig wurde. Als ich die Augen wieder aufschlug, lag ich im Krankenhaus.

»Warum hast du mich nicht benachrichtigt, dass unser Onkel dich verheiratet hat?«, fragte mich mein Bruder entsetzt. Er war wieder aus dem Gefängnis draußen, wo er eineinhalb Jahre wegen Drogenhandel gesessen hatte. Nach vier Wochen Krankenhausaufenthalt wurde ich entlassen. Da standen sie alle am Parkplatz, mit Messern und Pistolen bewaffnet. Mein Bruder wollte mich gegen den Willen meines Mannes und meines Onkels zu sich nach Hause nehmen. Die Polizei zu rufen hätte nichts gebracht, denn bei solchen Angelegenheiten von »Ehre« mischen die sich nicht ein. Schließlich gab mein Onkel nach und sagte zu meinem Mann: »Komm, das regeln wir später.« Ich durfte mit zu meinem Bruder und war aus den Fangen meines Mannes entflohen. Wir waren sowieso nur vor dem Imam verheiratet worden, weil ich noch zu jung für eine zivile Hochzeit war. In der Türkei werden nur vor dem Staat geschlossene Ehen anerkannt. Unsere Imam-Ehe hatte lediglich sieben Monate bestanden, aber das reichte, um mein Leben zur Hölle zu machen.

Hoffnung auf ein besseres Leben in Deutschland
Als wir dann telefonischen Kontakt zu unserer Mutter hatten, wollte sie, dass wir drei Kinder zu ihr nach Deutschland kommen. Sie sagte: »Hier könnt ihr in Ruhe leben, kein Mann wird euch belästigen!« Das klang verlockend. Denn in der Türkei galt ich nun als Schlampe. Zum einen hatte ich angeblich die »Ehre« meiner Familie und meines Exmannes beschmutzt, zum anderen war ich eine geschiedene junge Frau. Ich konnte nicht mehr alleine auf die Straße gehen. Auch meine Mutter war deshalb nach Deutschland gegangen, einige Jahre nach der Scheidung von meinem Vater.

Meine jüngere Schwester war ebenfalls aus einer schrecklichen Ehe geflüchtet. Ich war 17, als wir endlich die Papiere für Deutschland organisiert hatten, bis die Pässe ausgestellt waren und der DNA-Test gemacht wurde. Ein paar Monate später wäre ich 18 geworden und dann hätte ich nicht mehr einreisen dürfen. Mein Bruder war schon über 18, darum musste er in der Türkei bleiben. Er hat meine Schwester und mich bei allem unterstützt, aber er selbst konnte nicht mitfahren. Wir waren zum ersten Mal auf einem Flughafen, konnten kein Wort Deutsch und wussten nicht einmal, wo wir unsere Koffer wieder kriegen. Zum Glück waren noch andere türkische Leute dabei und wir gingen ihnen einfach nach. Dann waren wir am Flughafen und warteten. Wir kannten ja unsere Mutter nicht einmal. Plötzlich rief meine Schwester aufgeregt: »Das ist sie, ich glaube, das ist unsere Mutter!« Da stand sie, eine Frau mit Kopftuch, in Begleitung ihres zweiten Mannes.

Die beiden Schwestern wurden anfangs in Deutschland von der Mutter verwöhnt. Doch nach zwei Monaten begann die neu gewonnene Familienidylle zu zerbrechen. Es gab immer mehr Zwistigkeiten und Streit zwischen Zehras Schwester und der Mutter. Schließlich eskalierte die Situation derart, dass Zehras Schwester – freiwillig – in die Türkei zurückflog. Zehra selbst wollte unter keinen Umständen dorthin zurück und blieb insgesamt neun Monate bei ihrer Mutter. Doch ihre Odyssee war noch nicht zu Ende.

Nichts von dem, was meine Mutter versprochen hatte, erfüllte sie. Ich durfte in keinen Deutschkurs gehen, keine Schule besuchen, nicht mit meinem Bruder telefonieren, und meine Freiheit respektierte sie auch nicht. Nach neun Monaten woll-

Ich kann jetzt in den Spiegel schauen

te sie mich wieder verheiraten. Wieder war ich im Gefängnis, diesmal in Deutschland. Also floh ich erneut, denn ich wollte nicht noch einmal verheiratet werden. Ich kehrte zu meinem Bruder in die Türkei zurück und arbeitete als Schneiderin. Aber der Druck auf mich und meinen Bruder wurde zu groß: eine geschiedene junge Frau, die arbeitete und selbstständig war, konnte die Umgebung nicht ertragen. Deshalb sagte mein Bruder:»Geh doch wieder nach Deutschland zurück. Das bringt hier nichts. Ich habe Bekannte, wo du bleiben kannst.« Ich hatte insgesamt sechs Monate Zeit, bevor mein Visum ablief. Dieses hatte ich über die Familienzusammenführung mit meiner Mutter erhalten. So kehrte ich kurz vor Ablauf der Frist nach Deutschland zurück und lebte zunächst bei den Bekannten meines Bruders.

Kontrolliertes Leben

Diese Bekannten waren so nett zu mir gewesen, ich wollte nicht weg. Doch nach zwei Monaten fand mich ein Bruder meines Vaters, der ebenfalls in Deutschland lebte. Ich blieb ein Jahr lang bei seiner Familie, dann bestand ich darauf, in eine eigene Wohnung zu ziehen. Sie suchten mir eine: direkt zwischen meinem Onkel und seinen Schwiegereltern, perfekt unter Kontrolle – das nächste Gefängnis.

Meine Schwester kam aus der Türkei und zog in meine Wohnung. Zwei alleinstehende Frauen, die vor ihren Männern weggelaufen waren und sich anzogen wie deutsche Mädchen. Man behandelte uns wie Abschaum, wir waren nur »die Schlampen«, vor allem für unsere Familie.

Die Situation eskalierte, als die Familie Zehra mit einem jungen Mann reden sah, der ihr bei einem Computerproblem half. Der ganze in Deutschland ansässige Familienverband wurde versammelt und Zehra vor die Männer zitiert. Sie sollte den Mann heiraten. »Mein ganzer Körper zitterte und brannte wie Feuer, mir war so heiß«, erzählt sie von diesem Abend. Mithilfe ihrer Nachbarin und der Lehrerin des Nähkurses, den sie über eine soziale Organisation besuchte, schaffte sie es allmählich, sich aus den Fängen ihrer Familie zu befreien. Die Lehrerin bemerkte, dass Zehra depressiv wurde, auf nichts mehr reagierte. Zehra erzählte ihr, sie habe Angst, umgebracht zu werden.

Mit meiner Lehrerin suchten wir einen ganzen Tag im Internet, welche Möglichkeiten es für mich gäbe. Ein normales Frauenhaus kam nicht infrage, ich musste weit weg in eine geheime Wohnung. So fanden wir Solwodi, stellten den Kontakt her und planten die Flucht. In einer Nacht packten meine Schwester und ich alle unsere Sachen. Ganz früh am nächsten Morgen holten uns unsere Helferinnen ab und brachten uns weit weg von der Familie. Erst dann begann ein neues Leben.

Eigenmächtig handeln
Endlich habe ich mein Leben selbst in der Hand. Ich habe allen Kontakt zu meiner Familie abgebrochen, denn das wäre tödlich. Dieser Neuanfang war alles andere als leicht. Ich fiel in ein tiefes, dunkles Loch. Als ich keinen Ausweg mehr aus meinem Schmerz fand, schrieb ich einen Abschiedsbrief. Aber – ich weiß nicht mehr, wie ich das geschafft habe – bevor ich die Schlaftabletten schluckte, nahm ich all meine letzte Kraft zusammen und ging zu der Therapeutin, die mir Solwodi empfohlen hatte. Sie war toll und hat mich sofort ernst genommen. So bewahrte sie mich vor diesem letzten Schritt und half mir dabei, mein Leben allmählich in den Griff zu kriegen.

Ich kann jetzt in den Spiegel schauen

Ich nehme mich jetzt endlich selber ernst. In der Türkei leben die Frauen nur für die Familie, sie tun nichts nur für sich selbst. Ich kann jetzt in den Spiegel schauen und mir sagen: Heute habe ich mich für mich geschminkt. Heute habe ich meine eigene Entscheidung getroffen. Heute habe ich schwimmen gelernt. Das fühlt sich wunderbar an.

EMEL
25 ▪ Türkei

Wir waren wie Puppen, die verkauft werden

Emel lebt seit über 20 Jahren in Deutschland, die Staatsangehörigkeit erhielt sie aber erst vor drei Jahren. Sie lebt gerne in diesem Land, denn »hier gibt es diese ganzen Traditionen nicht«, wie sie sagt. »Frauen können ihre eigenen Entscheidungen treffen und werden nicht zur Heirat gezwungen. Hier kann ich selbst entscheiden, wie ich leben möchte.« Die heute 25-Jährige sollte in Deutschland an einen türkischen Mann verheiratet werden. Einen anderen Lebensweg als den der Ehefrau wollten ihre Eltern nicht akzeptieren. Man merkt Emel an, wie schwer ihr die Entscheidung zwischen ihrer Familie und ihrer Freiheit gefallen ist. Die sensible, schüchterne junge Frau war wie eine Mutter für ihre jüngeren Geschwister; sie zurückzulassen hat Emel innerlich zerrissen. Trotzdem ist sie heute erleichtert darüber, all den Mut und die Kraft aufgebracht zu haben, um ihren eigenen Weg zu gehen.

Û EV JÎ ÇÎROKA MIN E...

Meine Familie ist kurdischer Abstammung und kommt ursprünglich aus einem kleinen Dorf in der Türkei, wo auch ich geboren wurde. Dort habe ich die ersten Jahre meines Lebens verbracht. Ich bin die älteste Tochter. Leider. Denn die älteste Tochter muss immer zuerst heiraten.

Wir hatten Kühe und Gänse, neben dem Haus stand ein Brunnen. Die Wäsche wurde im Fluss gewaschen. In den Kindergarten oder zur Schule bin ich dort nie gegangen, denn es herrschte Krieg. Alle paar Wochen kam die türkische Armee in unser Dorf und nahm die Männer mit. Mein Vater versteckte sich dann. Ich werde nie vergessen, wie er eines Tages blutüberströmt vor mir stand. Was genau passiert war, kann ich nicht sagen. Man hat uns sofort von zu Hause weggebracht. In Sicherheit. Nach Deutschland.

So kam ich gemeinsam mit meinen Eltern und meinen Geschwistern hierher. Ich habe zwei Schwestern und vier Brüder. Zwei von ihnen sind bereits in Deutschland geboren. Am Anfang lebten wir im Asylheim mit Menschen aus aller Welt. Ich denke nicht gerne an diese Zeit zurück. Eingepfercht in kleine Zimmer, die ständige Angst vor einem negativen Asylbescheid und der drohenden Abschiebung in die Türkei.

Mein Vater hatte hier in Deutschland bald eine gute Stelle gefunden und seine Arbeit wurde von allen geschätzt. Als sein Chef hörte, dass man uns abschieben wollte, setzte er sich sehr für uns ein. Es dauerte lange, aber am Ende erhielten wir das Bleiberecht.

Nach der Zeit im Asylheim bekamen wir eine eigene Wohnung. Damals gingen wir weder zur Schule noch in den Kindergarten. Als wir nach Deutschland kamen, kümmerten sich meine Eltern um nichts. Sie waren selber überfordert mit der neuen Situation. Wir Kinder waren eine Zeit lang nur zu Hause, bis eine Ordensschwester auf uns aufmerksam wurde und dafür sorgte, dass wir in den Kindergarten und zur Schule gehen konnten. Dort haben wir dann auch Deutsch gelernt.

Mein Vater wollte arbeiten, deshalb lernte er ebenso Deutsch. Meine Mutter allerdings wollte die Sprache nicht lernen. Sie sprach zu Hause immer nur Kurdisch. Wenn wir Deutsch sprachen, sagte sie:»Sprecht eure Muttersprache.«

Ich wollte auf jeden Fall eine Ausbildung machen, denn ich wollte nicht so enden wie meine Mutter. Sie wartete immer darauf, dass das Wochenende kam, damit mein Vater mit ihr zu Bekannten fahren konnte, da sie selbst keinen Führerschein hatte.

Ich kann mich noch gut an meinen ersten Schultag erinnern. Hier in Deutschland bekommt man ja eine Schultüte, wenn man eingeschult wird. Meine Eltern packten meine Schultüte ganz voll, weil sie dachten, dass die Lehrer die Schultüten bekommen. Als wir in der Klasse waren, wollte ich meiner Lehrerin die Schultüte geben, doch sie sagte, die sei für mich. Ich freute mich sehr über die Schultüte mit den Süßigkeiten –meinen Eltern aber erzählte ich nie davon.

Anfangs hatte ich viele Freundinnen in der Schule, mit denen ich mich auch öfter traf. Solange ich ein Kind war, war das für meine Eltern in Ordnung. Doch je älter ich wurde, desto weniger wollten sie das. Ich hatte mich in dieser Hinsicht bereits der westlichen Welt angepasst. Kontakt zu anderen Mädchen aus der Türkei hatte ich keinen. Meine Freundinnen waren Deutsche. Meine beste Freundin rief jeden Tag nach der Schule bei mir zu Hause an und fragte, ob wir uns treffen können. Meine Mutter wollte, dass ich den Kontakt abbreche.

Meine Brüder durften am Wochenende immer lange im Bett bleiben und auch länger draußen spielen als wir Mädchen. Meine Mutter achtete genau darauf, wann wir nach Hause kamen. Mit Jungs durften wir uns auf gar keinen Fall treffen. Es wurde auch mit der Zeit immer schwieriger, meine Freundinnen zu sehen. Wenn ich nach der Schule nicht direkt nach Hause kam, stand meine Mutter im Flur und wartete auf mich. Hinter ihrem Rücken hielt sie einen Stock. »Ach, wie schön, dass du den Heimweg noch gefunden hast!« Dann schlug sie mich. Bei meinen Brüdern tat sie das nie, aber bei uns Mädchen hat sie den Stock oft benutzt.

Wir waren wie Puppen, die verkauft werden

Männer auf Brautschau per Video

Ich habe in meiner Kindheit viel Gewalt von meinen Eltern erlebt. Sie sagten immer:»Wenn man die Kinder nicht schlägt, dann wissen sie auch nicht, dass sie etwas falsch gemacht haben!« Meine Mutter verprügelte uns und mein Vater spuckte uns an, wenn ihm etwas nicht passte. Bei den Verwandten war die Gewalt an ihren Kindern teilweise noch schlimmer. Unsere Cousinen und Cousins wurden noch strenger erzogen als wir, aber einige von ihnen haben heute deutsche Partner – sie haben gegen die Eltern rebelliert.

Heirat war von klein auf Thema Nummer eins. Mein Vater sagte immer zu uns:»Ihr Frauen seid dazu da, Kinder zu kriegen und euch um die Küche zu kümmern – zu nichts anderem.«

Bei uns ist es so, dass bei Hochzeitsfeiern von Verwandten oder Bekannten hier in Deutschland ein Video gedreht wird. Dieses wird an Verwandte und Bekannte in der Türkei geschickt, damit die unverheirateten Männer Bräute anschauen können. Sie sagen dann:»Oh, dieses Mädchen gefällt mir – frag doch mal ihre Eltern, ob sie mich heiraten will.« Daraufhin rufen die Eltern des Mannes bei den Eltern des Mädchens an und erkundigen sich, ob es möglich ist, dass ihre Kinder verheiratet werden. Bei meiner Schwester war es genauso: Die Eltern ihres zukünftigen Mannes riefen bei unseren Eltern an und fragten, ob meine Schwester ihren Sohn heiraten würde. Daraufhin redete meine Mutter so lange auf sie ein, bis sie einwilligte, sich den Mann wenigstens einmal anzusehen. So flogen meine Eltern mit ihr in die Türkei, und als sie wiederkamen, war meine Schwester bereits verlobt. Die türkischen Ehepartner kommen oft nach Deutschland nach, wie bei meiner Schwester und meinem ältesten Bruder. Und so geht es immer weiter, weil die alten Traditionen mit nach Deutschland gebracht werden.

Emel, Türkei

Im Gegensatz dazu ist es hier in Deutschland normal, wenn Jugendliche mit 18 von zu Hause ausziehen und sich allein eine Wohnung nehmen. Mit 16 sagte ich zu meiner Mutter, dass ich mich schon sehr auf meinen 18. Geburtstag freue, weil ich mir dann eine eigene Wohnung nehmen würde. Das war mein Traum. Ihre Antwort war kurz und bündig:»Vergiss es. Du kommst erst aus dem Haus, wenn du verheiratet bist.« Meine Schwestern und ich wurden oft von meinem Vater erniedrigt. Wir kamen uns vor wie Puppen, die letztendlich verkauft werden. Mein Vater und meine Mutter hatten mir oft gesagt, dass ich in einem möglichst frühen Alter heiraten solle. Oft kamen Anrufe von Bekannten, die zu meinen Eltern sagten:»Mein Sohn würde gerne deine Tochter heiraten.« Dann fragten meine Eltern uns, ob wir denjenigen heiraten wollten. Wir sagten natürlich stets nein. Darauf entgegneten sie nur:»Du musst irgendwann einmal heiraten – du kommst nicht daran vorbei.« Meine Eltern legen sehr viel Wert darauf, was die Verwandten und Bekannten über uns denken.

Als ich 18 war – aus Sicht meiner Eltern schon fast zu alt zum Heiraten –, bekamen wir eines späten Abends Besuch. Ich schlief bereits, aber meine Eltern holten mich aus dem Bett und befahlen mir, ins Wohnzimmer zu kommen. Dort saßen zwei Männer. Einer von ihnen fragte mich, ob ich den anderen heiraten könne, damit er nicht in die Türkei abgeschoben würde. Damals hatte ich bereits resigniert. Es war mir klar, dass kein Weg an der Heirat vorbeiging und meine Zeit sowieso kommen würde. Ich stimmte zu. Die beiden Männer hatten mir erzählt, dass ich weiterhin zu Hause bei meinen Eltern wohnen dürfte. Ich sollte nur vorübergehend mit meinem zukünftigen Ehemann zusammenziehen, für den Fall, dass die Polizei unsere Ehe kontrollieren würde.

Als der Hochzeitstermin immer näher rückte, bekam ich Angst und versuchte, mit meinen Eltern darüber zu sprechen.

Aber sie sagten nur: »Es gibt nichts zu besprechen. Du hast deine Zustimmung gegeben.« Später erfuhr ich, dass meine Eltern für mich so viel Geld erhalten hatten, dass sie einen kleinen Laden davon eröffnen konnten. Es sollte angeblich noch mehr Geld fließen, sodass ich mir ein eigenes kleines Auto kaufen könnte.

Flucht vor der Hochzeit

Meine Panik wuchs mit dem Heranrücken des Hochzeitstermins. Es ging mir schlechter und schlechter. Meine Schwester kam zu mir, um mich zu beruhigen, und sagte: »Wenn du es wirklich nicht willst – und ich weiß, dass es nicht das richtige Leben für dich ist – dann lauf weg!«

Mit 15 war ich schon einmal weggelaufen. Damals hatte mich meine Mutter mit einem Gürtel geschlagen. Ich flüchtete zu einer Freundin und ihre Familie rief die Polizei. Man brachte mich für zwei Wochen in ein Kinderheim, aber der Mitarbeiter des Jugendamtes ließ sich von meinen Eltern schließlich um den Finger wickeln. Immer wenn er sie besuchte, brachten sie ihm Tee. Er fand das ganz toll. Er hat nichts verstanden. Er glaubte meinen Eltern, dass ich alles erfunden hätte.

Oft wünsche ich mir, dass sich an den Jugendämtern auch etwas ändert. Es sollten Menschen eingestellt werden, die sich mit unseren Traditionen auskennen, und denen bewusst ist, dass sehr viele Mädchen unter Gewalt leiden, dass sie zwangsverheiratet werden. Sie müssen ihnen helfen und sie nicht einfach nach Hause zurückschicken, in die Fänge der Familie. Mich schickten sie nach Hause zurück. So scheiterte mein erster Fluchtversuch.

Der Hochzeitstermin rückte also näher und näher. Meine Schwester wiederholte ihren Rat. Das Risiko war groß, aber mittlerweile war mir klar, dass ich für Geld verkauft wurde.

Eines Tages packte ich also meine Sachen und ging am nächsten Tag ganz normal zur Schule. Dort erzählte ich alles, die Polizei wurde eingeschaltet. Man fragte mich, ob ich den Mann wirklich heiraten sollte, damit er nicht abgeschoben werde. Da musste ich sie anlügen, um meine Geschwister nicht in Gefahr zu bringen. Ich erzählte der Polizei also nur, dass es bei uns Tradition ist, dass man verheiratet wird. Daraufhin wurden meine Eltern in Ruhe gelassen.

Die Polizei bot mir an, mich in ein Frauenhaus zu bringen, doch das wollte ich zuerst nicht. Ich blieb für ein paar Tage bei Bekannten, aber dort fühlte ich mich nicht sicher. Ich hatte Angst, dass meine Familie herausfinden würde, wo ich war. Über eine Bekannte erfuhr ich, dass es einen Verein gibt, der Mädchen in meiner Situation weiterhelfen kann. So bin ich zu Solwodi gekommen.

Schutz bei Solwodi

Ich traf mich am Bahnhof mit einer Mitarbeiterin von Solwodi, und nachdem ich ihr meine Geschichte erzählt hatte, sorgte sie sofort dafür, dass ich in ein Schutzhaus in einer anderen Stadt kam. Dort lebte ich insgesamt drei Jahre, in denen ich eine Ausbildung in einem Unternehmen beginnen und auch erfolgreich abschließen konnte.

Was mir an der Zeit in dem Schutzhaus am besten gefallen hat, war die Freiheit. Natürlich gibt es dort auch Regeln, an die man sich halten muss, aber ich habe es trotzdem als große Freiheit empfunden. Der Druck, den ich mein ganzes Leben lang gespürt hatte, war endlich weg. Ich konnte meine Schule abschließen und eine Ausbildung anfangen, was mir meine Eltern nie erlaubt hätten. Sie waren der Ansicht, ich sollte lieber zu Hause bleiben und endlich heiraten.

Heute weiß ich, dass ich das alles ohne Solwodi nicht geschafft hätte. Anfangs war ich etwas misstrauisch wegen meiner schlechten Erfahrungen mit dem Jugendamt. Doch für ihre Hilfe haben die Mitarbeiterinnen von Solwodi nie etwas verlangt und so konnte ich dieses Misstrauen schnell abbauen. Trotzdem war natürlich zu Beginn nicht alles leicht. Ich hatte große Schuldgefühle gegenüber meinen jüngeren Geschwistern, weil ich sie alleingelassen hatte. Deshalb bin ich sehr froh, dass ich heute wieder Kontakt zu ihnen habe. Unser Zusammenhalt ist sehr groß und ich weiß, dass sie weder meinen Eltern noch meinem älteren Bruder verraten würden, wo ich bin. Ich habe gehört, dass vor allem meine Mutter und mein Bruder bis heute versuchen, mich zu finden. Deshalb habe ich entschieden, weder meine kleinen Geschwister noch mich selbst in Gefahr zu bringen: Sie wissen nicht, wo genau ich mich aufhalte. Es fällt mir natürlich schwer, ihnen verheimlichen zu müssen, wo ich lebe, aber das wäre zu gefährlich. Wer weiß, ob meine Eltern und mein ältester Bruder es nicht aus ihnen herausprügeln würden. Wenn ich einen Wunsch frei hätte, würde ich mir trotzdem wünschen, dass meine Familie irgendwie wieder zusammenkommt.

Wissen, was zu tun ist
Für meine Zukunft wünsche ich mir, dass ich beruflich weiterkomme und später vielleicht einmal eine eigene Familie gründen kann. Ich wünsche mir, dass auch andere Frauen, denen es schlecht geht, eine solche Unterstützung, wie ich sie bei Solwodi erhalten habe, bekommen. Und es ist wichtig, in den Schulen von der Arbeit zu berichten, denn ich denke, dass es dort besonders wirksam ist. Die Mädchen sollten früh genug darüber informiert werden, damit sie wissen, wohin sie sich wenden können, wenn auch sie einmal in eine ähnliche Situation geraten sollten. Wenn die Mädchen nicht wissen, was ihnen passieren kann, haben sie oft keine Chance, sich davor zu schützen.

Emel, Türkei

Die Türkei und die Reformen Atatürks:
»Türkisierung«, Frauenrechte und staatlich verordnete Säkularisierung

Die Türkei wurde seit den autoritär durchgezogenen Reformen in den 1920er- und 1930er-Jahren, während der Modernisierungsdiktatur Mustafa Kemals – auch Atatürk (Vater der Türken) genannt –, zu einem westlich-säkularen Staat. Die teilweise nach französischem Vorbild ausgerichtete strikte Depolitisierung der Religion wurde jedoch vom Staat befohlen und stellt keine eigenständige gesellschaftliche Entwicklung dar. Dieser staatlich verordnete Laizismus konnte damit in der Türkei nie im selben Ausmaß gesellschaftlich Fuß fassen wie in Europa. Vielmehr bildeten starke Kräfte eines Politischen Islam[43] immer wieder Aufstandsbewegungen und politische Parteien. Der mit dem Kemalismus verbundene türkische Nationalismus führte zudem zu ständigen Konflikten mit den Minderheiten.

Während ein Großteil der ArmenierInnen und der aramäischsprachigen ChristInnen bereits am Ende des Osmanischen Reiches dem Genozid von 1915 zum Opfer fiel und der Bevölkerungsaustausch mit Griechenland 1923 zur Vertreibung von 1,25 Millionen GriechInnen aus der Türkei und einer halben Million TürkInnen aus Griechenland führte, blieben die muslimischen Minderheiten im neu geschaffenen Staat. AraberInnen, KurdInnen, TscherkessInnen, AlbanerInnen, BosnierInnen und andere Minderheiten sollten zu TürkInnen gemacht werden. Türkisch wurde zur alleinigen Amtssprache. Insbesondere die zahlenmäßig stärkste und politisch widerspenstigste Minderheit, die KurdInnen, denen auch Zehra und Emel angehören, wurden kulturell, wirtschaftlich und politisch marginalisiert. Die türkische Regierung leugnete über Jahrzehnte hinweg sogar deren Existenz und deren Sprache. In der offiziellen Diktion wurde lediglich von »Bergtürken« gesprochen.

Für Frauen brachten die Reformen Mustafa Kemals nicht nur ihre Entschleierung, sondern auch den Zugang zu Bildung, Arbeitsplätzen und politischen Ämtern. Zugleich blieben diese Reformen – bis auf das autoritär durchgesetzte Verschleierungsverbot – vor allem auf Frauen der westtürkischen Elite beschränkt. Im mehrheitlich kurdisch besiedelten Südosten des Landes sind bis heute die traditionellen Familien und Stämme, die Ashiret, die zentrale Organisationsform der Bevölkerung.[44]

Kinderehen weit verbreitet

Frauen in ländlichen Regionen der Osttürkei konnten also wenig von Atatürks Reformen profitieren. Dort wurden weiterhin arrangierte Ehen praktiziert, die teilweise schon im Kindesalter versprochen wurden. Bis heute sind mehr als ein Drittel aller Ehen in der Türkei Kinderehen. Im Südosten des Landes sind angeblich 68 Prozent aller Ehen nur deswegen legal, weil die Eltern die schriftliche Erlaubnis geben, dass ihre minderjährige Tochter heiraten darf. Die Regierung arbeitet zurzeit an Strategien, um Eheschließungen von Minderjährigen zu reduzieren. Vor Kurzem erst veröffentlichte eine Untersuchungskommission des Parlaments ihre Erkenntnisse und schlug vor, das Heiratsalter von 17 auf 18 zu erhöhen und Familien zu bestrafen, die ihre Töchter der Schulpflicht entziehen.[45]

Das Militär sah sich seit der Gründung der türkischen Republik und dem von Mustafa Kemal geführten »Türkischen Befreiungskrieg« gegen die Siegermächte des Ersten Weltkrieges als Garant der Republik. Damit blieb das Militär auch nach der Einführung einer Mehrparteiendemokratie 1946 politisch bestimmend und putschte sich mehrmals in politischen Krisenzeiten an die Macht.

Zuletzt putschte das Militär im September 1980, was zu einer massiven Verfolgung linker und kurdischer Gruppen in der Türkei führte.

Krieg gegen KurdInnen

Die Repression nach dem Militärputsch von 1980 trug dazu bei, dass die kurdische Arbeiterpartei PKK unter ihrem Führer Abdullah Öcalan 1984 ihren bewaffneten Kampf für einen unabhängigen kurdischen Staat aufnahm. Das türkische Militär reagierte mit einer Politik der verbrannten Erde: Jüngste Zahlen einer türkischen Universität sprechen von 850.000 bis zu einer Million IDPs (Internally Displaced Persons, intern Vertriebene) in der Türkei, die durch Krieg und Staudammprojekte im Osten des Landes ihre Dörfer verlassen mussten. Über 3.000 Dörfer wurden durch die Armee zerstört, die BewohnerInnen ihrer Lebensgrundlagen und sozialer Netzwerke beraubt.

Diyarbakır, die größte und wichtigste Stadt im Südosten der Türkei, wurde von Flüchtlingen aus diesen Dörfern überschwemmt, die alles verloren hatten. Aber auch die Städte in der Westtürkei wie Istanbul, Izmir oder Ankara wurden Ziel hunderttausender kurdischer Flüchtlinge, die sich meistens in Elendsvierteln, sogenannten Gecekondular, niederließen. Trotz mehrerer Waffenstillstände und der Verhaftung Öcalans 1999 hält dieser Konflikt, der schon über 40.000 Menschenleben gekostet hat, bis heute an. In solchen Kriegssituationen leiden Frauen oft doppelt unter den Gewaltverhältnissen. Sie werden nicht nur Opfer des Krieges, sondern auch Opfer spezifisch gegen Frauen gerichteter sexualisierter Gewalt. Um genau das zu verhindern, versuchen ihre Familien, sie noch mehr in ihrer Freiheit einzuschränken. Eine traditionell patriarchale Gesellschaft vermengt sich hier mit der Gewalt des Krieges zu einer besonders frauenfeindlichen Konstellation.

Frauen sind jedoch nicht nur Opfer. Gerade junge Frauen zählen auch zu jenen, die sich politisch engagieren oder mit der Waffe in der Hand selbst kämpfen. In der PKK gibt es eigene Fraueneinheiten (YJA STAR) und eine mit der PKK kämpfende eigene »Partei der freien Frau in Kurdistan« (PAJK). Ganz besonders widmen sich die Fraueneinheiten der YJA STAR dem Thema Frauenbefreiung und der Bekämpfung von Ehrenmorden, die auch als Rekrutierungsgrundlage dienen. Denn für viele junge Frauen aus konservativen Familien bildet der Weg in die Guerilla auch eine Möglichkeit, einer durch die Familie arrangierten Ehe zu entkommen. Aber auch in der PKK haben es die Frauen keineswegs leicht und sie müssen sich immer von Neuem ihre Positionen erkämpfen und gegen ihre männlichen Genossen durchsetzen.[46]

Ostttürkei, Westtürkei: Geteiltes Land

Der Westen und der kurdische Südosten der Türkei unterscheiden sich massiv voneinander. Während der Westen über eine weitgehend mit Europa vergleichbare Infrastruktur verfügt, hat man im Südosten eher den Eindruck, in einem Entwicklungsland zu sein. Hier fehlt es an Bildung, Gesundheitsversorgung, Arbeitsplätzen und öffentlichen Räumen für Frauen – nicht jedoch an Militär- und Sicherheitskräften. Der türkische Staat zeigt demonstrativ seine Präsenz, hält immer wieder Busse und Autos an Checkpoints auf, fährt während der Nacht mit Panzern durch Provinzhauptstädte und verkündet in riesigen Schriftzeichen auf den Bergen, wie »stolz« man sein könne, »Türke zu sein« oder dass das »Vaterland« unteilbar wäre.

Die regionalen Unterschiede zwischen der Westtürkei und dem kurdischen Südosten spiegeln sich auch in der Situation der Frauen wider. Noch vor zehn Jahren war die Fertilitätsrate im Südosten doppelt so hoch wie im Westen. Während in der

Westtürkei weniger als 20 Prozent der Frauen Analphabetinnen waren, sind es in den südöstlichen Provinzen mehr als ein Drittel. Während im Westen über zwei Prozent der Frauen über einen Universitätsabschluss verfügen, liegt dieser Prozentsatz im Südosten unter 0,75 Prozent. Während in der Westtürkei und an der Südküste über ein Viertel der ökonomisch aktiven Frauen auch über ein eigenständiges Einkommen verfügen, liegt dieser Prozentsatz in den meisten kurdisch besiedelten Regionen bei unter fünf Prozent.[47]

Damit sind kurdische Frauen in allen Bereichen gegenüber türkischen Frauen wesentlich schlechter gestellt. Der Südosten bleibt auch heute noch das Armenhaus der Türkei. Die politische Gewalt in dieser Region spiegelt sich jedoch auch in den Familienstrukturen wider.

Hintergründe der Ehrenmorde

Ein großer Teil der in der Türkei begangenen Ehrenmorde[48] werden im Südosten des Landes verübt. Die Gründe für solche Ehrenmorde sind komplex. Ein Forschungsbericht der Vereinten Nationen kommt zum Ergebnis, dass es sich dabei um eine Kombination aus patriarchalen Gesellschaftsstrukturen, ökonomischer Rückständigkeit, sozialem Druck und persönlichen Faktoren handelt, die zu Ehrenmorden führen.[49]

Dieser Teufelskreis aus Armut, patriarchalen Gesellschaftsstrukturen und Gewalt kann jedoch aufgebrochen werden. Mittlerweile ist eine Reihe von lokalen NGOs gegen Ehrenmorde aktiv und beteiligt sich an einer Kampagne, die vom Dachverband der demokratischen Frauenorganisationen (Demokratik Özgür Kadın Hareketi) organisiert wird: »*Mamusumuz Özgürlüğümüzdür*«, zu Deutsch »Unsere Ehre ist unsere Freiheit«.

Doch nicht jede Gewalttat gegen Frauen ist ein Ehrenmord. Als Beispiel, dass man die Hintergründe kennen muss, bevor man von »Ehrenmord« spricht, dient das Massaker von Bilge/Derik, welches im Mai 2009 von Angehörigen sogenannter »Dorfschützer« angerichtet wurde. Damals wurden während einer Hochzeit 44 Menschen erschossen. Dorfschützer sind von der türkischen Regierung aufgestellte protürkische Milizen, in denen Kurden gegen die PKK kämpfen. Das Massaker wurde in den türkischen und westlichen Medien überall unter dem Titel »Ehrenmord« verhandelt. Sieht man jedoch genauer hin, zeigt sich noch ein anderes Bild: »Alle sprechen von der Braut, die angeblich die Ehre der anderen Familie verletzt habe, doch darum ging es in diesem Fall nicht. Es ging um finanzielle Streitigkeiten, um Besitztümer und um die weitverbreitete Straflosigkeit im Fall von Verbrechen von sogenannten Dorfschützern. Diese wurden in den letzten Jahrzehnten vom Staat nicht nur finanziert und bewaffnet, sondern sie konnten auch Verbrechen in völliger Straflosigkeit verüben. Die Familienmitglieder der Mörder wurden in ein Nebendorf verlegt und werden nun von der Polizei beschützt, weil nun ihnen das nächste Massaker droht – aus Rache. Am meisten leiden die Frauen darunter, weil viele von ihnen mit Männern der Täter-Familien verheiratet sind und sich jetzt entscheiden müssen, ob sie ihre Kinder und Männer oder ihre Eltern verlassen werden.«[50]

Morde der »Ehre« wegen sind also nicht immer so leicht von anderen Formen der Gewalt des Staates oder bewaffneter Gruppen zu unterscheiden. Auf der anderen Seite beobachten Menschenrechtsorganisationen eine in den letzten Jahren stark angestiegene Gewalt gegen Homosexuelle in der Türkei. In einem Interview der Türkei-Expertin Sabine Küper-Büsch mit dem Autor Mehmet Murat Somer weist dieser darauf hin, dass wiederum viele als »Beziehungstaten« bezeichnete Morde in der LGBTQ-Szene in Wahrheit verdeckte Ehrenmorde sind. Da die Polizei an der Aufdeckung dieser Taten jedoch nicht interessiert ist, sei bis heute kein einziger Ehrenmord an Homosexuellen aktenkundig.[51]

Pınar Selek, eine antimilitaristische und feministische Soziologin, die zurzeit im Exil in Deutschland lebt, hat für ihre Studie über den türkischen Männlichkeitswahn, »Zum Mann gehätschelt. Zum Mann gedrillt. Männliche Identitäten«, ehemalige Rekruten über ihre Erfahrungen während ihres Wehrdienstes in der Türkei interviewt. Sie kommt zu dem Schluss, dass die weitverbreitete männliche Gewalt auch aus der brutalen Behandlung dieser Männer während ihres Wehrdienstes resultiere, der »ramponierte Wesen« produziere:

»Männer, die Ehrenmorde begehen, die Blutrache üben, die ihren Töchtern und Söhnen verschiedenste Verbote aussprechen, die ihren Ehefrauen und Freundinnen vorschreiben wollen, wie sie sich zu benehmen und aufzutreten haben, die jederzeit bereit sind, sich aus verschiedensten Gründen zu schlagen und zu streiten, sind auf alle diese Aufgaben noch besser vorbereitet, wenn sie erst einmal gelernt haben zu kämpfen.«

DERARTU
21 ▪ Äthiopien

Das politische Engagement gegen das Regime gibt mir Kraft

Wir besuchen Derartu gemeinsam mit ihrer Beraterin von Solwodi in ihrer frisch bezogenen, hübschen Wohnung in einer deutschen Kleinstadt. Aus dem Dachfenster im letzten Stock schweifen unsere Blicke über die grünen Hügel ringsumher. Derartu ist stolz. Sie hat bereits viel für sich erreicht. Aber trotzdem fällt es ihr schwer, sich richtig darüber zu freuen. Derartu war erst 15, als sie aus Äthiopien nach Deutschland flüchten musste. Ihre Mutter wurde damals von der Polizei verschleppt und gilt seitdem als »verschwunden«. Ihr Vater sitzt seit 20 Jahren aus politischen Gründen in Haft. Ihr Bruder ist irgendwo in Afrika untergetaucht. Ihre Schwester wurde mit Schleppern nach Saudi-Arabien gebracht, wo sie ohne Papiere bei einer saudischen Familie als Hausmädchen ausgebeutet wird. Und Derartu ist heute in Deutschland politisch gegen jenes Regime aktiv, das ihre Familie auseinandergerissen hat. »Das ist das erste Mal, dass ich meine ganze Geschichte erzählen kann. Normalerweise fange ich immer zu weinen an und kann nicht weitersprechen«, sagt sie dann, sichtlich erleichtert, nach dem Interview.

ፈ ኩኒ ሴና ኮቲ

Meine Familie ist überall verstreut: im Gefängnis, im Untergrund, verschwunden, tot, im Exil oder in der Hölle, wie meine Schwester. Sie wurde außer Landes gebracht, nach Saudi-Arabien. Ich war zwei Jahre alt, als mein Vater verhaftet wurde. Er hatte seine politische Ausbildung in Russland erhalten und arbeitete für das Regime des Realsozialisten Mengistu Haile Mariam in Äthiopien. Als der Diktator im Jahr 1991 gestürzt wurde, wurde mein Vater abgeholt.

Nach seiner Verhaftung wurde es sehr schwer für uns. Wir durften ihn nur einmal im Monat besuchen und konnten nie richtig reden, denn eine Reihe von Gefängniswärtern trennte Besucher und Insassen voneinander und passte auf, dass nichts Falsches gesagt wurde. Es gab keinen Prozess und keine Verurteilung; er wurde einfach eingesperrt und sitzt wahrscheinlich noch heute. Ich habe keinen Kontakt zu ihm.

Wir sind also ohne meinen Vater in Addis Abeba aufgewachsen. Meine Mutter musste sehr hart arbeiten und wir Kinder waren oft alleine oder bei den Nachbarn. Sie war Lehrerin und arbeitete außerhalb von Addis, in Oromia. Somit war mein Bruder der Mann im Haus. Er durfte alles, ging am Abend aus und rührte nie einen Finger im Haushalt.

Als Frau in Äthiopien
Meine Schwester und ich mussten nach der Schule zu Hause bleiben und die Hausarbeit machen. Einen Freund zu haben wäre undenkbar gewesen. All diese Themen wie Beziehung und Sexualität waren tabu, niemand redete darüber, weder in der Schule noch zu Hause. Darum ist die Aids-Rate so hoch bei uns, weil es an Aufklärung mangelt.

Vor unserer Schule lungerten auch dauernd Gruppen von Jungen herum, die uns beim Herauskommen belästigten. Sie wollten mich zwingen, mit ihnen mitzugehen, nahmen mir den Schulausweis weg. Es wurde so unerträglich, dass ich die Schule wechseln musste. Mein Bruder holte mich fortan von der Schule ab. Abends konnte man als Frau sowieso nicht alleine auf die Straße gehen. Die Regierung tat überhaupt nichts, um die Sicherheit der Frauen zu erhöhen – das ist noch heute so. Sie sagen, es gibt wichtigere Probleme zu lösen. Die Polizei greift auch nicht ein, weder auf der Straße, noch bei Gewalt in der Familie. Es gibt keine Hilfe für die Frauen.

Meine Schwester und ich sind beide beschnitten, das gehört zu unserer Kultur. Die Frauen würden dadurch sauberer und blieben ihren Männern treu, heißt es. Ich war etwa drei Jahre alt und meine Schwester sechs, als meine Mutter und meine Großmutter uns zu dieser Frau brachten. Es tat schrecklich weh, lange Zeit. Immerhin wurden wir nicht zugenäht. Bei uns Christen werden die Schamlippen entfernt, aber es wird nichts zugenäht. Die Muslime in Äthiopien tun das schon. Jetzt ist es verboten, aber die Leute machen es trotzdem. Ich würde das meinen Töchtern nie antun.

Überwachung und Repression

Nach der Verhaftung meines Vaters wurden wir ständig überwacht. Ich weiß nicht, ob das wegen meines Vaters oder meiner Mutter war, denn wir wussten nicht, dass sie und ihre Schwester politisch aktiv waren. Sie wollte uns da nicht mit hineinziehen. Vielleicht wurden sie auch zu Unrecht beschuldigt. Eines Tages jedenfalls wurde meine Mutter in ihrer Schule verhaftet. Ihre Kollegen riefen bei uns an und teilten uns mit, was passiert war. Ich weiß bis heute nicht, wo sie ist, und auch nicht, ob sie wirklich bei der Oromo Liberation Front war, einer militanten Gruppe, die für die Rechte der benachteiligten Oromo-Volksgruppe kämpft. Das werde ich wohl auch nie erfahren. Ihre Schwester musste die Universität verlassen, an der sie studierte. Sie tauchte dann unter, ich habe auch von meiner Tante keinerlei Nachricht.

Am Tag der Verhaftung kam die Polizei und durchsuchte unsere ganze Wohnung, durchwühlte alle Papiere und Sachen meiner Mutter. Dann nahmen sie meine Schwester mit und sperrten sie drei Tage lang ein. Sie war 18. Ich weiß nicht, was sie im Gefängnis mit ihr gemacht haben, wir redeten nie darüber. Ich wurde zu meiner Tante gebracht, meine Schwester kam nach ihrer Freilassung auch dorthin. Es war klar, dass wir nicht bleiben konnten. Es war zu gefährlich.

Mein Bruder war schon weg, er hatte in einer anderen Stadt gearbeitet und flüchtete nach der Verhaftung unserer Mutter nach Kenia. Seither weiß ich nichts von ihm, denn in Kenia konnte er nicht bleiben. Ich hoffe, dass er in einem anderen afrikanischen Land in Sicherheit ist.

Es passiert so viel Schlimmes in unserem Land, aber die Regierung sagt immer, dass alles okay sei und die Welt glaubt ihnen. Dabei werden ständig junge Leute in den Dörfern erschossen und Oromos in den Gefängnissen gefoltert. Nach den letzten Wahlen gab es große Demonstrationen mit vier Millionen Menschen auf den Straßen, über 100 wurden getötet. Selbst Künstler, die sich beispielsweise in Liedern gegen die Regierung äußern, verschwinden plötzlich. Auch in den Nachbarländern ist jetzt niemand mehr sicher.

Die Flucht der zwei Schwestern
Wir mussten also das Land plötzlich und rasch verlassen. Später wurde unsere Wohnung an regierungstreue Leute verschenkt. Was am meisten schmerzt, ist der Verlust aller Fotos von früher, von meiner Familie, von Äthiopien.

Meiner Schwester gelang es, ein Visum für eine Pilgerreise nach Mekka zu bekommen, obwohl sie keine Muslimin ist. Meine Tante stellte den Kontakt zu den Schleppern her. Sie fuhr nach Mekka und blieb dann in Saudi-Arabien. Über E-Mail konnte ich wieder Kontakt zu ihr aufnehmen. Manchmal, allerdings selten, schreiben wir uns. Sie arbeitet als Hausmädchen für eine saudische Großfamilie. 16 Stunden am Tag muss sie alles für sie machen. Sie kommt kaum zum Schlafen und wird sehr schlecht behandelt von ihren Arbeitgebern. Da sie illegal in Saudi-Arabien ist, kann sie jederzeit zurück nach Äthiopien geschickt werden. Darum wehrt sie sich nicht und versucht, niemanden zu verärgern. Sie erzählt mir aber sehr wenig über ihre wirkliche Situation, weil sie mich nicht beunruhigen möchte. Ich versuche, nicht allzu viel darüber nachzudenken, denn ihre Situation ist so verfahren und ich weiß nicht, wie ich ihr von hier aus helfen kann.

Vor meiner eigenen Flucht beauftragte meine Tante einen Mann, mir ein Visum für Europa zu besorgen. Das war viel teurer als die Reise nach Mekka, daher konnten wir uns das nicht für beide leisten.

Mit meinem Foto fälschte dieser Mann einen Pass und begleitete mich vom Flughafen in Addis bis Frankfurt. Am Flughafen wurden wir abgeholt und ich wurde in ein Kinderheim gebracht, denn ich war mit meinen 15 Jahren noch minderjährig. Dort hatten sie aber keinen Platz und ich wurde hin und her geschickt, bis sie schließlich einen Ort fanden, wo ich bleiben konnte. Zuerst war ich vier Monate lang im Flüchtlingslager Zirndorf bei Nürnberg, bis ich in ein Flüchtlingsheim in Bayern gebracht wurde.

Als Asylbewerberin in Deutschland: Zum Nichtstun verurteilt

In der Nähe des Flüchtlingsheims gab es außer drei verlorenen Häusern überhaupt nichts: weder Telefon noch Lebensmittelgeschäft; der Bus kam nur zweimal am Tag. Ich durfte nicht weg von dort, niemanden besuchen und nicht in den Deutschkurs oder zur Schule gehen. Den ganzen Tag saß ich alleine herum und weinte, ringsumher war nichts als Wald. In den vier Monaten, die ich dort verbrachte, war ich ständig krank: Bauchkrämpfe, Erbrechen, Schlafprobleme. Über Vermittlung der Caritas wurde ich dann in eine andere Unterkunft gebracht. Das war zumindest eine kleine Stadt. Es gab noch andere Leute, aber zur Schule gehen durfte ich auch dort nicht, zwei Jahre lang.

Eines Abends begleitete ich eine eritreische Freundin aus dem Flüchtlingsheim zu einem Vortrag, bei dem sie ihr Land vorstellte. Dort lernte ich eine Mitarbeiterin von Solwodi kennen. Ich war damals sehr verzweifelt, wegen meiner Situation, meiner Einsamkeit und dem nicht enden wollenden Asylverfahren. Sie gab mir einen Termin und versprach, mit der Ausländerbehörde zu sprechen.

Aber es war nichts zu machen: Schule, Deutschkurs oder Ausbildung sind für AsylbewerberInnen in Deutschland gesperrt. Derartu konnte aber schließlich doch einen Sprachkurs machen, da die Leiterin einer Sprachschule sie gratis teilnehmen ließ und ihr den Bus bezahlte. Derartu schloss den Kurs als Beste ab, was schließlich sogar das Bundesamt für Migration und Flüchtlinge beeindruckte. Sie gratulierten Derartu förmlich und wünschten ihr Glück, bezahlten aber trotzdem nichts. Mit den 40 Euro Taschengeld, die AsylbewerberInnen monatlich bekommen, lässt sich kein Sprachkurs bezahlen.

Doch dann hatte ich wirklich Glück: Solwodi zahlte die Fahrt-kosten für mich. Später begann ich eine Ausbildung zur Al-tenpflegerin. Nur weil der Direktor so nett war, konnte ich die Berufsfachschule besuchen, denn ich erhielt keinerlei öffentli-che Unterstützung dafür. Der Direktor gab mir die Möglich-keit, eine Probezeit von sechs Monaten zu absolvieren, und da ich eine gute Schülerin war, durfte ich weitermachen.

Wenige Wege führen zu einer Aufenthaltsgenehmigung
Das war auch meine Chance, um überhaupt in Deutschland bleiben zu dürfen, denn das erste Urteil im Asylverfahren lau-tete, dass ich keinerlei Anrecht auf politisches Asyl hatte, da ja nur meine Eltern verfolgt worden waren, nicht ich selbst. Auch im Berufungsverfahren wurde dasselbe Urteil gefällt. Ich bekam lediglich eine Duldung. Das heißt, dass die Ab-schiebung zunächst zwar ausgesetzt wurde, aber trotzdem jederzeit vollzogen werden konnte.

Mit Solwodi habe ich dann einen neuen Antrag gestellt. Zweieinhalb Jahre lang passierte überhaupt nichts. Mein Glück war, dass mich der Direktor der Berufsfachschule sehr unterstützte, sodass ich die Ausbildung im August 2009 ab-schließen konnte. Ich habe mich auch sehr bemüht und im-mer gelernt, damit mein Deutsch besser wird. Mit meinem Zeugnis gingen wir dann zur Ausländerbehörde und stellten einen Antrag auf Aufenthalt.

Derartu hatte zweimal Glück: Zum einen konnte sie, trotz der fehlenden Unterstützung durch die Behörden, Deutsch lernen und die Ausbildung zur Altenpflegerin abschließen. Zum anderen gab es in dieser Zeit eine Ge-setzesänderung: Jungen Menschen nichtdeutscher Staatsbürgerschaft – auch jenen, die nur über eine Dul-dung verfügen – wurde die Möglichkeit eingeräumt, über eine abgeschlossene Berufsausbildung und einen anschließenden Arbeitsvertrag im erlernten Beruf eine Aufenthaltsgenehmigung zu erhalten. Derartu erhielt gleich nach ihrer Ausbildung eine Anstellung in einem Altenheim. Sie musste den Asylantrag zurückziehen und konnte auf diesem Wege ihren Aufenthalt vorerst sichern. Nun muss sie zwei Jahre an der gleichen Arbeitsstelle bleiben, dann kann sie ihre Aufenthaltserlaubnis auch dann verlängern, wenn sie in einem anderen als dem erlernten Beruf arbeitet.

Nach Ablauf der Zweijahresfrist an meiner Arbeitsstelle möchte ich vielleicht in eine größere Stadt ziehen und studieren. Ich könnte dann das Fachabitur machen und an die Universität gehen. Das Problem ist nur, dass mir die äthiopische Botschaft bisher keinen Pass ausstellen wollte. Sie wissen genau, dass ich Äthiopierin bin, aber mein politisches Engagement für die Rechte der Oromo hier missfällt ihnen. Die Botschaft weiß über alles Bescheid, was in Deutschland passiert, sie haben ihre Spione und kennen alle Aktivisten, also bestimmt auch mich.

Die Gedanken an meine Familie rauben mir noch immer den Schlaf. Deshalb fällt es mir schwer, Beziehungen und richtige Freundschaften einzugehen. Die Angst sitzt zu tief, wieder alle Menschen zu verlieren, die mir nahestehen. Ich bin sehr vorsichtig geworden. Vor allem an Tagen wie Weihnachten oder meinem Geburtstag möchte ich mich am liebsten irgendwohin verkriechen, alles vergessen. Aber das politische Engagement gegen das äthiopische Regime gibt mir Kraft. Ich fühle mich dann nicht so machtlos und alleine. Deshalb gehe ich regelmäßig zu den Treffen der »Oromo Students in Europe« und nehme an Demonstrationen teil. Manchmal schreibe ich auch Artikel. Ich hoffe, auf diese Weise auch für meine Familie etwas bewirken zu können.

Äthiopien:
Eine andauernde Parabel der Macht

Äthiopien ist ein geo-politisch wichtiges Land am Horn von Afrika. Die ca. 77 Millionen EinwohnerInnen sind in über 80 Ethnien unterteilt. Zu den größten zählen die Amharen und die Tigray. Sie gehören der äthiopisch-orthodoxen Kirche an. Die vorrangig muslimischen und teilweise christlichen Oromo bilden etwa 40 Prozent der Bevölkerung. Derartu kommt aus einer ethnisch gemischten Ehe: Ihre Mutter ist Oromo, ihr Vater Amhare. Das Heiraten zwischen Menschen unterschiedlicher ethnischer Zugehörigkeit war eine politische Strategie der nationalen Einigung unter der Herrschaft Mengistus (1974 – 1991). Wenn sich die Ehepartner in unterschiedlichen politischen Vereinigungen engagierten, wurden politische Konflikte in das Privatleben hineingetragen. Das war bei Derartus Eltern der Fall.

Ethnische Konflikte sind historisch begründet, so auch der Konflikt zwischen den Oromo und anderen Ethnien. Die Oromo fühlen sich von anderen mächtigen Ethnien diskriminiert, das betrifft vor allem die Herrschaftsverhältnisse im 20. Jahrhundert. Die Konfrontationen gehen auf politische Entwicklungen in früheren Jahrhunderten zurück, deshalb ist ein historischer Rückblick wichtig zum Verständnis der tiefen Spaltungen. Auf dem Gebiet des heutigen Äthiopien entstanden ab ca. 100 n. Chr. verschiedene Reiche. Ab dem vierten Jahrhundert n. Chr. breitete sich die äthiopisch-orthodoxe Kirche im Hochland aus und ab dem siebten Jahrhundert missionierten islamische Gelehrte.

Gewaltsame Konflikte prägten die folgenden Jahrhunderte. Kriegertum war ein Privileg christlicher Adeliger. Ab Anfang des 16. Jahrhunderts expandierten Oromo-Gruppen aus dem Süden in den Norden. Gewaltsame Auseinandersetzungen, aber auch Assimilierungen durch inter-ethnische Ehen waren die Folgen.

Kaiser Theodros II (1855-1868) strebte ein zentrales Reich an. Dagegen leisteten Regionalfürsten Widerstand. Zwischen 1889 und 1913 regierte Kaiser Menelik II. Er eroberte viele Gebiete, unter anderem die der Oromo. Diese imperialen Eroberungen und die Landaneignungen durch den Kaiser beschränkten die wirtschaftlichen und politischen Handlungsspielräume der Oromo, was viele Konflikte zur Folge hatte. Nun wurden auch nicht-adelige Männer für den Kriegsdienst rekrutiert. Fortan galt das Tragen einer Waffe als Symbol männlicher Ehre.[52]

Im Unterschied zu anderen afrikanischen Ländern wurde Äthiopien – abgesehen von einer kurzen italienischen Besatzung während des Zweiten Weltkriegs – nicht kolonisiert. Vielmehr trat es selbst als imperiale Macht auf. Im Jahr 1930 wurde Ras Tafari Makonnen zum Kaiser gekrönt.[53] 1962 annektierte er Eritrea, was einen jahrzehntelangen Krieg zur Folge hatte.

Ab 1963/64 begannen Gefechte im Süden Äthiopiens, vor allem Oromo-Gruppen fühlten sich von Haile Selassis Modernisierungsprojekten ausgeschlossen. Landkonflikte und hohe Steuerlasten zur Finanzierung der Armee beschleunigten die Verarmung der Bevölkerung. 1973/1974 lähmte eine Hungerkatastrophe das Land.

Am 12.9.1974 übernahmen revolutionäre Militärs die Macht. Major Mengistu Haile Mariam setzte sich an die Spitze des militärischen Revolutionskomitees (amharisch »Derg« genannt) und verkündete den Aufbau einer sozialistischen Gesellschaft. Fortan prägten Massenerschießungen und »roter Terror« das Leben. Groß angelegte Zwangsumsiedlungen sollten zur Bildung einer einheitlichen Nation beitragen und ethnische Grenzen überwinden, jedoch zerstörten sie regionale und lokale gesellschaftliche Einheiten. Die Bevorzugung von Amharen verstärkte ethnische Spannungen. Regionale Widerstandsorganisationen, unter anderem der Tigray und Oromo, führten einen Guerillakrieg gegen die von der Sowjetunion hochgerüstete Armee.[54] Mit dem Ende des Kalten Krieges brach die Mengistu-Diktatur zusammen. Am 28. Mai 1991 marschierte die Ethiopian Peoples Revolutionary Democratic Front (EPRDF), ein Zusammenschluss unterschiedlicher Guerillagruppen, unter Meles Zenawi siegreich in Addis Abeba ein. Die Regierung teilte das Staatsgebiet neu auf, dabei orientierte sie sich an eigenwillig interpretierten ethnischen Kriterien. Dies stärkte ethnische Zuschreibungen und schuf neue infrastrukturelle und ökonomische Ungleichheiten.

Das Erbe der vielen Kriege und die Militarisierung der Gesellschaft sind bis heute nicht aufgearbeitet. Gewaltbereitschaft bildet den Nährboden für neue Konflikte. So ging die Oromo Liberation Front (OLF), die sich auf eine Einheit der Oromo-Nation beruft, auf Konfrontationskurs. Sie operiert vorrangig vom Exil aus. Während der OLF vorgeworfen wird, für Morde in Äthiopien und Kenia verantwortlich zu sein,[55] nutzt die äthiopische Regierung unter dem Vorwand des »War on Terror« jede Gelegenheit, um angebliche OLF-AktivistInnen zu kriminalisieren. Die äthiopische Regierungspartei EPRDF, Polizei und Armee haben wiederholt oppositionelle Kundgebungen gewaltsam niedergeschlagen.[56]

Verarmte Frauen
Neben der schwierigen politischen Lage hat Äthiopien ein permanentes Versorgungsproblem. Das Land kann nur 70 Prozent der notwendigen Grundnahrungsmittel selbst produzieren. Die weltweit anzutreffende Feminisierung der Armut zeigt sich auch in Äthiopien: Fast die Hälfte aller Frauen, die ihre Kinder allein versorgen müssen, sind verarmt. Davon

sind vor allem HIV-positive Frauen betroffen. Die offizielle HIV-Rate beträgt 2,2 Prozent. Sie erfasst nur einen Teil der Infizierten, denn Aids-Erkrankungen sind tabuisiert. Vor allem Frauen wird sexuelles Fehlverhalten vorgeworfen.

Zwar hat die Regierung in den letzten Jahren ihre Ausgaben für den Gesundheitssektor erhöht, dennoch sterben viele Frauen bei Geburten. In zahllosen Fällen werden Geburtskomplikationen durch genitale Beschneidungen verursacht.

Denn trotz eines offiziellen Verbots werden über 80 Prozent aller Mädchen genital beschnitten oder gar infibuliert. Das heißt, die Vagina wird bis auf ein winziges Loch zum Urinieren und für den Abfluss des Menstruationsblutes zugenäht. Sehr groß ist die Gefahr, dass Frauen bei Sexualkontakten verletzt und mit dem HI-Virus infiziert werden. Ungeachtet dieser Probleme befürworten etliche Männer und Frauen genitale Operationen als Zeichen ihrer Treue zu Kultur, Tradition und Religion. Viele Männer lehnen unbeschnittene Mädchen als Ehepartnerinnen ab. Die Regierung und einzelne Nicht-Regierungsorganisationen wollen das ändern.[57] Zahllose Männer bewerten die Reformen aber als Einmischung der Regierung. Sie weigern sich, die neuen Rechtsgrundlagen anzuerkennen.

Auch traditionelle Formen der Eheschließung, wie der offiziell verbotene Frauenraub, werden nach wie vor praktiziert. Oft werden Schülerinnen auf dem Heimweg verschleppt und anschließend vergewaltigt. Ihre Eltern müssen dann Eheschließungen zustimmen. Auf diese Weise werden den Mädchen eigene Zukunftsperspektiven verweigert. Auch offizielle Programme zur Verbesserung der Schulbildung von Mädchen werden damit ad absurdum geführt. Dagegen gehen äthiopische Frauenrechtsorganisationen vor. Sie setzen auf den Dialog – mit der Regierung und mit Traditionalisten. Doch neuerdings wird der Handlungsspielraum der NGO durch diverse Gesetze stark beschränkt.[58]

KIRAN

26 ▪ Afghanistan

Auch wenn ihr es nicht verstehen könnt: Ich liebe meine Familie, trotz allem

»Vielleicht kann ich meine Geschichte eines Tages nieder-
schreiben. Es würde mir bestimmt helfen«, meint Kiran,
»vielleicht auch anderen.« Ihr Name bedeutet auf Urdu »Welle«. Kiran überlebte die Taliban und die Gewalt, die ihr von
Ehemann und Familie angetan wurde. Als uns die 26-Jährige
mit dem dichten schwarzen Haar von ihrem Leben erzählt,
wirkt sie zunächst wie eine geübte Geschichtenerzählerin, be
schreibt präzise Orte, Situationen und Gefühle. Wenn sie jedoch über ihre Familie spricht, verliert sie die Fassung. Der
Schmerz der Verletzungen auf der einen und der Wunsch
nach Liebe und Anerkennung auf der anderen Seite ist ein
Widerspruch, der schwer auszuhalten ist.

Kiran wurde in Kabul, der Hauptstadt Afghanistans, in
eine achtköpfige Familie hineingeboren. Als Kind und Jugendliche musste sie für ihre Familie im Haushalt schuften.
Mit 13 entkam sie dem ersten Verheiratungsversuch, aber mit
Anfang 20 wurde sie schließlich an einen 40-Jährigen zwangsverheiratet, der sie nach Deutschland holte, sie schlug und
vergewaltigte.

Kirans Geschichte erzählt jedoch nicht nur von ihren persönlichen Erfahrungen, sondern auch vom wechselvollen
Schicksal Afghanistans und den Frauen des Landes, die oft
nicht einmal als Zuseherinnen am Rande der von Männern
dominierten Schauplätze geduldet wurden.

این است قصه من ...

Nach Afghanistan kann ich nie mehr zurück, auf keinen Fall. Nachdem ich meinen Mann in Deutschland verlassen hatte, ließ mir mein Vater ausrichten, dass ich für ihn gestorben sei. Er glaubte meinem Mann und dessen Familie, dass ich nun als Prostituierte arbeite. Noch ist die Scheidung nicht vollzogen, doch danach haben sie das Recht, mich umzubringen. Sie werden nichts unversucht lassen.

Und trotzdem – bis heute bedeutet mir meine Familie mehr, als ihr euch vorstellen könnt. Ich liebe sie immer noch, vor allem meine kleine Schwester, die ich großgezogen habe. Meine Mutter war immer krank, schlecht gelaunt und aggressiv. So musste ich schon als kleines Mädchen in Kabul Hausfrau und Mutter für meine Geschwister und Krankenpflegerin für meine Mutter sein. Ich tat alles für sie, für ein bisschen Zuneigung.

Meine Mutter konnte eines gut: uns psychisch fertigmachen. Einmal hatte ich ein Glas kaputt gemacht, irgendein normales Glas, nichts Teures. Meine Mutter zerrte mich nach draußen auf die Straße, wo die anderen Kinder spielten, und schrie: »Seht her, dieser Tollpatsch macht alles kaputt!« Sie schlug mich und befahl den Kindern: »Lacht jetzt!« Ich schämte mich so, denn das waren meine Schulkameraden.

Pech gehabt: Fünf Töchter und ein Sohn
Ich bin das zweite Kind in meiner Familie, insgesamt habe ich fünf Geschwister. Meine Familie war sehr arm, daher wollten sie keine Tochter haben. Denn Töchter kosten Geld: Die Eltern müssen die Mitgift bezahlen, eine Tochter kann nicht außerhalb des Hauses arbeiten, ja nicht einmal alleine außer Haus

Ich liebe meine Familie, trotz allem

gehen, ohne dass es eine Gefahr oder Schande für die Familie wäre. Aber meine Eltern hatten »Pech«: Wir sind fünf Schwestern und ein Bruder. Mein Vater war überhaupt nicht glücklich, als ich geboren wurde. Anfangs wollte er mich nicht einmal in den Arm nehmen, er hat mich einfach ignoriert.

Als Frau in Afghanistan darf man überhaupt nichts tun, nicht alleine hinausgehen, nicht einkaufen, keine Entscheidungen treffen, keine Meinung haben, einfach gar nichts. Mit 13 wird man als Erwachsene angesehen. Wir hatten Glück, dass mein Vater moderner war und uns überhaupt zur Schule gehen ließ. Das war unüblich für Mädchen. Aber wir mussten immer gemeinsam gehen, eine ganze Gruppe von Mädchen, die denselben Schulweg hatten. Alleine zu gehen war strikt verboten. Nach sechs Uhr abends durfte sowieso keine Frau mehr auf die Straße, das war viel zu gefährlich.

Ich bin zu der Zeit geboren, als in Afghanistan ein prosowjetisches Regime an der Macht war, danach habe ich den Krieg zwischen den Mujaheddin und der Sowjetarmee miterlebt. Während des Krieges ging es uns sehr schlecht, denn mein Vater war lange Zeit arbeitslos und wir hatten oft nichts zu essen. Wir lebten zu acht in einem kleinen Zimmer.

Unter der Terrorherrschaft der Taliban
Als dann die Taliban kamen, wurde es für uns Frauen aber noch viel schlimmer. Meine ältere Schwester musste mit 15 heiraten, damit sie nicht von den Taliban entführt würde. Sie schickten Frauen als Spione in die Wohnungen, um auszukundschaften, wo es hübsche, unverheiratete Mädchen gab. Dann kamen sie in der Nacht bis zu den Zähnen bewaffnet und nahmen diese Frauen mit.

Wir durften auch nicht mehr zur Schule gehen, wir durften überhaupt nicht mehr hinausgehen – es sei denn in Begleitung und mit Burka bekleidet. Weder die Augen noch die Finger noch sonst irgendein Stückchen Haut durfte herausschauen. Beim Einkaufen zum Beispiel rutschte aber manchmal das Handgelenk unter dem Stoff hervor, dann wurden die Frauen richtig schlimm verprügelt.

Es war verboten, Musik zu hören, fernzusehen, Bilder an die Wand zu hängen, alles Schöne war verboten. Unangemeldet machten die Taliban Kontrollbesuche: Sie kamen einfach mitten in der Nacht in unsere Häuser und schauten, ob wir verbotene Dinge besaßen.

Aber auch für Männer war das Regime schrecklich. Sie mussten sich lange Bärte wachsen lassen und es gab Einheiten, die das kontrollierten: Die Männer mussten den Bart in eine unten abgeschnittene Flasche stecken. Kamen die Barthaare unten heraus, war alles okay, wenn nicht, mussten sie mit dem Schlimmsten rechnen. Und Männer wie Frauen mussten nach islamischer Vorschrift die Haare im Genitalbereich wegrasieren. Jeder Lebensbereich war reglementiert. Es gab weder Freiheit noch Sicherheiten.

Ich hätte mit 13 heiraten sollen. Doch ich hatte Glück: Die Taliban wurden gestürzt und man ließ mich – noch – in Ruhe. Viele Menschen feierten die neue Freiheit, aber andere, darunter mein Vater, hatten Angst vor dem, was nun kommen würde, und vertrauten den Amerikanern nicht. Viele glauben, dass die Taliban von Bush Senior an die Macht gebracht wurden.

Ich habe oft an Selbstmord gedacht, aber mich verbrennen, wie es viele Frauen bei uns machen, das könnte ich nicht. Das ist ein schrecklicher Tod. Das Schlimmste aber ist, dass es oft nicht einmal die Frauen selbst sind, die sich verbrennen. Es sind die Ehemänner oder Schwiegereltern, die sie mit Benzin begießen und anzünden. Dadurch können sie die Mitgift der Braut für sich behalten oder die Frau einfach loswerden, wenn sie ihnen missfällt. Dann heiraten die Männer erneut und kassieren noch eine Mitgift. Manche Frauen werden auch verstümmelt und gefoltert, bevor sie umgebracht werden.

Die Eltern wählten den Ehemann

Als ich 18 wurde, bekam meine Mutter Panik, dass ich schon zu alt sei und sie mich nicht mehr verheiraten könne. So schlug sie sofort zu, als sich eine Möglichkeit bot. Zu dieser Zeit begann ich in Kabul Sprachwissenschaften und Literatur zu studieren. Das Studium war gratis und meine Schwester schickte ein wenig Geld aus Schweden, daher konnten wir uns das leisten.

Eines Tages, als ich von der Uni heimkam, legte meine Mutter ein Foto auf den Tisch: mein zukünftiger Ehemann! Ich kannte ihn nicht. Er sah so alt aus. Ich war Anfang 20, er fast 40. Alles Weinen und Flehen half nichts. »Wir wissen viel besser, was gut für dich ist«, antworteten meine Eltern unisono. Eigentlich meinten sie: was gut für sie selber ist, denn sie erhofften sich Geld von meinem Mann, der in Deutschland lebte.

Das erste Mal kam er nach unserer Verlobungsparty nach Afghanistan. »Ich habe dich gekauft«, sagte er, »ich kann mit dir machen, was ich will.«

Ich wurde zur Ware. Ich wurde verkauft und verheiratet und mein Mann behandelte mich wie sein Spielzeug. Ich war kein Mensch mehr und was ich wollte, zählte nicht, ich musste alles tun, was er von mir verlangte.

Bedroht, vergewaltigt, geschlagen

Einige Zeit nach der Hochzeit holte er mich nach Deutschland. Er verbot mir, aus dem Haus zu gehen, verbot mir jeglichen Kontakt zu meiner Familie, auch zu meinen beiden Onkeln, die ebenfalls in Deutschland leben. Als mein Onkel einmal zu Hause anrief und ich mit ihm sprach, wurde mein Mann wütend, schlug mich und schrie mich an: »Warum redest du mit denen? Die sind Fremde für dich, du gehörst jetzt mir!« Jede Nacht vergewaltigte er mich. Ich verteidigte mich, so gut ich konnte, aber er war stets stärker.

Mein Mann hat viele Verwandte hier in Deutschland und eines Tages versuchte ich, von einer seiner Schwestern Hilfe zu bekommen. Das war sehr dumm von mir, denn natürlich sagte sie es ihm sofort. »Mach sie schwanger, dann kann sie nicht mehr weg«, riet sie ihrem Bruder.

Zum Glück wurde ich nicht schwanger.

Ich wollte mich umbringen. Ich konnte nicht mehr mit diesem Mann und seinen Aggressionen leben. Bevor ich schwanger würde, wollte ich abhauen. Einen Tag, nachdem wir bei seiner Schwester gewesen waren, rief mein Onkel an. Ich war vollkommen aufgelöst am Telefon. Er redete mir gut zu und versprach zu helfen. »In Deutschland gibt es Hilfe«, sagte er, »hab keine Angst! Ich werde mit der Polizei reden, aber sag nichts zu deinem Mann.«

An dem Tag, als die Polizei kam, hatte er mich wieder geschlagen. Ich war überall grün und blau und meine Hand war verletzt, dick und geschwollen. Ich wusste, dass sie im Anmarsch waren, denn mein Onkel hatte mir Bescheid gegeben. Heimlich packte ich ein paar Sachen zusammen und wartete. Die Polizisten sahen sofort, was los war, obwohl ich nicht mit ihnen sprechen konnte. Ich streckte ihnen nur meine geschwollene Hand entgegen. Sie sahen meinen gepackten Koffer neben mir und nahmen mich mit, ohne auf meinen Mann zu achten. Der fing an zu schreien und zu weinen. »Ich liebe dich doch, bleib bei mir!«, heulte er los. Dann wieder: »Ich bringe deinen Vater um!« Aber ein Polizist schob ihn einfach zur Seite und sie brachten mich zum Auto.

Die erste Nacht verbrachte ich in einem Frauenhaus und am nächsten Tag schickten sie mich zu Solwodi. Nicht ganz einen Monat war ich bei meinem Mann gewesen, aber ein Monat in der Hölle ist ein Monat zu viel.

Ich liebe meine Familie, trotz allem

Die Beraterinnen von Solwodi stehen mir nun schon seit zwei Jahren zur Seite. Sie halfen mir bei meinen ersten Schritten in die Freiheit. Anfangs war alles neu für mich und machte mir Angst. Zum ersten Mal war ich in einem Land, in dem die Frauen selber einkaufen gehen! Ich konnte das nicht, denn ich hatte es nie gelernt. Die Frauen bei Solwodi haben mich begleitet und mir gezeigt, wie diese alltäglichen Tätigkeiten gemacht werden. Einer der größten Erfolge in dieser Zeit war, als ich zum ersten Mal alleine von einer Stadt in eine andere fuhr – so fühlt sich Freiheit an. In der anderen Stadt machte ich ein Praktikum an der Universität, in einem Projekt, dessen Ziel es war, Bücher auf Farsi zu katalogisieren.

Ich habe auch Deutschkurse gemacht und mich nach neuen Möglichkeiten umgesehen, denn Putzfrau wollte ich nicht werden. Bei McDonalds zu arbeiten hat mir gereicht – aber ich konnte dort viel über das Leben und die Menschen lernen.

Schwieriger Prozess

Die Anklage gegen meinen Mann lautete auf Körperverletzung und Vergewaltigung. Als das Gerichtsverfahren losging, merkten wir, dass er nun theoretisch erfahren könnte, wo ich untergebracht war. Denn in den Gerichtsakten stand die Adresse jenes Arztes, der meine Verletzungen untersucht hatte. Sein Anwalt hatte Einsicht in die Akten. Das hieß: Alarmstufe rot. Meine Beraterinnen von Solwodi halfen mir rasch, die Schutzwohnung und die Stadt zu verlassen und besorgten mir eine eigene, sichere Wohnung in einer anderen Stadt. Somit bin ich zur Zeit aus der Schusslinie. Er und seine Familie haben keine Ahnung, wo ich wohne. Und das muss immer so bleiben.

Das Problem ist, dass Kirans Mann bis heute nicht in eine Scheidung eingewilligt hat. Da die beiden nach afghanischem Recht verheiratet wurden, gilt sogar in

Deutschland dieses Recht – es sei denn, Kiran erhielte die deutsche Staatsbürgerschaft, wie uns die Beraterin von Solwodi erklärt. Das bedeutet, solange der Mann nicht sein Einverständnis gibt, wie es das afghanische Recht vorschreibt, kann die Scheidung nicht vollzogen werden. Deshalb zieht sich dieses Verfahren nun schon über zwei Jahre hin.

Fast ein Jahr nach der Anzeige wurde ich vor Gericht geladen, um eine Aussage zu machen. Der Anwalt meines Mannes versuchte, mich als die Schuldige darzustellen. Ich hätte diesen netten Mann ausgenutzt, um nach Deutschland zu kommen. »Er würde nie eine Frau schlagen, das könnte dieser friedfertige Mensch überhaupt nicht«, meinte sein Anwalt in Bezug auf das ärztliche Gutachten. Beim nächsten Gerichtstermin werde er das beweisen, behauptete er.

Ich fürchte mich vor dem nächsten Termin, aber Solwodi hat mir eine gute Anwältin besorgt. Ohne Solwodi wäre ich nicht mehr am Leben. Sie unterstützen mich bei allem und sind immer für mich da.

Auch heute noch muss ich immer vorsichtig sein – bei jedem Schritt, den ich tue. Ich meide den Kontakt zu anderen Afghanen, das wäre zu gefährlich. Man weiß nie, wer wen kennt und vielleicht etwas Falsches weitererzählt. Nicht einmal mein Onkel oder meine Schwester in Schweden verstehen, in welcher Gefahr ich mich befinde und warum Geheimhaltung so wichtig ist. Sogar sie setzen mich unter Druck. Das ist sehr schwer auszuhalten. Oft denke ich an mein altes Leben und vermisse meine Familie und Afghanistan. Vor ein paar Monaten habe ich meine Familie angerufen. Meine Eltern waren sehr nett zu mir. »Komm nach Afghanistan, Kiran«, sagten sie, »du bist hier immer willkommen!« Ich freute mich so, hoffte, dass ich endlich jene Liebe von ihnen bekommen würde, die ich so lange vermisst hatte. Aber meine kleine Schwester warnte mich:»Komm ja nicht nach Hause, sie hassen dich! Wenn du kommst, du weißt schon ...«

Eigene Entscheidungen

Mein Traum ist es, Deutsch als Fremdsprache zu unterrichten, solche Deutschkurse zu geben, wie ich sie auch besucht habe. Der zweite Beruf, der mir gefallen würde, ist Sozialarbeiterin. Ich habe mich an der Universität angemeldet und vor Kurzem die Bestätigung bekommen, dass ich angenommen wurde. Jetzt muss ich mich nur noch entscheiden, was besser zu mir passt. Nach 24 Jahren Leben in Afghanistan, in denen ich niemals auch nur eine einzige Entscheidung treffen durfte, fallen mir eigene Entscheidungen immer noch schwer.

Es dauert einfach seine Zeit, sich an ein neues Leben zu gewöhnen, aber ich bin auf einem guten Weg   auf meinem Weg.

Afghanistan:
Das Land der Kriege

Afghanistan konnte sich im 19. Jahrhundert als Pufferstaat zwischen Russland und Britisch-Indien zunächst seine Selbstständigkeit bewahren. Der von verschiedenen Stammesföderationen[59] geprägte Staat modernisierte sich im 20. Jahrhundert jedoch nur langsam. Lediglich in den Städten, insbesondere in der Hauptstadt Kabul, entwickelten sich langsam Ansätze einer afghanischen Moderne. In Kabul konnte mit neuen Bildungsinstitutionen, wie der 1931 gegründeten Universität von Kabul, eine Schicht gebildeter AfghanInnen entstehen, die nicht mehr ausschließlich in Stammeskategorien dachten, sondern zunehmend eine Modernisierung des Staates anstrebten.

So zählt sich heute auch Kiran, nach ihrer ethnischen Zugehörigkeit befragt, schlichtweg zu den BewohnerInnen der Hauptstadt – sie ist eine »Dukhtari Kabul« (Tochter Kabuls). Auch sie profitierte kurz von den relativen Freiheiten für städtische Frauen: Ihr Vater ließ sie zwei Jahre lang an der Universität studieren – bis sie verheiratet wurde.

Die Universitäten des Landes brachten ab den 1930er-Jahren eine linke Opposition hervor, die den erstarrten politischen und gesellschaftlichen Strukturen entgegenzuwirken suchte. Die linken Gruppierungen blieben in ihren Führungsriegen jedoch von Männern dominiert. Frauen blieben in der zweiten Reihe. Auch auf dem Land hatte sich fast nichts verändert, als sich am 16. Juli 1973 Mohammad Daud, der mit der Sowjetunion sympathisierende »rote Prinz«, an die Macht putschte. Unter Daud entstanden neue Freiräume für zivilgesellschaftliches Engagement – auch für Frauen. So bildeten sich kleine unabhängige Frauengruppen, wie die 1977 gegründete Revolutionary Association of the Women of Afghanistan (RAWA)[60], die sich für Frauenrechte und die Änderung patriarchaler Gesetze und Gesellschaftsstrukturen stark machte.

Im April 1978 putschte die kommunistische Demokratische Volkspartei Afghanistans (DVPA) gegen Daud. Dieses Regime trieb zwar einige Reformen für Frauen voran, scheiterte jedoch langfristig an seinem eigenen Autoritarismus und innerparteilichen Flügelkämpfen. Die neuen Machthaber führten ein fortschrittliches Ehe- und Familienrecht ein und betrieben eine Alphabetisierungskampagne, die aber die ländliche Bevölkerung kaum erreichte. Und sie erließen das Dekret Nr. 7 von Oktober 1978, welches die Rechte von Frauen in der afghanischen Gesellschaft stärken sollte.[61]

Vor allem die ländliche Bevölkerung konnte jedoch nicht mit der Reformgeschwindigkeit der neuen Regierung mithalten und wehrte sich gegen die autoritäre Durchsetzung der neuen Politik, insbesondere gegen die Landreform, die mit den traditionellen Vorstellungen von der Unantastbarkeit des Landbesitzes kollidierte.

Die darauf folgenden Aufstände der konservativen Landbevölkerung führten schließlich im Dezember 1979 zum Einmarsch der Sowjetunion und zum Beginn einer bis heute andauernden Serie kriegerischer Konflikte. Während die Sowjetunion die linke Regierung stützte, unterstützten der Westen und islamische Staaten islamistische Guerillagruppen, die sogenannten Mujaheddin, gegen die afghanische Regierung. Der »Westen«, insbesondere die USA, schlugen sich vor allem wegen deren antikommunistischer Einstellung auf die Seite der islamistischen Gruppierungen.[62]

Nur unter der Burka sicher
Mit der militärischen Niederlage und dem Abzug der Sowjetunion 1989 kehrte jedoch nicht der Frieden ein. Vielmehr begannen nun Auseinandersetzungen zwischen verschiedenen

Mujaheddin-Fraktionen, die zu einer permanenten Unsicherheit für die Bevölkerung führten.

Insbesondere Frauen wagten sich kaum noch allein aus ihren Dörfern. Zudem wurden alle fortschrittlichen gesetzlichen Regelungen zugunsten der Frauen aus der sozialistischen Ära wieder abgeschafft. Die permanente Unsicherheit und das Andauern des Bürgerkrieges brachten den von Pakistan unterstützten Taliban, die ab 1995 allmählich das Land unter ihre Kontrolle brachten, Sympathien in der Bevölkerung. Diese fanatischen Islamisten, die paschtunisches[63] Stammesrecht mit dem, was sie für das islamische Recht hielten, verbanden, brachten zumindest eine gewisse Sicherheit für die Zivilbevölkerung mit sich. Die Kehrseite dessen war ein extrem repressives Regime, das insbesondere die Frauen traf: Nun wurden Frauen zum Tragen der Burka gezwungen, wie es auch Kiran erlebte. Schul- und Arztbesuch waren Frauen verboten. (Angebliche) Ehebrecherinnen und homosexuelle Männer wurden öffentlich hingerichtet.[64]

Nachdem Afghanistan als Antwort auf die Terroranschläge vom 11. September 2001 von US-Truppen erobert und die Taliban gestürzt worden waren, blieben jedoch Teile dieser Normen weiter bestehen. Auch wenn Frauen nun wieder zur Schule gehen dürfen und medizinisch behandelt werden, so ist die afghanische Gesellschaft nach Jahrzehnten des Krieges noch derart traumatisiert, dass sich nur wenige Frauen unter der Burka hervorwagen. So verbot auch Kirans Mutter ihren Töchtern das Ablegen und Verbrennen der Burkas mit den Worten: »Nein, lasst das, wer weiß, was noch passieren wird. Vielleicht kommen die Taliban zurück.«

Und sie behielt recht: Die Taliban waren nach 2001 nicht besiegt. Sie hatten sich nur zurückgezogen und werden nun von Jahr zu Jahr wieder stärker. Große Teile des ländlichen

Afghanistan stehen heute erneut unter ihrer Kontrolle oder der anderer islamistischer Kriegsherren.

Unterdrückt von Fundamentalisten und der Familie

Frauenaktivistinnen werden bis heute massiv eingeschüchtert, da die Politik in Afghanistan auch nach dem Sturz der Taliban von reaktionären Männern bestimmt wird. Auf dem Land werden Frauen weiterhin meist von den Familien verheiratet. In einem Interview erzählte eine Aktivistin der Revolutionary Association of the Women of Afghanistan (RAWA) bereits 2008, dass sich die Situation der Frauen in Afghanistan weiter verschlechtert habe und Frauen im gegenwärtigen Afghanistan von zwei Seiten unterdrückt würden: »Zum einen durch häusliche Gewalt, zum anderen durch Gewalt, die von Fundamentalisten ausgeht. Frauen werden von den bewaffneten Anhängern der mächtigen Warlords in den verschiedenen Provinzen vergewaltigt, entführt, gefoltert und ermordet.«[65]

Kiran hat viele dieser verschiedenen Formen von Gewalt gegen Frauen miterlebt – insbesondere durch ihre eigene Familie. Auch heute noch wird sie von ihnen stark unter Druck gesetzt, denn ihre Familie spricht ihr das Recht ab, ihr Leben selbst in die Hand zu nehmen. Doch Kiran hat sich dieses Recht erkämpft.

SELBSTBESTIMMT LEBEN

KHUSHBOO legte die Rolle der unterwürfigen Ehefrau ab und wandte sich an die Polizei. Sie lebt heute alleine an einem geheimen Ort, hat ihre Ausbildung zur Krankenschwester absolviert und arbeitet in einem Krankenhaus. Ihr Traum ist ein Medizinstudium und eine fixe Anstellung an der Universitätsklinik in Frankfurt.

JOY hat mittlerweile ihre »Reiseschulden« abbezahlt. Sie sagte in einem Strafprozess gegen die MenschenhändlerInnen aus und ist jetzt frei. Ihre zweijährige Tochter wächst dreisprachig auf: Deutsch, Englisch und Bini, die Sprache der Edo, spricht sie bereits perfekt.

CRISTINA konnte mithilfe von Landsleuten aus der Gefangenschaft flüchten und sagte in einem Strafprozess gegen ihre Peiniger aus. Sie möchte nun eine Ausbildung machen, um ihrem sechsjährigen Sohn ein gutes Leben ohne Geldsorgen bieten zu können.

AYLA brach den Kontakt zu ihrer Familie ab, hat Deutsch gelernt und ein neues Leben begonnen. Sie möchte die deutsche Staatsbürgerschaft erlangen, damit sie Polizistin werden kann. Eines Tages will sie ihrer Familie all ihre Zeugnisse schicken, um zu beweisen, dass eine Frau sehr viel bewegen kann.

VIRGINIA ist wie eine Mutter für ihre Enkelin Aylin. Nach dem Tod ihrer Tochter hat sie noch einmal geheiratet, Deutsch gelernt und unterstützt ihre ehemaligen Schwiegereltern in Ecuador finanziell – obwohl diese sie anfangs nicht akzeptiert hatten.

Maria hatte den Mut, gegen die Menschenhändler in einem Strafprozess auszusagen. Sie machte danach eine Ausbildung und hat nun eine fixe Stelle in Deutschland. Dadurch kann sie auch ihren Eltern Geld nach Litauen schicken. Ihre Vergangenheit kann Maria nicht vergessen, aber sie hat Strategien entwickelt, um glücklich zu sein.

Zehra ließ sich nicht mehr zwangsverheiraten. Sie wünscht sich, dass türkische und kurdische Männer irgendwann lernen, Frauen gleichberechtigt zu behandeln. Den Führerschein hat sie schon begonnen, ein fester Job und ein eigenes Auto sind die nächsten Schritte in Richtung Freiheit.

Emel genießt nun die Freiheit, das zu tun, was sie tun möchte. Niemand zwingt sie mehr zum Heiraten. Sie steht auf eigenen Beinen, hat eine Ausbildung gemacht und arbeitet in einem Kaufhaus. Mittlerweile hat sie auch wieder Kontakt zu ihren jüngeren Geschwistern – aber ohne ihren Aufenthaltsort zu verraten, denn das wäre immer noch zu gefährlich.

Derartu kämpfte als minderjährige Asylbewerberin gegen alle behördlichen Widerstände erfolgreich für einen Deutschkurs und eine Ausbildung. Sie arbeitet heute als Altenpflegerin im Süden Deutschlands und engagiert sich politisch gegen das äthiopische Regime.

Kiran flüchtete in Deutschland aus ihrer Zwangsehe und muss sich nun vor ihrer Familie verstecken. Bis heute wartet sie auf den Ausgang des Gerichtsverfahrens gegen ihren Noch-Ehemann. Sie spricht perfekt Deutsch, kann jetzt zwischen zwei Ausbildungsmöglichkeiten wählen und übt sich darin, solche wichtigen Entscheidungen selbstständig zu treffen.

DANKSAGUNG

Unser besonderer Dank und unsere Anerkennung gilt allen Frauen, die uns für dieses Buch ihre Lebensgeschichten erzählt haben. Sie sind die Autorinnen ihrer eigenen Geschichten und die Gestalterinnen ihres Lebens, und täglich schreiben sie weiter daran.

Wir haben die Namen jener Interviewpartnerinnen, die in geheimen Schutzwohnungen leben oder aus privaten Gründen ihre Identität nicht preisgeben wollen, verändert. Auch die Namen der TäterInnen wurden modifiziert, damit keine Rückschlüsse auf den Aufenthaltsort der betroffenen Frauen gezogen werden können.

Aus demselben Grund, nämlich um die Anonymität der Frauen zu wahren, können wir uns an dieser Stelle nicht namentlich bei den Solwodi-Mitarbeiterinnen und Einrichtungsleiterinnen bedanken, die uns so grandios unterstützt haben. Sie stellten uns ihre Zeit und ihr Wissen zur Verfügung und ermöglichten uns alle Kontakte.

Stellvertretend für diese »anonymen« Helferinnen bedanken wir uns bei Sr. Lea Ackermann, die uns die Möglichkeit und das Vertrauen schenkte, dieses Buch zu schreiben.

An dieser Stelle möchten wir uns auch ganz herzlich bei all jenen bedanken, die uns beim Übersetzen der Eingangssätze (»Und das ist meine Geschichte ...«) sowie bei Fragen zu den Herkunftsländern der Frauen unterstützten: bei Adrian Ardelean, Ani Değirmencioğlu, Arkaitz Alzueta, Esayas Meskel, Farid Sayed, Güneş Koç, Joana Adesuwa Reiterer, Kasim Talaa, Kıymet Ceviz, Rao Nadeem Alam, Sana Shah und Thomas Wittek.

Mehrere WissenschaftlerInnen versorgten uns mit Informationen für die Länderkapitel: Thomas Schmidinger zu Afghanistan, Türkei und Syrien, Rita Schäfer zu Äthiopien, Sadjad Siddiq zu Indien und Gudrun Braunsperger zu Litauen und Rumänien. Für die Anregungen während des Schreibprozesses danken wir ganz herzlich Elisabeth Allgäuer, Andrea Eberl, Hendrik Heinze und den vielen anderen, die uns immer wieder zugehört, beraten und aufgemuntert haben, sowie Jutta Sommerbauer für ihre professionelle Redigierarbeit. Dagmar Olzog vom Kösel-Verlag unterstützte uns kompetent und freundlich während der gesamten Entstehungsphase des Buches. Nicht zuletzt möchten wir uns ganz herzlich bei Hannelore Kreutzer für die Beherbergung und Drei-Hauben-Bewirtung während unseres »Schreibexils« in Kärnten bedanken!

ANMERKUNGEN

1 Wanjohi Kibicho: *Sex Tourism in Africa. Kenya´s booming industry*. Ashgate, Farnham, 2009
2 Unicef / C. Sarah Jones: *The Extent and Effect of Sex Tourism and Sexual Exploitation of Children on the Kenyan Coast*. Nairobi 2006
3 Miriam Kwalanda: *Die Farbe meines Gesichts. Lebensreise einer kenianischen Frau*. Eichborn, Frankfurt a. M., 1999. In dieser autobiografischen Geschichte beschreibt Miriam Kwalanda ihre Arbeit im Sextourismus in Mombasa, ihre schwierige Beziehung zu einem deutschen Sextouristen und den Beginn eines selbstbestimmten Lebens in Deutschland.
4 Ilse Hanak: *Frauen in Afrika:* »*... ohne uns geht gar nichts!*«. Brandes und Apsel. Frankfurt a.M., 1995
5 Als Herkunftsländer werden jene Länder bezeichnet, in denen Opfer von Menschenhandel angeworben werden. Durch Transitländer werden die Betroffenen geschleust. Dort werden sie oft auch weiterverkauft. Zielländer wiederum sind jene Staaten, in denen die Nachfrage für die »Ware«, also Frauen, Kinder, Männer und menschliche Organe, vorhanden ist. Die Nachfrage besteht aus Freiern, FabrikbesitzerInnen, potenziellen Ehemännern, Krankenhäusern, die illegal erworbene Organe transplantieren, usw.
6 Sonja Wölte: *International – national – lokal, FrauenMenschenrechte und Frauenbewegung in Kenia*. Ulrike Helmer Verlag. Königstein/Taunus, 2008

7 Martin Pabst: *Kenia*. C.H. Beck. München, 2001

8 VCT bedeutet Voluntary Counseling and Testing for HIV, also freiwillige HIV-Beratung und -Testung.

9 Ilse Hanak: *Frauen in Afrika:* »...*ohne uns geht gar nichts!*«. a.a.o., S.120

10 Das Zusatzprotokoll zur Afrikanischen Charta der Menschenrechte über die Rechte der Frauen in Afrika ist auf dem Papier sehr fortschrittlich; es erlaubt beispielsweise Abtreibung aus medizinischen Gründen und verbietet weibliche Genitalverstümmelung. Das Problem bei dessen Durchsetzung ist, dass es keinerlei Sanktionsmöglichkeiten für die dagegen verstoßenden Staaten gibt. Zudem ist die Afrikanische Menschenrechtscharta frauenrechtlich insofern problematisch, da diese die Bewahrung von »Kultur« und »Tradition« sehr stark betont und dadurch zumeist zum Nachteil der Frauen ausgelegt wird. Dabei wird deutlich, dass die universalen Menschenrechtsnormen für die weltweite Verteidigung der Frauenrechte große Bedeutung haben. Diese müssen aber in die konkreten lokalen Verhältnisse übersetzt werden, um für die jeweiligen Akteurinnen greifbar zu werden. Mehr dazu bei Sonja Wölte: *International – national – lokal*, a.a.O.

11 Rita Schäfer: *Frauenorganisationen und Entwicklungszusammenarbeit. Traditionelle und moderne afrikanische Frauenzusammenschlüsse im interethnischen Vergleich.* Centaurus-Verlagsgesellschaft. Pfaffenweiler, 1995

12 Ilse Hanak: *Frauen in Afrika:* »...*ohne uns geht gar nichts!*«.

13 Human Rights Watch: *Double Standards. Women's property rights violations in Kenya.* New York 2003

14 Die Zahlen basieren auf der 2001 durchgeführten Volkszählung in Indien: http://censusindia.gov.in

15 Khushwant Singh: *Oh, That Other Hindu Riot Of Passage.* Outlook Magazine, 7. November 2004

16 UNICEF: *The State of the World's Children 2009. Maternal and new born health.* New York, Dezember 2008

17 Bericht des indischen National Crime Records Bureau: *Crime in India 2008.* Kapitel 5: *Crime Against Women.* Der Anstieg dieser Zahl muss jedoch nicht unbedingt an der Häufung der Mitgiftmorde liegen, sondern kann auch auf die höhere Wachsamkeit der Bevölkerung zurückgeführt werden, die durch die Arbeit von verschiedenen Frauenrechtsorganisationen aufgerüttelt wurde. Die Dunkelziffer liegt jedoch weit höher.

18 Dieses Problem besteht in ganz Asien, wo laut UNDP-Report geschätzte 100 Millionen Frauen »fehlen« – aufgrund von Kindstötung, Vernachlässigung oder Abtreibung. China und Indien führen die Statistik dabei mit großem Abstand an. Siehe in: Asia-Pacific Human Development Report: *Power, Voice and Rights. A Turning Point for Gender Equality in Asia and the Pacific.* United Nations Development Programme. Macmillan Publishers, New Delhi 2010.

19 Siehe: Mary Kreutzer/Corinna Milborn: *Ware Frau. Auf den Spuren moderner Sklaverei von Afrika nach Europa.* Ecowin, Salzburg 2008. Das preisgekrönte Buch erzählt die Geschichten von acht Betroffenen, angefangen von ihrer Anwerbung durch die Zuarbeiter der sogenannten Madames (Zuhälterinnen), den Ritualen vor der Abfahrt, vom Überlebenskampf auf der Reise durch die Sahara und über das Mittelmeer und letztlich: von der brutalen Ausbeutung am europäischen Straßenstrich.

20 Die Pfingstkirchen (Pentecostalists), auch charismatische Kirchen oder Erweckungskirchen genannt, sind die am schnellsten wachsende religiöse Strömung der Welt. »Ihr Fundament: die Bibeltreue. Ihr Grundglaube: das individuelle Seelenheil. Ihre Methode: die totale Kontrolle.« In:

Dominic Johnson: *Afrikas Verführer. Christlich fundamentalistische Sekten und Pfingstkirchen breiten sich in Afrika aus.* (taz, 29.5.2004): »Seit der Reformation ist keine Glaubensströmung schneller gewachsen, die verschiedenen Pfingstkirchen zählen heute weltweit etwa 600 Millionen Angehörige.« In: Andrzej Rybak: *Pfingstkirchen. Nigeria bekehrt die Welt.* (Financial Times Deutschland, 16.4.2010)

21 Siehe auch die Biografie der Liga-Menschenrechtspreisträgerin Joana Adesuwa Reiterer: *Die Wassergöttin. Wie ich den Bann des Voodoo brach,* Augsburg 2008.

22 Für ein besseres Verständnis dieser komplizierten Beziehungen sei die hervorragend geschriebene Biografie der ehemaligen Zwangsprostituierten Isoke Aikpitanyi *Le ragazze di Benin City. La tratta delle nuove schiave dalla Nigeria al marciapiedi d'Italia* (Editore Melampo, 2008) empfohlen.

23 Die angeführten Daten und Zahlen basieren auf den Studien: Focus Migration Nr. 9: *Länderprofil Rumänien.* Hamburgisches WeltWirtschaftsInstitut HWWI. Hamburg, September 2007; und: Bundesagentur für Arbeit: *Mobil in Europa – Rumänien.* Bertelsmann Verlag. Bielefeld, Juli 2009

24 Kerim Yildiz: *The Kurds in Syria: The Forgotten People.* Pluto Press, Ann Arbor, 2005

25 Aslan Abd Al Kareem: *The Totalitarian System.* In: Arab Commission for Human Rights: Democracy and Human Rights in Syria. A Collective Work with 18 Syrian Researchers. Eurabe Publishers, Paris, 2002

26 Siehe auch: Regine Kramer: *Frauenspezifische Fluchtgründe im österreichischen Asylrecht.* Innsbruck, Studienverlag 2009

27 Siehe Presseberichte des Flüchtlingsrates Niedersachsen:

www.nds-fluerat.org sowie Thomas Schmidinger: *Nach der Abschiebung in den Knast. Kurdischen Oppositionellen drohen in Syrien weiterhin Inhaftierung und Folter. Dennoch werden Flüchtlinge dem Regime ausgeliefert.* In: Jungle World, 4. Februar 2010

28 Der Begriff »Stämme« wird auch im Arabischen (qabail bzw. »Stamm« qabil) für eine bestimmte gesellschaftliche Organisationsform benutzt. Damit ist eine Bevölkerungsgruppe gemeint, die zumindest in ihrem Selbstverständnis auf »Abstammungs«-Verwandtschaft beruht. Unsere europäische Vorstellung von Stämmen/Tribes ist einerseits von den drei römischen Stämmen (Tribus), andererseits von den zwölf Stämmen Israels aus der Bibel geprägt. Die arabischen Stammesgesellschaften stellen heute in vielfacher Hinsicht eine ähnliche gesellschaftliche Organisationsform dar, wie die in der Bibel beschriebenen zwölf Stämme Israels. Allerdings sind keineswegs alle AraberInnen Mitglieder von Stammesgesellschaften. So bildeten sich schon früh urbane arabischsprachige Gesellschaften heraus, die nicht in Stämmen organisiert waren. Insbesondere für nomadische und seminomadische Gruppen, aber auch für viele Nachkommen dieser Gruppen spielt die Stammeszugehörigkeit heute noch eine wichtige Rolle. Stämme können auch eine wichtige politische Rolle in modernen Staaten spielen, wie zum Beispiel im Jemen und in Afghanistan. Große Stammesföderationen sind manchmal gleichzeitig in mehreren Staaten vertreten. Sie sind patrilinear organisiert, womit auch die politische Macht in Händen von männlichen Stammesmitgliedern liegt.

29 Sanja Kelly und Julia Breslin (Hrsg.): *Women's Rights in the Middle East and North Africa 2010.* Freedom House, New York, 2010

30 Alberto Acosta: *El aporte de las remesas para la economía ecuatoriana*. United Nations, Department of Economic and Social Affairs, Mexiko 2005

31 Claudia Pedone: *Tú siempre jalas a los tuyos. Cadenas y redes migratorias de las familias ecuatorianas en España*. Universitat Autónoma de Barcelona, 2003

32 Siehe Website der UN-Institution Economic Commission for Latin America and the Carribean: http://websie.eclac.cl/sisgen/ConsultaIntegradaFlashProc.asp

33 Siehe dazu Bridget Anderson: *Doing the Dirty Work? Migrantinnen und die Globalisierung der Hausarbeit*. Assoziation A. Berlin/Hamburg 2006

34 Diese Kette nennt Arlie Hochschild »global care chains«. Siehe: Arlie Russell Hochschild: *Love and Gold*. In: Ehrenreich, Barbara/Hochschild, Arlie Russell (Hg.): *Global Women: Nannies, Maids, and Sex Workers in the New Economy*. Granta Books. London 2002

35 Heike Wagner: *Der Migrationsprozess ecuadorianischer Haushaltsarbeiterinnen in Madrid. Eine Ethnografie*. Dissertation, Universität Wien 2008 und: Sonia Parella Rubio: *Mujer, inmigrante y trabajadora: la triple discriminación*. Anthropos Editorial. Barcelona 2003

36 Acosta, Alberto: *El aporte de las remesas para la economía ecuatoriana*. United Nations, Department of Economic and Social Affairs, Mexiko 2005

37 »*Indígena*« ist spanisch und wird von den indigenen Gruppen Lateinamerikas als Selbstbezeichnung verwendet, um sich von dem diskriminierenden und kolonialen Wort »*indio/india*« abzugrenzen. Es handelt sich dabei um eine Sammelbezeichnung für sämtliche indigene Bevölkerungsgruppen des Subkontinents sowie um eine politische Bezeichnung, in deren Namen für die Rechte der *indígenas* gekämpft wird.

38 Julia Pfaffenholz/Raúl Jarrín: *KulturSchock Ecuador*. Reise Know-How Verlag. Bielefeld 2006

39 Schwarz meint hier keine angebliche »Hautfarbe«, sondern eine wirkungsmächtige und politische Zuschreibung; um dessen Verwendung als politische Kategorie deutlich zu machen, wird es an dieser Stelle mit großem Anfangsbuchstaben geschrieben.

40 Gioconda Herrera et al: *La migración ecuatoriana: transnacionalismo, redes e identidades*. Flacso. Quito 2005

41 Das US State Department berichtet jährlich über die Fort- und Rückschritte im Kampf gegen Menschenhandel in fast allen Ländern der Welt, auch über Litauen. Siehe: *Trafficking in Persons (TIP) Report* unter www.state.gov/g/tip.

42 Die angeführten Daten und Zahlen basieren auf den Studien: Focus Migration Nr. 9: *Länderprofil Litauen*. Hamburgisches WeltWirtschaftsInstitut HWWI. Hamburg, Januar 2007; und: Datenbank für Internationale Jugendarbeit (DIJA): *Länderinfos – Litauen*. Fachstelle für Internationale Jugendarbeit der Bundesrepublik Deutschland e.V., März 2009

43 Der Begriff des Politischen Islam dient als Sammelbegriff für alle Bewegungen und Gruppierungen, die den Islam nicht als reine Religion verstehen, sondern ein – wie auch immer im Detail ausgeprägtes – politisches Konzept des Islam verfolgen. Der Politische Islam versteht den Islam also als Richtschnur politischen Handelns und strebt eine Islamisierung von Gesellschaft und Politik an. Ideologisch sind diese Bewegungen durch antisäkulare, antisemitische, frauenfeindliche und homophobe Positionen gekennzeichnet, in einem Teil des Spektrums auch durch eine Ablehnung der Demokratie. Die konkreten Vorstellungen von einem islamischen Staat und einer islami-

schen Gesellschaft variieren jedoch auch innerhalb dieser Gruppierungen stark. Vgl.: Thomas Schmidinger und Dunja Larise: *Zwischen Gottesstaat und Demokratie. Handbuch des politischen Islam.* Deuticke, Wien 2008
44 Zur kurdischen Gesellschaft siehe: Martin van Bruinessen: *Agha, Scheich und Staat.* Berlin, 1989
45 Boris Kálnoky: *Gekaufte Beziehungen. Die Kinder-Ehe spaltet die türkische Gesellschaft.* In: Die Welt Online, 7. April 2010
46 Anja Flach: *Frauen in der kurdischen Guerilla. Motivation, Identität und Geschlechterverhältnis in der Frauenarmee der PKK.* Köln, 2007
47 Oğuz Işık: *Türkiye Kadın Atlası. Women´s Atlas of Turkey.* Ankara, 1999
48 Anna Caroline Cöster schreibt in ihrem Buch *Ehrenmord in Deutschland* (Tectum 2009): »Ehrenmorde sind weder ein »typisch muslimisches«, »typisch mediterranes« oder ein ausschließlich »kurdisches Phänomen«. Sie sind damit weniger an eine Region oder Religion als vielmehr an traditionelle Vorstellungen von Geschlechterrollen geknüpft und werden infolge von Migrationsbewegungen auch in Deutschland verübt – aber in wesentlich geringerer Anzahl als allgemein angenommen. (...) »Ehrenmord« ist kein »unmögliches Wort«, weil »Mord keine Ehre sein kann«, sondern er benennt exakt dies, was er bedeutet: einen Mord, um die Familienehre wiederherzustellen. Nur wenn die komplexen Zusammenhänge dieser Taten erkannt und ernstgenommen werden, können Täter und Opfer verstanden sowie die Taten erklärt werden, um dann präventiv Maßnahmen gegen sie entwickeln zu können.«
49 Filiz Kardam: *The Dynamics of Honour Killings in Turkey. Prospects of Action.* Ankara, 2005

50 Siehe »Fotobericht unserer Projektreise nach Diyarbakir (Osttürkei)« der österreichischen Organisation LeEZA unter: www.leeza.at

51 Sabine Küper-Büsch: »*Viele Hassmorde an Männern sind verdeckte Ehrenmorde.*« Jungle World Nr. 13, 26. März 2009. LGBTQ ist die Abkürzung für »Lesbian Gay Bisexual Transgender Queer«.

52 Rita Schäfer: *Frauen und Kriege in Afrika.* Brandes & Apsel, Frankfurt a.M. 2008

53 Ryszard Kapuściński: *König der Könige. Eine Parabel der Macht.* Piper, Frankfurt a.M. 2009

54 Nora Gresch: *Äthiopien, Gender und bewaffnete Konflikte.* VIDC, Wien 2006

55 Siehe u.a.: Darren Taylor: *In the Aftermath of a Massacre.* 28. Juli 2005, Inter Press Service (IPS)

56 Siehe u.a. die Berichte von Human Rights Watch: »*One Hundred Ways of Putting Pressure*«. *Violations of Freedom of Expression and Association in Ethiopia.* HRW Report, März 2010; und *Collective Punishment. War Crimes and Crimes against Humanity in the Ogaden area of Ethiopia's Somali Region,* HRW Report, Juni 2008; und: *Suppressing Dissent. Human Rights Abuses and Political Repression in Ethiopia's Oromia Region.* HRW Report Mai 2005

57 So arbeitet die Organisation HUNDEE im Oromo-Gebiet an einem Einstellungswandel. HUNDEE bemüht sich auch, die Reformen des Ehe- und Landrechts in der Praxis umzusetzen. Siehe: Petra Schirnhofer: *Äthiopien, Frauenrechte – Länderprofil.* VIDC, Wien 2005

58 Die Direktorin von Human Rights Watch in der EU, Lotte Leicht, schreibt zum neuen äthiopischen NGO-Gesetz in einer Aussendung am 18. März 2009: »The EU should have condemned one of world's worst laws on NGOs. Instead it gave Ethiopia €250 Million.«

Der Afrika-Korrespondent der Berliner Tageszeitung taz, Dominic Johnson, schreibt am 1. Oktober 2009 in seinem Artikel *Äthiopien – Demokratie auf kargem Boden:* »Nach dem restriktiven Gesetz über Nichtregierungsorganisationen, das zivilgesellschaftliche Arbeit erheblich erschwert, hat Äthiopiens Regierung im Juli diesen Jahres ein neues Anti-Terrorgesetz in Kraft gesetzt, das KritikerInnen als gezielte Sabotage der kommenden Wahlen im Jahr 2010 werten. Es definiert als »Terrorismus« jegliche Sachbeschädigung und Störung öffentlicher Dienstleistungen, worauf 15 Jahre Haft und in schweren Fällen sogar die Todesstrafe steht.«

59 Eine Erklärung der politischen und sozialen Bedeutung der Stammesföderationen findet sich im Kapitel über Ayla bzw. Syrien.

60 Zur Arbeit von RAWA siehe: Cheryl Benard/Edit Schlaffer. *»Die Politik ist ein wildes Tier«. Afghanische Frauen kämpfen um die Zukunft.* Droemer, München 2002

61 Thomas Schmidinger: *Weiße Bärte und die Demokratie. Afghanistan zwischen traditionellen Autoritäten und moderner Staatlichkeit.* Phase 2, Nummer 25/2007

62 Conrad Schetter: *Kleine Geschichte Afghanistans.* C.H. Beck, München 2004

63 Die PaschtunInnen stellen die größte Gruppe (40 Prozent) der afghanischen Bevölkerung. Sie sind überwiegend sunnitische Muslime. Ihre soziale und politische Struktur ist nach dem Stammesrecht (Paschtun Wali) organisiert. Daneben gibt es noch zahlreiche andere Bevölkerungsgruppen in Afghanistan, unter anderem: UsbekInnen, TurkmenInnen, Hazara, Nuristani usw.

64 Ahmed Rashid: *Taliban. Afghanistans Gotteskrieger und der Dschihad.* Droemer, München 2001

65 *»Die Gewalt gegen Frauen nimmt zu«,* Interview mit »Zoya«, Jungle World Nr. 40, 2. Oktober 2008

AUSGEWÄHLTE LITERATUR

Ackermann, Lea; Bell, Inge; Koelges, Barbara: *Verkauft, versklavt, zum Sex gezwungen. Das große Geschäft mit der Ware Frau.* Kösel, München 2005

Ackermann, Lea; Filter, Cornelia: *Um Gottes Willen, Lea! Mein Einsatz für Frauen in Not.* Herder, Freiburg im Breisgau 2009

Aikpitanyi, Isoke; Maragnani, Laura: *Le ragazze di Benin City. La tratta delle nuove schiave dalla Nigeria ai marciapiedi d'Italia.* Melampo, Milano 2007

Arbeitsgruppe Migrantinnen und Gewalt (Hrsg.): *Migration von Frauen und strukturelle Gewalt.* Milena, Wien 2003

Arndt, Susan; Hornscheidt, Antje: *Afrika und die deutsche Sprache. Ein kritisches Nachschlagewerk.* Unrast, Münster 2009

Ateş, Seyran: *Der Islam braucht eine sexuelle Revolution. Eine Streitschrift.* Ullstein, Berlin 2009

Ateş, Seyran: *Der Multikulti-Irrtum. Wie wir in Deutschland besser zusammenleben können.* Ullstein, Berlin 2007

Benard, Cheryl; Schlaffer, Edit: »*Die Politik ist ein wildes Tier«. Afghanische Frauen kämpfen um die Zukunft.* Droemer, München 2002

Çileli, Serap: *Eure Ehre – unser Leid. Ich kämpfe gegen Zwangsehe und Ehrenmord.* Blanvalet, München 2008

Cöster, Anna Caroline: *Ehrenmord in Deutschland.* Tectum, Marburg 2009

Gifford, Paul: Christianity, politics, and public life in Kenya. Hurst, London 2009

Hanak, Ilse: *Frauen in Afrika:* »*... ohne uns geht gar nichts!*«. Brandes und Apsel, Frankfurt a.M. 1995

Milborn, Corinna: *Gestürmte Festung Europa.* Fischer, Wien 2008

Kardam, Filiz: *The Dynamics of Honour Killings in Turkey. Prospects of Action.* United Nations Population Fund, Ankara 2005

Kelly, Sanja; Breslin, Julia (Hrsg.): *Women's Rights in the Middle East and North Africa.* Freedom House, New York 2010

Kibicho, Wanjohi: *Sex Tourism in Africa. Kenya's Booming Industry.* Ashgate, Farnham 2009

Kreutzer, Mary; Milborn, Corinna: *Ware Frau. Auf den Spuren moderner Sklaverei von Afrika nach Europa.* Ecowin, Salzburg 2008

Kwalanda, Miriam: *Die Farbe meines Gesichts. Lebensreise einer kenianischen Frau.* Eichborn, Frankfurt a. M. 1999

Pedone, Claudia: *Tú siempre jalas a los tuyos. Cadenas y redes migratorias de las familias ecuatorianas en España.* Universitat Autónoma de Barcelona, Barcelona 2003

Reiterer, Joana Adesuwa: *Die Wassergöttin. Wie ich den Bann des Voodoo brach.* Knaur, Augsburg 2008

Schäfer, Rita: *Frauen und Kriege in Afrika.* Brandes und Apsel, Frankfurt a. M. 2008

Schirnhofer, Petra: *Äthiopien, Frauenrechte – Länderprofil.* VIDC Gender Box, Wien 2005

Schmidinger, Thomas; Larise, Dunja: *Zwischen Gottesstaat und Demokratie. Handbuch des politischen Islam.* Deuticke, Wien 2008

Selek, Pınar: *Zum Mann gehätschelt, zum Mann gedrillt. Männliche Identitäten.* Orlanda, Berlin 2010

Syed, Renate: *Ein Unglück ist die Tochter: zur Diskriminierung des Mädchens im alten und im heutigen Indien.* Harrassowitz, Wiesbaden 2001

United Nations Development Programme: *Power, Voice and Rights. A Turning Point for Gender Equality in Asia and the Pacific.* Macmillan Publishers, New Delhi 2010

Wagner, Heike: *Der Migrationsprozess ecuadorianischer Haushaltsarbeiterinnen in Madrid.* Dissertation, Universität Wien 2008

Wölte, Sonja: *International – national – lokal, FrauenMenschenrechte und Frauenbewegung in Kenia.* Ulrike Helmer Verlag, Königstein/Taunus 2008

Ausgewählte Literatur

Foto © Bettina Flitner

Sr. Dr. Lea Ackermann

ist 1937 in Völklingen geboren. 1960 trat sie in den Orden »Unserer lieben Frau von Afrika« ein, von 1967–1972 war sie als Lehrerin in Rwanda. 1977–1982 Studium der Pädagogik, Psychologie und Theologie mit abschließender Promotion. Von 1982 bis 1985 war sie Bildungsreferentin bei Missio München und Lehrauftragte an der Universität Eichstätt, von 1985–1988 Referentin bei der LehrerInnen-Fortbildung in Kenia. 1985 gründete sie Solwodi/Kenia mit heute zehn Beratungsstellen, 1988–2010 folgte dann die Gründung von 14 Solwodi-Kontaktstellen mit angegliederten Frauenschutzwohnungen in Deutschland.

Sr. Lea erhielt zahlreiche Auszeichnungen, u.a. 1996 das Bundesverdienstkreuz. 1998 wurde sie »Frau Europas«. 2008 verlieh ihr die Theologische Fakultät der Universität Luzern den Ehrendoktor und sie erhielt den Romano-Guardini-Preis der Katholischen Akademie in Bayern.

www.solwodi.de

Foto © Thomas Schmidinger

Mary Kreutzer

ist 1970 geboren und wuchs im zentralamerikanischen Guatemala auf. Sie ist Politikwissenschafterin und Publizistin mit den Schwerpunkten Antisemitismus, Menschenrechte, Migration und Flucht. 2002 erhielt sie den Eduard-Ploier-Radio-Preis der Österreichischen Volksbildung der Kategorie Wissenschaft und Bildung, 2009 den Concordia Publizistikpreis in der Kategorie Menschenrechte, und ebenfalls 2009 den European Award for Excellence in Journalism. Sie ist Obfrau der Organisation LeEZA (Liga für emanzipatorische Entwicklungszusammenarbeit), die im Irak und in der Türkei emanzipatorische Frauenprojekte durchführt, Redakteurin der Menschenrechtszeitschrift *liga* und Vorstandsmitglied der Gesellschaft für kritische Antisemitismusforschung. Zuletzt publizierte sie gemeinsam mit Corinna Milborn *Ware Frau. Auf den Spuren moderner Sklaverei von Afrika nach Europa* (Ecowin 2008) und gemeinsam mit Alicia Allgäuer und Thomas Schmidinger *Zusammen-Reden. Debatten über Integration in österreichischen Kommunen* (Alltag Verlag 2010).

Kontakt: info@marykreutzer.at und www.marykreutzer.at

Foto © Thomas Schmidinger

Alicia Allgäuer

ist 1981 in Feldkirch, Österreich, geboren. Sie studierte Sozialarbeit in Bregenz (Österreich), Potosí (Bolivien) und Wien sowie Politikwissenschaft in Granada (Spanien) und Wien. In der Forschung sowie in Buch- und Zeitschriftenbeiträgen setzte sie ihre Schwerpunkte auf die Bereiche Migration, Integration, Frauen- und Menschenrechte.

Sie engagierte sich in antirassistischen, antisexistischen und ökologischen Zusammenhängen (etwa Ökologische Linke und Grünalternative Jugend) und arbeitete bei verschiedenen NGOs im entwicklungspolitischen Bereich mit (LeEZA, Intersol, Klimabündnis, Caritas). Aus einem Forschungsaufenthalt in Potosí, Bolivien, entstand gemeinsam mit Isabella Radhuber und Samuel Rosales das Buch *Mujeres Cuidadoras de las Minas en el Sumaj Orcko* (Cimagraf, Potosí 2005), über die Lebensbedingungen von Frauen im Bergbausektor. Derzeit arbeitet sie bei der Caritas Wien im Bereich Integration. Zusammen mit Thomas Schmidinger veröffentlichte sie 2009 den Band *Man fragt mich, ob ich bin. Lyrik@Migration* im Wiener Neustädter Alltag Verlag.

Kontakt: alicia.a@gmx.at